权威·前沿·原创

皮书系列为
"十二五""十三五"国家重点图书出版规划项目

BLUE BOOK

智库成果出版与传播平台

河南省社会科学院哲学社会科学创新工程试点项目

河南蓝皮书
BLUE BOOK OF HENAN

河南工业发展报告（2022）

ANNUAL REPORT ON INDUSTRIAL DEVELOPMENT OF HENAN (2022)

布局新赛道　再造新优势

主　编／王承哲　张富禄
副主编／赵西三　王中亚

社会科学文献出版社
SOCIAL SCIENCES ACADEMIC PRESS（CHINA）

图书在版编目（CIP）数据

河南工业发展报告.2022：布局新赛道 再造新优
势/王承哲，张富禄主编. -- 北京：社会科学文献出
版社，2021.12
（河南蓝皮书）
ISBN 978 - 7 - 5201 - 9308 - 5

Ⅰ.①河… Ⅱ.①王… ②张… Ⅲ.①地方工业经济
-经济发展-研究报告-河南-2022 Ⅳ.①F427.61

中国版本图书馆 CIP 数据核字（2021）第 221754 号

河南蓝皮书
河南工业发展报告（2022）
—— 布局新赛道 再造新优势

主　　编 / 王承哲　张富禄
副 主 编 / 赵西三　王中亚

出 版 人 / 王利民
组稿编辑 / 任文武
责任编辑 / 丁　凡
文稿编辑 / 张真真
责任印制 / 王京美

出　　版 / 社会科学文献出版社·城市和绿色发展分社 （010）59367143
　　　　　 地址：北京市北三环中路甲 29 号院华龙大厦　邮编：100029
　　　　　 网址：www. ssap. com. cn
发　　行 / 市场营销中心 （010）59367081　59367083
印　　装 / 天津千鹤文化传播有限公司

规　　格 / 开 本：787mm × 1092mm　1/16
　　　　　 印 张：18.25　字 数：270 千字
版　　次 / 2021 年 12 月第 1 版　2021 年 12 月第 1 次印刷
书　　号 / ISBN 978 - 7 - 5201 - 9308 - 5
定　　价 / 128.00 元

河南蓝皮书系列编委会

主　　任　　阮金泉

副 主 任　　王承哲　李同新

委　　员　　（按姓氏笔画排序）

万银峰　王宏源　王建国　王承哲　王玲杰

毛　兵　任晓莉　阮金泉　闫德亮　李太淼

李立新　李同新　李宏伟　完世伟　张富禄

张新斌　陈东辉　陈明星　曹　明　潘世杰

主要编撰者简介

王承哲 河南省社会科学院副院长、研究员。河南大学、河南财经政法大学兼职教授，国家社会科学基金重大项目首席专家，著有《意识形态与网络综合治理体系建设》等多部著作，获省部级一、二等奖多项，主持起草《华夏历史文明传承创新区实施方案》《河南省文化强省规划纲要》等重要文件10多份。

张富禄 河南省社会科学院工业经济研究所所长、研究员，河南省社会科学研究基地项目部主任，河南省创新发展软科学研究基地主任，研究方向为产业经济和区域经济。公开发表论文50多篇，主持完成省级以上课题10余项，获得省级以上社会科学类优秀成果奖6项。

赵西三 河南省社会科学院工业经济研究所副所长、副研究员，研究方向为产业经济，主持国家社会科学基金项目2项，发表论文40余篇，出版著作1部，获省级以上社会科学优秀成果奖10余项，主持或参与区域发展规划20余项。

王中亚 河南省社会科学院工业经济研究所副研究员，研究方向为产业经济，公开发表论文30余篇，出版专著1部，参与学术著作6部，主持及参加国家及省级课题20余项，参与区域发展规划、产业发展规划等10余项。

摘　要

本书由河南省社会科学院主持编撰，主题为"布局新赛道，再造新优势"，全面分析了 2021 年河南工业经济运行的基本态势和突出特点，对 2022 年河南工业发展面临的形势进行了研判，并对工业经济运行趋势进行了预测和展望。全书分为总报告、评价篇、行业篇、综合篇、区域篇五个部分，多视角提出加快河南工业高质量发展的思路和对策，助力河南制造布局新赛道、再造新优势，强化河南实现"两个确保"、实施"十大战略"的产业支撑。

总报告由河南省社会科学院工业经济研究所课题组撰写，代表了本书对 2021～2022 年河南工业经济运行态势与发展趋势的基本观点。报告认为，2021 年以来，面对复杂多变的外部环境，承受特大洪涝灾害和新冠肺炎疫情防控双重压力，河南工业经济运行总体呈现"高位开局、承压放缓、行业分化、创新活跃"的特点。2022 年河南工业发展面临的形势仍然复杂，机遇与挑战均前所未有，预计 2021 年全年河南规模以上工业增加值增速为 7% 左右，2022 年，河南规模以上工业增加值增速将继续承压，预计小幅回升到 7.5% 左右，整体上工业运行呈现"增长平稳、结构优化、升级加速、质量提升"的发展趋势。

本书还从评价篇、行业篇、综合篇、区域篇四个层面对 2021 年河南工业发展态势进行了深入研究，为未来发展路径提供了思路建议。评价篇对全省 17 个省辖市和济源示范区制造业发展质量进行了评价。行业篇主要对未来产业前瞻布局、新兴产业突破发展、传统产业转型升级提出了对策建议，

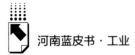

并对食品、新能源汽车等产业年度运行态势进行了分析。综合篇从创新引领、数字赋能、集群升级、服务增值、县域制造、民营经济等角度展开研究。区域篇对郑州、洛阳、许昌三市工业发展态势与转型升级趋势进行了深入研究。

关键词： 工业　高质量发展　新赛道　新优势　河南

目 录 ⏎

Ⅰ 总报告

Ⅱ 评价篇

Ⅲ 行业篇

皮书数据库阅读**使用指南**

总 报 告

General Report

B.1

2021~2022年河南工业
发展态势分析与展望

河南省社会科学院工业经济研究所课题组*

摘　要：　2021年以来，面对复杂多变的外部环境，承受特大洪涝灾害和新冠肺炎疫情防控双重压力，河南工业经济运行总体呈现"高位开局、承压放缓、行业分化、创新活跃"的特点。2022年河南工业发展面临的形势仍然复杂，机遇与挑战均前所未有，预计2021年全年河南规模以上工业增加值增速为7%左右，2022年，河南规模以上工业增加值增速将继续承压，预计小幅回升到7.5%左右，整体上工业运行呈现"增长平稳、结构优化、升级

*　课题组组长：张富禄，河南省社会科学院工业经济研究所所长、研究员，研究方向为产业经济和区域经济。课题组成员：赵西三，河南省社会科学院工业经济研究所副所长、副研究员，研究方向为产业经济；宋歌，河南省社会科学院工业经济研究所副研究员，研究方向为产业经济；刘晓萍，河南省社会科学院工业经济研究所副研究员，研究方向为产业经济；李婧瑗，河南省社会科学院工业经济研究所助理研究员，研究方向为产业经济；杨梦洁，河南省社会科学院工业经济研究所助理研究员，研究方向为产业经济；韩树宇，河南省社会科学院工业经济研究所研究实习员，研究方向为产业经济。

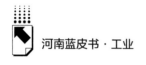
加速、质量提升"的发展趋势。

关键词： 工业　高质量发展　先进制造　河南

2021年以来，面对复杂多变的外部环境，河南统筹疫情防控和经济社会发展工作，出台一系列稳企助企政策措施，企业积极复工复产，全省工业经济运行明显恢复，但面临特大洪涝灾害和新冠肺炎疫情防控双重压力，工业企业遭受较大影响，生产综合成本不断上升，工业经济运行放缓明显，总体呈现"高位开局、承压放缓、行业分化、创新活跃"的特点。

一　2021年河南工业经济运行态势分析

（一）工业增速承压放缓

由于2020年初基数较低，2021年初河南省工业增速高位开局，1~2月规模以上工业增加值增速反弹至19.0%，比上年同期提高32个百分点，但此后总体呈现下降态势，2021年9月，规模以上工业增加值增速为3.0%，前三季度累计增速为7.9%，低于全国水平3.7个百分点（见图1）。表明河南省工业经济运行回稳仍缺乏基础支撑，尤其是缺乏价值链高端、产业链长、投资规模大的工业大项目、新项目的支撑，中小企业在洪涝灾害中损失较大，污染防控也造成部分企业关停，电力紧张又导致部分企业限产，均对河南省工业运行造成较大压力。

从区域比较来看，2021年1~8月河南规模以上工业增加值增速为8.6%，居全国第27位，在五个工业大省和中部六省中均居末位，全国22个省份增速超过10%，12个省份超过全国水平，江苏、广东、浙江、山东等工业大省规模以上工业增加值增速分别达到18.0%、14.4%、17.9%和12.9%，表现出较强的回升态势，湖北、安徽、江西、山西规模以上工业增

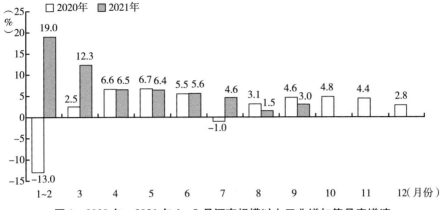

图1　2020年、2021年1～9月河南规模以上工业增加值月度增速

资料来源：河南省统计局。

加值增速也都超过了14%，修复势头明显好于河南，也体现出河南工业增长压力更大（见表1）。

表1　2021年1～8月五个工业大省和中部六省规模以上工业增加值增速

省份	增速（%）	位次
广东	14.4	10
江苏	18.0	3
浙江	17.9	4
山东	12.9	13
河南	8.6	27
湖北	21.6	2
湖南	9.6	24
山西	14.3	11
安徽	14.6	9
江西	15.7	7

资料来源：根据各省统计局网站数据整理。

（二）行业表现明显分化

从行业增速来看，由于需求端向产业链传导差异性较大，各行业表现分化加剧。数字化转型带动下电子制造业产销两旺，2021年1～8月电子制造业规模以上工业增加值同比增长 35.9%，高技术制造业、战略性新兴产业规模以上工业增加值增速分别高达 27.2%、16.2%，其中生物医药实现较快增长，尤其与疫情相关的抗生素、中成药企业营业收入和利润增速较高，受环保投资带动，节能环保和新能源装备行业高速增长。同时，传统产业、高耗能产业、能源原材料工业增速较低（见表2）。

表2 2021 年 1~8 月河南分行业规模以上工业增加值增速

单位：%

类别	增速
规模以上工业增加值	8.6
五大主导产业	11.9
装备产业	10.2
食品制造业	7.5
新型材料制造业	6.7
电子制造业	35.9
汽车制造业	10.6
传统产业	5.1
冶金	5.5
建材	10.7
化工	-1.5
轻纺	8.9
能源	3.3
战略性新兴产业	16.2
高技术制造业	27.2
高耗能产业	4.8
能源原材料工业	4.0
消费品制造业	9.7

资料来源：河南省统计局。

从产业结构来看，2021 年 1~8 月，战略性新兴产业增加值占规模以上工业增加值比重延续了近年来持续提升的态势，但高技术制造业占比有所降低，同时，传统产业、高耗能产业增加值占比有所提高，表现出河南产业结构调整任务仍然繁重，新兴产业和高技术产业规模不大，大部分还没有培育成为新的支柱产业（见表3）。

表3　2016年至2021年8月河南规模以上工业指标构成（增加值占比）

单位：%

类别	2016年	2017年	2018年	2019年	2020年	2021年1~8月
五大主导产业	44.4	44.6	45.2	45.5	46.8	45.3
传统产业	44.5	44.2	46.6	46.7	46.2	49.1
战略性新兴产业	12.1	12.1	15.4	19.0	22.4	23.2
高技术制造业	8.7	8.2	10.0	9.9	11.1	10.4
高耗能产业	32.3	32.7	34.6	35.3	35.8	39.0

资料来源：河南省统计局。

（三）业态模式创新活跃

2021年以来，面对新消费、新国潮崛起，河南应对灾情疫情加快"触网上云用数"，顺应消费升级加快产业业态和制造模式创新，加快开辟新赛道，取得了积极成效。如食品领域，郑州千味央厨食品股份有限公司挖掘细分赛道大单品，适应餐饮企业后厨加工工艺和不同餐饮应用场景，持续创新产品品类，推出"夜市风味，烟火回归"主题，打造夜市系列美食图鉴，深化消费场景结合，于2021年7月正式登陆A股市场，成为"餐饮供应链第一股"。再如装备领域，万杰智能科技股份有限公司由面制主食机械生产加速向智能面馆服务商转型，智慧未来面馆在全国投入运营100多家，"万杰远程数据中心"通过大数据收集分析和设备共享等方式，实现制造业与互联网深度融合，成为"互联网＋智慧餐厅"的标杆。

河南加快推进先进制造模式创新，数字新基建快速推进，2021年4月，《河南省推进新型基础设施建设行动计划（2021—2023年）》发布，5G基站建设稳居全国第一方阵，为工业企业数字化、智能化、网络化、服务化转型提供强力支撑。智能制造、服务型制造等模式渗透推广，45个项目被列入2021年河南省大数据产业发展试点示范项目，41家企业被确定为2021年河南省服务型制造示范企业，2个平台被确定为2021年河南省服务型制造示范平台，在智能产品全生命周期管理、供应链协同管理、总集成总承包服务、共享制造（平台）、基于互联网的个性化定制服务等领域涌现出一批先进制造企业，中铁工程装备集团有限公司以"全生命周期管理模式"、河南省大信整体厨房科贸有限公司以"信息增值服务模式"等四个项目入选工信部首批服务型制造示范企业名单。这些企业在新模式、新赛道上的探索具有较强的示范带动效应，为河南制造转型升级注入新活力，也将为河南省新兴产业突破、未来产业布局提供落地场景。

（四）企业效益持续改善

在2020年较低基数上，2021年以来工业企业经济效益持续改善，但仍远低于全国平均水平，2021年1~7月，全省规模以上工业营业收入同比增长18.0%，比上年同期高21.0个百分点，比全国平均水平低7.6个百分点，差距较上半年缩小1.9个百分点。1~7月，全省规模以上工业利润同比增长18.9%，比上年同期高16.5个百分点，比全国平均水平低38.4个百分点，差距较上半年缩小7.7个百分点。尽管与全国平均水平差距在缩小，但提升空间仍然很大，表明河南省工业企业效益虽然与2020年相比明显好转，但总体盈利能力并没有全面修复，尤其是与其他区域相比存在不小差距。工业企业效益改善得益于河南省陆续推出稳企助企政策举措，2021年6月，"万人助万企"活动在全省展开，《河南省"万人助万企"活动实施方案》印发，各地纷纷出台实施方案和多项惠企政策，对企业发展面临的问题进行系统梳理，不断化解企业生产经营中遇到的困难，很多企业在融资、招工、投资等方面获得感明显增强，生产成本有所降低，拓展了企业利润空间，伴随着"万人助万企"活动持续深入，预计河南工业企业效益将会继续改善。

（五）工业投资回稳优化

工业投资总体回稳，投资结构明显优化。2021年1~8月，全省工业投资同比增长10.8%，较1~7月提高1.5个百分点，较2020年提高9.7个百分点（见图2）。尤其是2021年下半年以来工业投资增速呈现V形反转，回稳态势不断巩固。从投资结构来看，2021年1~8月，制造业投资同比增长11.5%，高技术制造业投资同比增长35.1%，主导产业投资同比增长7.2%，其中电子制造业、食品制造业同比分别增长33.3%、14.2%。2021年7月全省召开重大项目建设暨"三个一批"推进会，聚焦"项目为王"，突出把项目建设作为经济工作主抓手，结合"十四五"规划部署，协调抓好投产项目达效、开工项目投产、签约项目开工，确保"三个一批"活动滚动开展。7月举办第一期项目集中签约仪式，现场签约16个项目，总投资313.5亿元，聚焦先进制造、科技研发、总部经济等高端项目，示范效应明显，为工业投资V形反转提供了重要支撑。10月举办第二期项目集中签约仪式，集中签约项目340个，总投资2844亿元；开工项目519个，总投资4647亿元；投产项目524个，总投资3559亿元，必将增强河南省工业发展后劲。

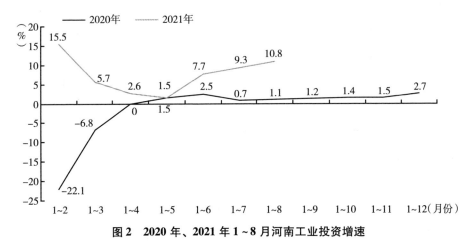

图2　2020年、2021年1~8月河南工业投资增速

资料来源：河南省统计局。

二　2022年河南工业发展环境分析与趋势展望

（一）形势研判

总体上看，2022年河南工业发展面临的形势仍然复杂，机遇与挑战均前所未有。

1. 面临的机遇

一是国家战略叠加的机遇。构建新发展格局、中部地区高质量发展、黄河流域生态保护与高质量发展等国家战略在河南交汇叠加。构建新发展格局凸显河南内陆腹地优势，有利于河南企业围绕内需开发新产品、依托"四条丝绸之路"拓展国际市场，让更多河南产品进入国内大循环、国内国际双循环的关键环、中高端；2021年7月，《中共中央 国务院关于新时代推动中部地区高质量发展的意见》公布，支持中部地区构建以先进制造业为支撑的现代产业体系，重点在长江、京广、京九、大湛沿线布局先进制造业集群，其中京广、京九、大湛贯穿河南，为河南省承接产业转移、培育高端产业提供了新的战略机遇；2021年10月，中共中央、国务院印发了《黄河流域生态保护和高质量发展规划纲要》，强调建设特色优势现代产业体系，加快战略性新兴产业和先进制造业发展，以沿黄中下游产业基础较强地区为重点，搭建产供需有效对接、产业上中下游协同配合、产业链创新链供应链紧密衔接的战略性新兴产业合作平台，推动产业体系升级和基础能力再造，打造具有较强竞争力的产业集群。用好用足三大国家战略，积极谋划一批高端产业项目和平台，是河南省制造业高质量发展面临的重大战略机遇。二是河南实现"两个确保"的机遇。2021年9月召开的省委工作会议提出"两个确保"，实施"十大战略"，在拉高标杆中争先进位，在加压奋进中开创新局，创新驱动、科教兴省、人才强省战略，实施优势再造战略，数字化转型战略，换道领跑战略，绿色低碳转型战略等均对工业发展提出了新坐标、新要求、新思路，推动河南更多产业、产品进入国内大循环和国内国际双循环的关键环、中高端，对产业发展进行了新的系统谋划，提出要"善于优中培新、有中育新、无中生有，在未来产业上前瞻布局，在新兴产业上抢滩占先，在传统产业上高位嫁接，在生态圈层上培土奠基"，并持续落实"万人助万企"活动，推行产业链链长和产业联盟会长"双长制"，激发了各地政府部门谋划推进产业高质量发展的新动力，激发了企业家转型升级的新活力，正在为河南省工业发展注入新动能。

2. 面临的挑战

一是区域产业竞争更趋激烈的挑战。面对消费持续疲软和传统产业普遍过剩的局面，投资规模大、产业层次高、带动能力强的项目比较稀缺，产业发展越来越陷入存量竞争，各地在新兴产业、未来产业谋划布局上类同，发展路径同质化严重，区域竞争更加激烈，近年来，不仅是广东、江苏、浙江等先进区域，湖南、安徽、四川等中西部省份在新兴产业培育方面也不断创新举措，如浙江突出数字经济"一号工程"，重点培育十大标志性产业链，推进杭州城西科创大走廊、城东智造大走廊等建设，打造"万亩千亿"新产业平台和小微企业园等载体，探索创新"亩均论英雄"改革。安徽重点培育以"芯屏汽合""集终生智"为标志的新兴产业、以"大智移云"为牵引的数字经济，精心打造世界制造业大会、世界显示产业大会高端平台，建设"6＋2＋N"产业承接平台。相比而言，河南在创新平台、高端人才等方面存在不足，竞争优势不突出。二是企业综合成本持续上升的挑战。当前，河南省企业综合成本持续上升，尤其是2021年灾情、疫情双重影响，部分企业损失较大，设备重置、人才流失等问题突出，同时，民营企业融资难问题没有缓解，加上2021年下半年以来电力紧张，企业开工不足，用电用能成本居高不下，上游原材料价格不断上涨，下游终端产品需求不振，这些都在侵蚀企业利润，制约了企业对研发的投入，企业转型升级步伐放缓。

（二）瓶颈制约

面对新形势，河南工业发展面临瓶颈制约，主要体现在四个方面。

1. 理念转变滞后的制约

与沿海先进地区相比，河南在产业发展理念转变上相对滞后，面对新发展理念存在本领恐慌，专业知识和能力水平亟待提升，对新技术新业态新模式理解不深入，还没有成为践行新发展理念、推动产业高质量发展的行家里手。部分企业家对创新、智能化、数字经济、生态环保等新理念、新概念认识不够，满足于在传统领域、周边市场低层次竞争，不敢开辟新产品新市场，难以适应新的市场竞争，制约了企业做大做强做精。

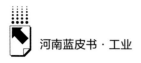
2. 创新创业短板的制约

创新是区域产业高质量的第一动力，河南在创新创业生态上差距明显，2019 年河南研发投入为 793 亿元，列全国第 9 位，研发投入强度为 1.46%，列全国第 18 位，发明专利授权量为 6991 件，列全国第 14 位，高新技术企业为 6333 家，列全国第 16 位，"两院院士"、国家杰出青年科学基金获得者数量分别仅占全国总数的 1.4%、0.03%。河南省没有 985 高校，国字号的创新平台数量少，国家重点实验室、国家工程技术研究中心占全国总数的比重均低于 3%。创业氛围不浓厚，创业型企业和企业家数量少，尚没有出现独角兽企业，顺应消费升级涌现的新产品新品牌不多。

3. 结构调整缓慢的制约

尽管近年来河南省加快产业结构优化步伐，但是整体上结构调整相对缓慢，2020 年规模以上工业增加值中战略性新兴产业、高技术制造业占比仅为 22.4%、11.1%，传统产业和高耗能产业占比分别为 46.2% 和 35.8%，新兴产业支撑明显不足。

4. 营商环境不优的制约

从区域竞争新格局来看，营商环境成为吸引集聚高端要素和高端项目的重要变量，近年来河南省围绕优化营商环境不断推出新举措、打出"组合拳"，取得显著成效，但在法治环境、市场环境、政务环境等方面仍存在短板和不足，服务意识和服务能力不强，基础设施和公共服务体系、人文社会环境建设方面存在较为突出的短板，营商环境与先进地区相比仍存在不小差距，制约河南集聚新要素、迈向中高端。北京大学光华管理学院牵头发布的《中国省份营商环境研究报告 2020》显示，河南营商环境列全国第 11 位，不仅低于沿海省份，也低于安徽、四川、贵州等中西部省份。

（三）趋势展望

结合形势研判，预计 2021 年全年河南规模以上工业增加值增速为 7% 左右。2022 年，河南规模以上工业增加值增速将继续承压，预计小幅回升到 7.5% 左右，整体上工业运行呈现"增长平稳、结构优化、升级加速、质量提升"的发展趋势，企业布局新赛道、再造新优势的积极性和主动性进一步提升。

分产业看，高技术制造业、战略性新兴产业将保持高速增长，占比持续提高，在工业高质量发展中发挥"中流砥柱"作用，未来产业布局开启，实现破局发展，传统产业改造升级明显加快，高耗能产业比重继续下降。数字新基建明显加快，分行业推进数字化转型取得积极成效，数字赋能范围更广，智能制造加速渗透，河南制造业高质量发展实现新跃升。

三 推动河南工业转型提质的对策建议

面对新形势、新要求，关键是更新理念，以前瞻性、非均衡、超常规思维抢抓机遇、超前谋划，布局新赛道，再造新优势，不断催生结构优化的突破点、动能转换的生长点、转型升级的关键点，加快推动河南工业发展在高质量新轨道上提质进位。

（一）重构新型制造业体系

围绕未来产业前瞻布局、新兴产业重点培育、传统产业改造升级协同，对河南现代制造业体系进行再梳理再聚焦再提升，在重点领域寻求高位突破，打造主导产业优势突出、新兴产业高位引领、未来产业前瞻突破、传统产业加速升级、生产性服务业高效协同的新型制造业体系，实现传统与优势产业再造升级、新兴产业和未来产业换道领跑。一是突出发展"七新"主导产业，契合产业发展新趋势，结合河南发展实际，深化传统产业、新兴产业与未来产业联动融合，突出发展壮大新装备、新食品、新材料、新电子、新医药、新汽车、新能源等"七新"主导产业，形成带动河南产业高质量发展的主框架。新装备主要推进盾构机、现代农机、起重机、煤矿机械、节能环保装备向高端化、智能化、服务化转型，打造一批新型高端智能装备；新食品主要是顺应新消费、新国潮趋势，聚焦品质化、营养化、时尚化、年轻化，与设计、创意、文化以及消费互联网平台等资源对接，打造一批新品爆款，培育一批新品牌；新材料就是挖潜河南省钢铁、有色、化工、建材等产业优势，加快向新型电子材料、化工新材料、先进金属材料、高端合金材料、特种高性能材料、绿色建筑材料、3D打印材料等延伸拓展，拉长产业链条；新电子主要是抢抓数字新基建机遇，重点发展新一代电子信息，发展新型显示、智能终端、信息安全、智能传感器、5G、人工智能、大数据及工业互联网等领域；新医药重点在创新药、中医药、生物医药、高性能医疗器械及生命健康服务等领域寻求突破；新汽车重点聚焦智能化、电动化、网联化、共享化，大力发展新能源汽车、智能网联汽车、氢能汽车等，推动传统汽车及关键零部件企业向新能源汽车转型，吸引造车新势力布局河南；新能源重点布局光伏、风能、氢能、储能等领域。二是打造十大新兴产业链。聚焦新型显示和智能终端、生物医药与生命健康、节能环保、新能源及网联汽车、新一代人工智能、网络安全、尼龙新材料、智能装备、智能传感器、5G等10个新兴产业链，培育千亿级产业新兴产业集群。三是前瞻布局六大未来产业，在未来计算、未来网络、未来材料、未来能源、未来出行、未来农业等六大领域寻找突破点，布局未来产业技术研究院，打造未来技术场景，聚焦细分领域建设未来产业先导区，实现换道领跑。四是加快推进十大传统产业链升级，围绕纺织服装、面制品、肉制品、饮料及酒、铝及有色、钢铁、化工、建材、家具、家电等十大传统产业链，引入新技术，开发新产品，培育新业态，打造第二增长曲线，加快优势再造。五是重点发展科创服务、设计创意、数据服务、现代物流、现代金融、环境服务等六大生产性服务业，为产业转型升级提供高品质服务。

（二）转变制造业发展理念

顺应产业发展新趋势，突破惯性思维，打破路径依赖，统筹做好直道冲刺、弯道超车、换道领跑三篇文章，树立传统产业改造提升与新兴产业培育、未来产业布局同等重要的产业发展理念，把传统产业改造升级、新兴产业重点培育、未来产业谋篇布局贯通起来，围绕有中育新、优中培精，在跨界延伸、高位嫁接、场景融合中形成一批新的产业增长点。河南传统产业占比仍然接近 50%，向高附加值环节、战略新兴领域转型升级的空间很大，传统产业改造升级也是新兴产业、未来产业的落地场景，河南要推进传统产业与新兴产业、未来产业联动发展、协同布局。一是依托传统优势改造场景引培新兴产业、未来产业，如河南传统产业智能化改造市场很大，以改造场景吸引智能化服务、工业互联网平台、数字经济等企业落地，绿色化改造空间可以引进培育节能环保产业。二是依托传统优势产业培育新兴产业、未来产业，如引导钢铁、有色、化工等领域的企业向新材料、新能源等新兴产业升级空间很大，可以催生未来材料、未来能源等未来产业，这样培育出来的新兴产业更有根植性。

（三）打造一流创新生态

聚焦平台支撑、龙头带动、要素链接，建设一流创新平台，培育一流创新企业，引培一流创新人才，打造一流创新生态，形成多层次网络化创新体系，促进产业链创新链有机融合和全面贯通，提升创新体系整体效能，打造全国创新高地，助力新旧动能顺利转换。一是建设一流创新平台。重组实验室体系，主动接轨国家实验室体系构建，围绕先进制造、新一代信息技术、现代农业、生命健康、新材料等重点领域，打造省级实验室的"塔尖"和国家重点实验室的"预备队"，依托平台落地国家重大科技基础设施，承担国家"卡脖子"核心技术攻关。支持国内外知名高校、科研机构、科学家及科研团队等联合建设新型研发机构，培育高能级创新联合体，依托优势集群、龙头企业、高校院所等建立一批中试基地，构建"研发中心—中试基地—产业园"全链条成果转移转化体系。二是培育一流创新企业。加大高新技术企业培育力度，加快培育专精特新、单项冠军企业、瞪羚企业和独角兽企业。完善以企业为中心的创新体系，依托产业链布局创新链，完善产业链上下游、大中小企业融通创新机制，鼓励各类企业开展专业化协作、联合攻关，在细分领域突破一批关键核心技术和新产品。三是引培一流创新人才。聚焦"高精尖缺"创新创业人才团队，灵活运用揭榜挂帅、乡情引才、以才引才等方式吸引高层次人才和团队来河南发展，让科学家在河南转变为

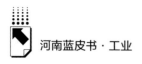

创业者、企业家。大力支持郑州都市圈、洛阳都市圈探索建设"人才特区"，鼓励中原科技城人才创新创业试验区先行先试，加快"智慧岛"双创平台复制推广，打造创新创业生态小气候，营造"热带雨林式"人才生态环境。

（四）链接域外高端要素

传统产业升级、新兴产业发展、未来产业布局都需要高端人才，但是要转变观念，不一定非要把人才吸引过来，也可以把创新触角延伸过去，树立链接即拥有的理念，在沿海城市设立"科创飞地"。河南与三大城市群存在创新势差，鼓励各地借鉴安徽、浙江支持县市建设上海"科创飞地"的经验，引导各地在三大城市群核心城市设立域外创新中心，吸引本地龙头企业集聚设立研发机构，吸引高端人才，打通河南与三大城市群创新要素间的链接，利用三大城市群创新要素为本地产业创新发展服务。如浙江嘉兴发布《嘉兴市域外孵化器建设管理办法（试行）》，嘉善县对列入市级域外孵化器创建的，分别按境内、境外给予建站单位50万元、100万元的补助，还出台了《嘉善县人民政府关于促进嘉善国际创新中心（上海）高质量发展的若干意见》，对嘉善企业入驻给予政策支持，这些政策措施都可以借鉴。

（五）突出郑州引领带动

顺应研发向心集聚、加工制造外围转移的趋势，引导各地优势企业在郑州布局研发中心、区域总部，打造"郑州研发＋周边制造"的区域分工格局。由于市县难以吸引研发人才，各地制造业企业在郑州设立及计划设立研发中心的越来越多，建议郑州与各市联合建设"科创飞地"。依托地铁口探索"轨道交通线＋创新空间"模式，吸引各市县企业在中心城市设立研发中心，2020年底郑州轨道交通总里程达206.40公里，设有152座车站，未来仍会快速扩展，要超前系统谋划，在地铁站附近提前布局，打造一批2.5产业大楼，集聚工业设计、科技服务、信息服务等新兴产业，推进地铁站由商业圈向产业圈、创新圈转变，把轨道交通线培育成创新创意创业带，打造域内外高端要素的连接纽带，为全省传统产业转型升级提供支撑。

（六）提升产业发展载体

抓住中部地区高质量发展机遇，依托京广、京九、大湛沿线积极承接新兴产业转移，沿线城市及县域可以根据自身区位优势、资源禀赋和产业基础明确产业方向，高起点规划高能级发展载体，以高品质空间提升产业承接层次。"两纵一横"沿线城市及县域，在高铁站附近以及产业集聚区内规划一批面积1~3平方公里的特色"区中园"，明确产业定位，明确招商引资的重点区域和优势集群，设立常驻机构，吸引三大城市群新兴产业领域的企业在沿线城市布局，重点吸引"专精特新""隐形冠军"企业布局企业总部、生产基地、功能中心等，推动本地产业链与沿海产业链联动发展。

（七）搭建产业开放平台

招商引资仍然是中西部省份发展新兴产业的重要路径，关键是要转变理念，探索"会展＋招商"新模式。近年来，中西部城市纷纷举办大型高端产业展会，快速提升了区域产业竞争力，如贵阳的国际大数据产业博览会、湖北的中国5G＋工业互联网大会、南京的世界智能制造大会、合肥的世界制造业大会和世界显示产业大会、重庆的中国国际智能产业博览会、西安的全球硬科技创新大会、石家庄的中国国际数字经济博览会等，已经成为支撑部分省产业升级和招商引资的重要平台，带动形成了区域产业投资热点。相比之下，河南尽管也有中国（漯河）食品博览会、世界传感器大会、全球跨境电商大会等，但影响力和带动力偏弱，整体上缺乏具有国际国内影响力的产业开放合作高端平台。未来要加强资源整合，培育提升更高层次的产业展会，探索"高端会展＋高效招商"新模式。

（八）发挥企业家引领作用

无论是传统产业升级还是新兴产业、未来产业培育，主要靠企业家引领，面对需求快速变化和数字经济加速渗透的新趋势，迫切需要提升企业家素质，提高推动产业升级和产品创新的能力。建议加大企业家培训力度，提高培训层次，聚焦智能化、工业互联网、金融、创新等领域的培训，支持企业家创新创业。重点加大新生代企业家培训力度，引导"企二代"转型发展，引导年轻企业家围绕新消费、新国潮、新业态等开发新产品、培育新品牌，支持创业者在新兴产业、未来产业领域做大做强。

（九）创新产业发展工作推进机制

近年来，围绕产业高质量发展，各区域都在创新工作推进机制，广东、江苏、浙江、山东、四川等大多数省份建立了主要领导牵头的产业发展推进机制。建议河南借鉴先进地区经验，在产业发展工作推进机制上创新突破。一是实施"双长制"。围绕七大主导产业、六大未来产业、十大新兴产业链、十大传统产业链，建立省领导总牵头的工作推进机制，实施产业链链长和产业联盟会长"双长制"，每个产业链设立一个工作专班，组建一个专家委员会，定期召开专题会议研究产业发展，听取链长汇报，听取专家意见，协调解决发展中存在的问题，营造抓产业、推创新、谋发展的良好氛围。支持各市、县聚焦优势主导产业探索"双长制"，提升市域、县域制造业发展水平。二是深入开展"万人助万企"活动，设立企业首席服务官，优化企业服务，聚焦产业链、创新链、供应链、要素链、制度链的痛点、堵点、难点、重点、关键点，完善产业链图谱，梳理清单，协同解决，切实解决企业发展难题。三是强化项目谋划。扭紧项目第一抓手，强化"项目为王"鲜明导向，围绕"十四五"时期规划产业项目谋划，聚焦"三个一批"，提升产业项目谋划能力，加大招商引资力度，以好项目、大项目、新项目牵引带动制造业高质量发展。

参考文献

黄群慧：《中国共产党领导社会主义工业化建设及其历史经验》，《中国社会科学》2021年第7期。

谭劲松、宋娟、陈晓红：《产业创新生态系统的形成与演进："架构者"变迁及其战略行为演变》，《管理世界》2021年第9期。

李海舰、李燕：《对经济新形态的认识：微观经济的视角》，《中国工业经济》2020年第12期。

评 价 篇

Evaluation Article

B.2
河南区域制造业高质量发展评价报告

河南省社会科学院工业经济研究所课题组*

摘 要： 制造业是实体经济的主体，是国家经济命脉所系。河南要抓住机遇培育制造业高质量发展新优势，在新发展格局带来的重新洗牌中提升战略位势、增强自身能级。充分借鉴制造业高质量发展评价现有研究成果，构建河南区域制造业高质量发展评价指标体系，包括规模实力、创新水平、效益效率、绿色节能和开放合作5个一级指标，17个二级指标。郑州、洛阳、许昌、新乡、焦作和南阳位列河南制造业高质量发展综合排名前六。具体到一级指标，规模实力方面，郑州、洛阳、许昌、南阳、新乡和焦作位居全省前六；创新水平方面，郑州、洛阳、新乡、南阳、平顶山和焦作位居全省前六；效益效率方面，许昌、周口、郑州、洛阳、

* 课题组组长：张富禄，河南省社会科学院工业经济研究所所长、研究员，研究方向为产业经济和区域经济。课题组成员：林风霞，河南省社会科学院工业经济研究所副研究员，研究方向为产业经济；王中亚，河南省社会科学院工业经济研究所副研究员，研究方向为产业经济；韩树宇，河南省社会科学院工业经济研究所研究实习员，研究方向为产业经济。

商丘和焦作位居全省前六；绿色节能方面，开封、许昌、漯河、周口、驻马店和濮阳位居全省前六；开放合作方面，郑州、济源示范区、三门峡、鹤壁、漯河和焦作位居全省前六。在新发展阶段，要完整、准确、全面贯彻新发展理念，激发创新之魂，夯实人才之基，走好协调之路，扩大开放之门，坚守绿色之道，落实共享之本，以务实举措提升区域制造业高质量发展水平，为现代化河南建设提供坚实产业支撑。

关键词： 制造业　高质量发展　河南

制造业是实体经济的主体，是国家经济命脉所系。河南要抓住机遇培育制造业高质量发展新优势，在新发展格局带来的重新洗牌中提升战略位势、增强自身能级。2021年7月22日正式发布的《中共中央 国务院关于新时代推动中部地区高质量发展的意见》指出，坚持创新发展，构建以先进制造业为支撑的现代产业体系。2021年9月7日，河南省委工作会议在郑州召开，会议指出，要锚定"两个确保"，全面实施"十大战略"，在"换道领跑战略"中提到，"在未来产业上前瞻布局，在新兴产业上抢滩占先，在传统产业上高位嫁接，在生态圈层上培土奠基"。制造业高质量发展是河南实现经济高质量发展的重中之重，要把实体经济特别是制造业做实做强做优。对河南城市层面制造业高质量发展水平展开评价研究，有利于准确把握省辖市制造业高质量发展的相对水平，是各市查漏补缺、补齐高质量发展短板的现实需要，也是相关部门谋划制造业发展重大项目、出台产业政策的重要依据。

一　河南区域制造业高质量发展评价指标体系构建

在学术界，关于高质量发展概念，金碚（2018）指出，高质量发展阶段更自觉地主攻能够更直接体现人民向往目标和经济发展本真目的的发展战略目标，新动力机制的供给侧是创新引领，需求侧则是人民向往。张军扩等（2019）认为，高质量发展是以满足人民日益增长的美好生活需要为目标的高效率、公平和绿色可持续的发展。具体到制造业高质量发展，任保平（2019）指出，新时代我国制造业高质量发展要坚持工业化战略、创新驱动战略和智能化战略等六大战略。余东华（2020）主张，制造业高质量发展是指生产、制造、销售全过程实现生产要素投入低、资源配置效率高、品质提升实力强、生态环境质量优、经济社会效益好的高水平可持续发展。

学术界关于制造业高质量发展评价研究方面，张文会和乔宝华（2018）较早构建我国制造业高质量发展指标体系，涵盖创新驱动、结构优化、速度效益等7个方面。江小国等（2019）选取经济效益、技术创新、绿色发展等6大类指标来构建评价体系。韩海燕、任保平（2020）选取投入、产出、环境、创新、市场、政府6个要素构建了制造业竞争指标体系。实证研究方面，许冰、聂云霞（2021）利用2008～2018年省级面板数据，对中国各区域制造业高质量发展水平进行了测度与评价。邹圆、唐路元（2021）基于新发展理念和效益原则设置了包含效益、创新、协调、绿色、开放和共享6个维度的综合评价指标体系，并采用CRITIC-TOPSIS法展开实证研究。曲立等（2021）运用文献研究法、模型分析法、描述性统计和泰尔指数等方法，测度2011～2020年我国区域制造业高质量发展水平，解析我国区域制造业高质量发展特征及差距。钞小静等（2021）综合运用纵横向拉开档次法和BP神经网络算法对中国2002～2018年装备制造业及其子行业的高质量发展水平进行测度与评价。

实践操作层面，2019年12月，广州市工业和信息化局印发《广州市推动构建制造业高质量发展综合评价指标体系实施方案》，以综合质效为基础、五大发展理念为核心、广州特色为牵引构建"1＋5＋N"制造业高质量发展指标体系，指标体系分为3个层次，共包括45个具体指标。2020年以来，河南省工业和信息化厅编制包括"综合发展、创新引领、结构优化、协调发展、绿色发展、开放发展、共享发展"七类一级发展指标的评价指标体系，经河南各地工业和信息化主管部门推荐、专家评审和公示等环节，确定新郑市等10个县（市）为河南省制造业高质量发展综合评价试点县（市），并依托试点县（市）积极开展制造业企业高质量发展评价工作。2021年3月，赛迪研究院发布《制造业高质量发展白皮书（2021）》，构建制造业高质量发展指标体系，并对各省（区、市）制造业发展水平进行评价，总体评价结果表明，广东、江苏、浙江、北京、山东、上海、福建、湖北、湖南、安徽入围全国制造业高质量发展水平前十位。

本报告充分借鉴已有制造业高质量发展评价相关成果，重点参考赛迪研究院构建的指标体系，并进行适当调整优化，最终确定河南区域制造业高质量发展评价指标体系，共分为规模实力、创新水平、效益效率、绿色节能和开放合作5个一级指标，17个二级指标（见表1）。需要说明的是，规模实力方面，除了规模以上工业企业营业收入、规模以上工业企业资产总计、工业增加值增速指标外，增加入围河南民营企业制造业百强企业数量，该指标数值来自河南省工商业联合会、河南省总商会共同发布的《2020河南民营企业100强调研分析报告》。开放合作方面，由于未搜集到制造业开放合作数据，以进出口总额占GDP比重、实际利用外资占GDP比重、实际利用省外资金占GDP比重替代。

表1　河南区域制造业高质量发展评价指标体系

一级指标（权重）	二级指标		
	代码	名称	权重(%)
规模实力（25%）	A1	规模以上工业企业营业收入(亿元)	10
	A2	规模以上工业企业资产总计(亿元)	5
	A3	工业增加值增速(%)	5
	A4	入围河南民营企业制造业百强企业数量(家)	5
创新水平（30%）	B1	规模以上工业企业新产品销售收入(亿元)	7
	B2	规模以上工业企业R&D经费投入强度(%)	10
	B3	规模以上工业企业有效发明专利数(件)	7
	B4	技术市场合同成交额(亿元)	6

续表

一级指标	二级指标		
（权重）	代码	名称	权重（%）
效益效率	C1	成本费用利润率（%）	6
（20%）	C2	总资产贡献率（%）	6
	C3	制造业就业人员平均工资（元）	8
绿色节能	D1	单位GDP用电量（千瓦时/万元）	5
（13%）	D2	万元工业增加值能耗增长率（%）	4
	D3	一般工业固体废弃物综合利用率（%）	4
开放合作	E1	进出口总额占GDP比重（%）	7
（12%）	E2	实际利用外资占GDP比重（%）	3
	E3	实际利用省外资金占GDP比重（%）	2

二　河南区域制造业高质量发展评价结果及其分析

（一）评价过程与结果

1. 利用专家调查法确定指标权重

本报告利用专家调查法确定一级指标、二级指标的权重，按重要性由高到低排序，依次为创新水平、规模实力、效益效率、绿色节能和开放合作，分别赋予权重30%、25%、20%、13%和12%，对于每个具体指标也按照重要性赋予相应权重，最终确定的具体指标权重如表1最后一列所示。

2. 对各指标进行无量纲化处理

本报告原始数据来源于《河南统计年鉴（2020）》《中国城市统计年鉴（2020）》，以及省辖市统计公报。由于一般工业固体废弃物综合利用率这一指标数值在《中国城市统计年鉴（2020）》中大量缺失，故采用《中国城市统计年鉴（2019）》数据代替。因此，附表中的原始数据，除一般工业固体废弃物综合利用率为2018年数据外，其余指标数据均为2019年数据，原始数据见附表。

对于正向指标，无量纲化处理采用如下公式。

$$Z(x_i) = \frac{x_i - x_i(min)}{x_i(max) - x_i(min)} \times 40 + 60$$

对于逆向指标，无量纲化处理采用如下公式。

$$Z(y_i) = \frac{y_i(max) - y_i}{y_i(max) - y_i(min)} \times 40 + 60$$

在上面两个公式中，x_i、y_i 为18个省辖市单项二级指标数据，$x_i(max)$、$y_i(max)$ 为该指标的最大值，$x_i(min)$、$y_i(min)$ 为该指标的最小值，$Z(x_i)$、$Z(y_i)$ 为该指标经过无量纲化处理后的标准值。

在17个二级指标中，单位GDP用电量和万元工业增加值能耗增长率两个指标为逆向指标，其余指标均为正向指标。正向指标取值越大，制造业高质量发展水平越高。逆向指标数值越小，制造业高质量发展水平越高。

3. 计算城市制造业高质量发展水平

河南区域制造业高质量发展评价指标体系中，每个指标的数值都会影响到综合评价结果，但每个具体指标都无法完整地刻画出该区域制造业高质量发展的全貌。把各个具体指标的标准值乘以其权重，再加总求和，计算得到各个区域制造业高质量发展水平的综合评价得分。河南省辖18个城市制造业高质量发展综合评价得分、排名，以及各一级指标得分、排名，如表2所示。

表2 河南区域制造业高质量发展评价结果及排名

城市	综合评价		规模实力		创新水平		效益效率		绿色节能		开放合作	
	分值	排名	分值	排名	分值	排名	分值	排名	分值	排名	分值	排名
郑州	90.476	1	23.525	1	28.705	1	16.421	3	11.441	7	10.384	1
开封	72.613	9	17.586	12	19.953	11	14.379	11	12.509	1	8.186	11
洛阳	80.975	2	20.963	2	24.792	2	16.096	4	10.839	12	8.285	7
平顶山	72.802	8	8.907	7	21.329	5	13.822	14	10.901	10	7.844	12
安阳	69.895	17	16.003	18	20.720	9	15.026	10	9.958	17	8.188	10
鹤壁	68.718	18	17.265	17	18.662	17	12.664	18	10.779	13	9.349	4
新乡	75.657	4	19.228	5	23.628	3	13.897	13	10.653	14	8.252	8
焦作	75.065	5	19.082	6	21.316	6	15.805	6	10.521	15	8.341	6

续表

城市	综合评价		规模实力		创新水平		效益效率		绿色节能		开放合作	
	分值	排名	分值	排名	分值	排名	分值	排名	分值	排名	分值	排名
濮阳	71.469	14	17.412	13	20.837	7	13.535	17	11.460	6	8.224	9
许昌	78.261	3	19.913	3	20.800	8	17.715	1	12.112	2	7.721	14
漯河	72.333	11	17.354	15	18.916	16	15.605	8	11.999	3	8.459	5
三门峡	71.470	13	17.709	11	20.098	10	13.585	16	10.217	16	9.861	3
南阳	74.637	6	19.871	4	22.443	4	13.632	15	10.976	8	7.716	16
商丘	72.387	10	18.456	9	19.272	13	15.972	5	10.954	9	7.734	13
信阳	70.333	16	17.334	16	19.160	15	15.607	7	10.859	11	7.372	17
周口	73.274	7	18.707	8	18.200	18	16.952	2	11.695	4	7.720	15
驻马店	70.638	15	17.379	14	19.203	14	15.142	9	11.581	5	7.332	18
济源示范区	72.055	12	18.170	10	19.406	12	14.299	12	9.948	18	10.232	2

（二）对评价结果的简要分析

1. 从综合评价看

制造业高质量发展综合评价处于前六位的城市分别为郑州、洛阳、许昌、新乡、焦作和南阳,处于全省第一方阵。其中,郑州市以总分90.476位居全省制造业高质量发展综合评价第一名。近年来,郑州大力实施"制造强市"战略,推进制造业高质量发展行动计划,统筹疫情防控和工业经济发展,先进制造业高质量发展迈出坚实步伐,为国家中心城市建设奠定了坚实产业基础。洛阳市、许昌市分别以80.975和78.261紧随其后。洛阳坚持把制造业高质量发展作为主攻方向,大力推动工业稳增长和转型升级,加快构筑国家先进制造业基地。许昌强化创新引领,采取一系列扎实举措,真正把创新融入"智造之都"建设的各方面、全过程,对传统产业实施"三大改造",抢滩布局新兴产业,强力推进黄河鲲鹏生产基地建设。周口、平顶山、开封、商丘、漯河和济源示范区位列第7~12名,制造业高质量发展综合水平较高,处于全省第二方阵。而剩余的6个省辖市,制造业高质量发展综合评价年度排名相对靠后,处于全省第三方阵。

2. 从规模实力看

规模实力处于前六位的城市分别为郑州、洛阳、许昌、南阳、新乡和焦作，制造业规模实力位列全省第一方阵。南阳排在郑州、洛阳、许昌之后，制造业规模实力位居全省第 4 名。民营经济已经成为推动河南省经济社会发展不可或缺的力量，民营企业在践行制造业高质量发展中大有作为，也应该有所作为。我们认为，民营企业的数量也是衡量一个地区制造业规模实力的重要指标。根据河南省工商业联合会和河南省总商会联合发布的《2020 河南民营企业 100 强调研分析报告》，2019 年，南阳制造业民营企业百强数量为 16 家，居全省第一位，领先于新乡（11家）和郑州（10 家），更领先于其他省辖市。2019 年，南阳规模以上工业企业资产总计为 3297.13 亿元，位居全省前列。平顶山、周口、商丘、济源示范区、三门峡和开封位列第 7～12 名，制造业规模实力处于全省第二方阵。

3. 从创新水平看

处于前六位的城市分别为郑州、洛阳、新乡、南阳、平顶山和焦作，创新水平位列全省第一方阵。近年来，河南高标准推进郑洛新国家自主创新示范区建设，出台实施 30 条先行先试政策，不断深化管理体制和人事薪酬制度改革，郑洛新国家自主创新示范区创新发展的活力动力不断提升。目前，郑洛新三片区研发投入、高新技术企业数量、技术合同交易额分别占全省的50%、61.4%、79.8%。新乡作为郑洛新国家自主创新示范区的重要组成部分，始终将创新融入经济社会发展的全领域、全过程。新乡市将产业转型升级作为创新的出发点和落脚点，围绕产业链布局创新链、围绕创新链提升产业链，在新能源、新基建、新优势方面持续发力，华为鲲鹏、机器人、物联网、大数据、氢能等产业实现了"从 0 到 1"的突破。2019 年，新乡规模以上工业企业新产品销售收入、规模以上工业企业有效发明专利数分别为439.53 亿元、2440 件，均位居全省第三名，仅次于郑州和洛阳两市。濮阳、许昌、安阳、三门峡、开封和济源示范区位列创新水平第 7～12 名，制造业创新水平处于全省第二方阵。

4. 从效益效率看

处于前六位的城市分别为许昌、周口、郑州、洛阳、商丘和焦作，制造业效益效率水平位列全省第一方阵。周口以"三对标四提高"为抓手，鼓励支持企业运用高新技术和先进适用技术，提升食品、纺织等传统产业生产装备水平，积极建设"数字工厂"，实施"一县一主业"三年行动计划，持续实施"百千亿级产业集群"行动计划。2019年，周口市规模以上工业企业成本费用利润率、规模以上工业企业总资产贡献率分别为17.08%、23.13%，均居全省第一，遥遥领先于其他地市。商丘全面实施"334"产业发展战略，夯实食品、装备制造、纺织服装及制鞋三大优势产业支撑，加快化工、铝精深加工、制冷三大传统产业升级换代，强化新材料、智能零部件、生命健康、新能源汽车四大战略性新兴产业带动，统筹推进产业基础高级化、产业链现代化，深入推进制造业高质量发展。2019年，商丘市规模以上工业企业成本费用利润率、规模以上工业企业总资产贡献率分别为9.66%、16.41%，两项指标均位居全省前列。信阳、漯河、驻马店、安阳、开封和济源示范区位列效益效率第7~12名，制造业效益效率水平处于全省第二方阵。

5. 从绿色节能看

处于前六位的城市分别为开封、许昌、漯河、周口、驻马店和濮阳，绿色节能水平位列全省第一方阵。开封市多措并举，加快工业技术改造，建立健全"绿色制造"体系，打造经济发展"绿色引擎"，推广绿色示范工厂成功创建经验，示范引领更多企业创建绿色示范工厂。2019年，开封市万元工业增加值能耗增长率为－34.13%，单位工业增加值能耗降幅最大，位居全省第一名。2018年，开封市一般工业固体废弃物综合利用率达到90.02%，位居全省前列。漯河市结合实际，大力培育发展精细化工产业，加快产业园区建设，通过拉长食品产业链，进一步提升产品附加值，为制造业高质量发展提供强劲支撑。漯河市建立产业准入负面清单，严禁高耗水、高污染、高排放工业项目，抓好"散乱污"企业动态清零，坚决筑牢生态环境绿色屏障。统计数据显示，2018年，漯河市一般工业固体废弃物综合利用率达到99.30%，位居全省第一名。郑州、南阳、商丘、平顶山、信阳和洛阳位列绿色节能第7～12名，处于全省制造业绿色节能水平第二方阵。

6. 从开放合作看

处于前六位的城市分别为郑州、济源示范区、三门峡、鹤壁、漯河和焦作，开放合作水平位列全省第一方阵。济源示范区围绕有色金属循环经济、优特钢及装备制造、新能源汽车、现代化工等制造业重点领域，紧盯国内外500强企业、央企和行业龙头企业，着力引进具有引领性、突破性、方向性的重大项目，一批行业龙头企业陆续进驻济源示范区，有力支撑了经济社会的快速、健康、持续发展。2019年，济源示范区货物进出口总额达到1468000万元，占GDP比重达到23.28%，位居全省第二，仅次于郑州的38.71%。三门峡市不断深化晋陕豫黄河金三角区域合作，积极对接郑洛西高质量发展合作带，加速推动融入洛阳都市圈进程，协同创新发展迈出新步伐。目前，三门峡已经成为全省第二大进口基地，开放大门越开越大，为制造业高质量发展注入了新活力。2019年，三门峡市货物进出口总额达到1830231万元，占GDP比重为13.88%，实际利用省外资金总额为417.9亿元，占GDP比重为31.68%，两项指标均位居全省前列。洛阳、新乡、濮阳、安阳、开封和平顶山位列开放合作第7～12名，处于全省第二方阵。

三 提升河南区域制造业高质量发展水平的对策建议

近年来，创新、协调、绿色、开放、共享五大发展理念已经成为推动我国经济高质量发展的指路明灯。随着新发展理念的全面贯彻，河南各区域制造业的发展质量和效益不断提升。但是也应该看到，各区域制造业发展的现状与新发展理念和高质量发展的要求相比，仍然存在不小的差距。在新发展阶段，推动区域制造业高质量发展仍然需要深入贯彻新发展理念，构建新发展格局。

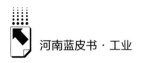

（一）激发区域制造业高质量发展创新之魂

创新是区域制造业高质量发展的第一动力，要破解各区域创新能力不强问题，尽快夯实制造业高质量发展的创新之基。要加快整合区域内外创新资源要素，推动创新优势资源向区域重点产业、新兴产业集聚，向产业发展的关键环节、薄弱环节集聚，围绕重点产业链部署优势创新链、围绕优势创新链布局重点产业链，集中区域创新力量攻克关键核心技术，带动形成具有核心竞争优势和区域重要影响力的产业集群，实现优势创新链与重点产业链的深度融合发展。要加快打造开放式产业创新生态环境，支持产业龙头企业、链主企业牵头国内外高校院所，共建产业研究院、创新联合体等创新平台，积极承担国家重大科技项目，提高对"卡脖子"技术的创新能力，促进产业链上下游企业、大中小企业创新能力开放合作，提升创新效能。要加快全域全面的科技创新体制机制改革，推动科技项目组织管理方式革新，重点项目实行"揭榜制""PI 制"等。

（二）夯实区域制造业高质量发展人才之基

人才是区域制造业高质量发展的第一要素。由于体制机制政策等方面的制约，整体上河南集聚、优化配置创新资源要素的能力不强，尤其是难以吸引并留住高层次的创新人才、管理人才、技能人才以及复合型人才。在产业转型升级加速背景下，高层次人才供给不足，容易让制造业企业错失布局新赛道的良机。各区域要引培并举，拓宽人才来源，提高人才质量，打造人才高地。要完善"全职＋柔性"并举的引才引智机制。要创新制定人才政策，完善科研人员职务发明成果的权益分享机制等，全方位落实人才奖励补贴等政策，增强本区域对高层次人才的吸引力。要以创新平台为载体，吸引高层次创新人才和团队向本区域集结。要加快构建高等教育与企业合作的高层次人才培养机制，结合产业未来发展需要优化学科设置，进一步加大对大数据、智能制造、电子商务、工业设计等人才的培养，人才培养全过程都有企业参与。要围绕提升技能人才质量，建立健全职业教育和技能培训体系，特别是对目前技工人才紧缺领域，要加大培育力度。要加强企业家队伍建设，实施企业家素质提升工程，创新、弘扬新时代豫商精神。

（三）走好区域制造业高质量发展协调之路

推动制造业与服务业、制造业与农业、制造业内部各产业间、产业链各环节间协同发展、融合发展是新发展阶段实现经济协调发展的应有之义。要以系统思维统筹谋划区域产业布局，立足区域重点产业的发展基础，细化新时期产业的发展重点，提升和稳固产业链竞争力。在制造业与生产性服务业跨界融合发展大趋势下，区域应提升产业协同发展能力，要鼓励制造业企业向附加值高的服务环节延伸，服务业企业向制造领域拓展，积极探索重点产业重点领域融合发展新模式新路径；培育一批示范带动能力强的"两业"融合试点企业、平台、园区、城市等，形成一批融合发展的典型经验模式；要优化制造业与生产性服务业布局，推动产业聚集区提质增效，为"两业"相融相长、耦合共生创造有利条件。在数字经济与制造业深度融合的大趋势下，要加快区域制造业数字化改造，通过数字化转型推动企业的生产工艺、管理技术、组织模式、商业模式等方面的创新，提高生产效率、创新服务产品、提供精准需求、形成竞争优势。

（四）扩大区域制造业高质量发展开放之门

推动区域制造业更高水平开放，无论是传统制造业还是新兴产业、未来产业，都应在开放环境下融入全球价值链。要进一步促进规则、规制、标准等与世界接轨，推动本地企业加快适应新的开放环境。要建立公平竞争的营商环境，吸引区外企业入驻，扩大与提高利用区外资金的规模与质量。要加快打造高端开放平台，建立跨部门信息共享机制，为企业走出去、引进来提供全方位的信息支持与服务。要加大知识产权保护力度，为引进国内外先进技术创造良好条件。要鼓励本地企业到国外投资，主动开拓国际市场，提高共建"一带一路"的参与度等，充分利用国外优秀人才和其他资源提高企业竞争力。

（五）坚守区域制造业高质量发展绿色之道

推动绿色低碳转型，制造业是主战场。要深入贯彻绿色低碳发展理念，在企业全面推行生产清洁化、工艺绿色化、能源资源利用集约高效等绿色改造，加快形成绿色生产方式。要积极创建绿色工厂、绿色园区等示范单位，形成一批可复制、可推广的典型经验。要鼓励开发推广更多绿色技术和绿色解决方案，提供更多绿色产品和服务，满足社会的绿色需求。

（六）落实区域制造业高质量发展共享之本

要鼓励资源富余企业向社会开放研发、质检、制造、物流配送等资源，提高资源利用效率。要利用数字经济快速发展的机遇在重点产业、重点园区打造共享平台，推动资源要素信息共享、制造协同、创新协同、设计协同、供应链协同等，在更大的范围内创造更多的社会效益，实现区域资源要素高效配置。

参考文献

钞小静、刘璐、孙艺鸣：《中国装备制造业高质量发展的测度及发展路径》，《统计与信息论坛》2021年第6期。

韩海燕、任保平：《黄河流域高质量发展中制造业发展及竞争力评价研究》，《经济问题》2020年第8期。

江小国、何建波、方蕾：《制造业高质量发展水平测度、区域差异与提升路径》，《上海经济研究》2019年第7期。

金碚：《关于"高质量发展"的经济学研究》，《中国工业经济》2018年第4期。

曲立、王璐、季桓永：《中国区域制造业高质量发展测度分析》，《数量经济技术经济研究》2021年第9期。

任保平：《新时代我国制造业高质量发展需要坚持的六大战略》，《人文杂志》2019年第7期。

许冰、聂云霞：《制造业高质量发展指标体系构建与评价研究》，《技术经济与管理研究》2021年第9期。

余东华：《制造业高质量发展的内涵、路径与动力机制》，《产业经济评论》2020年第1期。

张军扩、侯永志、刘培林、何建武、卓贤：《高质量发展的目标要求和战略路径》，《管理世界》2019年第7期。

张文会、乔宝华：《构建我国制造业高质量发展指标体系的几点思考》，《工业经济论坛》2018年第4期。

赵西三：《培育河南制造业高质量发展新优势》，《河南日报》2021年1月3日，第4版。

邹圆、唐路元：《中国工业高质量发展水平的统计测度》，《统计与决策》2021年第18期。

附表 1　河南区域制造业高质量发展评价原始数据（一）

城市	规模以上工业企业营业收入（亿元）	规模以上工业企业资产总计（亿元）	规模以上工业增加值指数（上年＝100）	入选民营企业制造业100强企业数量（家）	规模以上工业企业新产品销售收入（亿元）	规模以上工业企业R&D经费内部支出（万元）
郑州	8960.06	11063.65	106.1	10	2877.49	1358003
开封	1496.86	1711.86	108.8	3	125.12	170991
洛阳	4978.56	6616.24	108.6	8	787.69	793083
平顶山	2420.70	3406.03	108.7	7	182.09	345177
安阳	1888.45	2131.61	100.8	4	222.16	239289
鹤壁	1215.63	1327.36	108.4	3	78.37	75182
新乡	2412.77	2629.98	108.5	11	439.53	495886
焦作	3410.12	3120.81	108.7	5	355.68	435220
濮阳	1050.17	1274.08	108.3	5	62.79	151749
许昌	4790.09	3485.17	108.4	6	397.16	512953
漯河	1927.67	1305.43	108.4	1	148.36	132471
三门峡	1331.06	1748.35	108.0	6	28.85	165284
南阳	2294.41	3297.13	108.1	16	356.68	396139
商丘	3440.50	2464.42	108.8	1	139.28	260781
信阳	1787.48	1432.39	108.5	1	80.78	148862
周口	3513.68	2577.33	108.5	3	96.34	140808
驻马店	1641.15	1852.14	108.1	2	146.39	131666
济源示范区	1517.23	1254.07	108.8	8	263.58	133610

附表2　河南区域制造业高质量发展评价原始数据（二）

城市	规模以上工业企业有效发明专利数（件）	技术市场合同成交额（万元）	规模以上工业企业成本费用利润率（%）	规模以上工业企业总资产贡献率（%）	制造业就业人员平均工资（元）	全社会用电量（亿千瓦时）
郑州	7144	1275411	6.20	9.66	66134	564.63
开封	405	15284	8.43	9.75	48867	119.76
洛阳	5833	482667	7.05	9.05	63373	442.23
平顶山	1726	57093	4.78	6.69	52038	202.22
安阳	1257	20445	2.08	6.46	63950	210.52
鹤壁	483	5250	4.56	7.52	43148	59.81
新乡	2440	179638	5.20	7.85	50926	261.02
焦作	1736	149691	9.13	13.55	54538	243.65
濮阳	983	6526	1.91	5.78	54169	111.60
许昌	2293	3002	11.14	20.47	59130	145.11
漯河	525	4543	6.59	14.23	55346	76.68
三门峡	445	5771	5.81	8.65	47209	116.66
南阳	2141	82110	7.80	8.07	45869	242.98
商丘	1020	963	9.66	16.41	52273	177.74
信阳	425	11118	7.55	12.30	56112	136.21
周口	579	11857	17.08	23.13	44248	125.42
驻马店	512	19569	9.74	10.42	52277	151.08
济源示范区	298	9749	4.80	9.69	52486	91.08

附表3　河南区域制造业高质量发展评价原始数据（三）

城市	地区生产总值（亿元）	万元工业增加值能耗增长率（%）	一般工业固体废弃物综合利用率（%）	货物进出口总额（万元）	实际利用外资（万美元）	实际利用省外资金（亿元）
郑州	10670.14	−16.14	71.59	41299000	440542	1175.9
开封	2157.70	−34.13	90.02	734259	71810	638.1
洛阳	4613.49	−18.98	77.03	1546468	290822	838.4
平顶山	2170.86	−18.64	77.85	360931	50488	599.1
安阳	2141.87	−3.49	66.23	600685	55175	744.9
鹤壁	921.18	10.48	92.15	301828	87812	342.9
新乡	2671.60	−15.87	75.54	849689	121560	700.4
焦作	2501.76	−16.51	69.29	1503024	88414	679.9

续表

城市	地区生产总值(亿元)	万元工业增加值能耗增长率(%)	一般工业固体废弃物综合利用率(%)	货物进出口总额(万元)	实际利用外资(万美元)	实际利用省外资金(亿元)
濮阳	1442.65	-12.52	96.07	839214	69031	254.3
许昌	3140.93	-12.47	97.67	1260272	79165	528.5
漯河	1435.90	-12.10	99.30	650483	97880	265.1
三门峡	1319.01	-26.21	37.10	1830231	115904	417.9
南阳	3500.56	-6.68	79.31	1752755	65302	609.6
商丘	2659.52	6.35	94.65	345981	42108	759.2
信阳	2534.47	-10.87	56.96	503440	57480	293.2
周口	2939.59	2.04	99.00	1029714	58604	606.4
驻马店	2485.26	-15.43	84.07	493185	44024	315.9
济源示范区	630.46	-14.19	86.19	1468000	36606	224.1

行业篇

Industry Articles

B.3
河南前瞻布局未来产业的
重点方向与思路建议

赵西三　刘晓萍*

摘　要： 未来产业代表新一轮科技和产业革命的发展方向，美国、欧盟等发达国家和地区都把未来产业发展摆在突出位置，我国"十四五"规划提出组织实施未来产业孵化与加速计划，谋划布局一批未来产业，各地围绕本地优势纷纷出台有关规划和政策。根据河南省发展基础与实际，建议聚焦类脑智能、量子信息、氢能和储能、前沿新材料、基因技术及生命健康等重点方向前瞻布局未来产业，并在培育未来技术创新源、强化高端人才新支撑、拓展开放合作新渠道、构建未来产业生态圈四个方面加大谋划力度。

* 赵西三，河南省社会科学院工业经济研究所副所长、副研究员，研究方向为产业经济；刘晓萍，河南省社会科学院工业经济研究所副研究员，研究方向为产业经济。

关键词： 未来产业　未来技术　产业生态圈　河南

2021年9月召开的省委工作会议强调指出"前瞻布局未来产业"，对河南制造业高质量发展提出了新要求、新部署。在未来产业布局上，各区域处在同一起跑线上，哪个地方谋划得早、方向选得准，哪个地方就会实现重点突破、培育形成新的产业增长点。本报告结合未来产业发展态势和河南省实际展开研究，为加快河南省未来产业谋篇布局提供理论支撑。

一　未来产业的内涵特征及发展态势

（一）未来产业内涵特征

当前，未来产业正处在孕育阶段，对未来产业的概念与内涵并没有清晰的界定，一般认为未来产业是前沿技术驱动的面向未来需求的新型技术和产业，可能会对当前的技术和产业进行颠覆性改造，大部分未来产业现在处在技术开发阶段，与产业化尚有很大差距，目前可以预测的是未来产业主要包括新一代信息技术、前沿新材料、未来能源、未来装备、未来汽车、未来生物技术等，是重大颠覆性科技创新而形成的产业，将会对未来工作、生活场景进行重塑。未来产业的主要特征是技术颠覆性、产业融合化、增长指数化，未来技术一旦实现突破，将与各类产业快速融合，形成大范围、群体性产业化创新，实现指数化增长，快速形成一批新的产业增长点，重塑产业竞争格局。

（二）国内外未来产业发展态势

近年来，未来产业受到全球各国的高度重视，尤其是美国、德国、日本等发达国家纷纷聚焦优势前瞻布局未来技术及其产业化，密集出台专项规划和支持政策。如美国白宫科技政策办公室在2019年发布《美国将主导未来产业》，重点布局人工智能、先进制造、量子信息和 5G 四大未来产业发展方向。聚焦国内，2021 年 3 月，我国发布《中华人民共和国国民经济和社会发展第十四个五年规划和 2035 年远景目标纲要》，提出在类脑智能、量子信息、基因技术、未来网络、深海空天开发、氢能与储能等前沿科技和产业变革领域，组织实施未来产业孵化与加速计划，谋划布局一批未来产业。山西印发首个省级层面"十四五"时期产业发展规划，北京、上海、深圳、杭州、武汉、沈阳等地立足自身基础，围绕人工智能、半导体、工业互联网、生物技术等重点领域，加快推进未来产业的培育和发展。

二 河南前瞻布局未来产业的重点方向

（一）类脑智能

类脑智能产业主要包括基础理论层（研究大脑可塑性机制、脑功能结构、脑图谱等大脑信息处理机制）、硬件层（神经形态芯片）、软件层（核心算法和通用技术）、产品层（交互产品和整机产品）。我国高度重视类脑智能发展，2016 年 8 月，国务院印发《"十三五"国家科技创新规划》，将脑科学与类脑研究列入科技创新 2030—重大项目；2017 年 7 月，国务院印发《新一代人工智能发展规划》，提出 2030 年类脑智能领域取得重大突破的发展目标；2021 年 3 月，国家发布《中华人民共和国国民经济和社会发展第十四个五年规划和 2035 年远景目标纲要》，把类脑智能作为未来产业的重点领域。

河南省人工智能产业具有一定基础，类脑智能发展还存在空白。2019年 1 月，省政府办公厅印发《河南省新一代人工智能产业发展行动方案》，提出努力成为中西部新一代人工智能发展高地。基础研究方面，信息工程大学承担科技部"863 计划"课题"面向大规模图像分类的脑机交互技术"和"十三五"国家重点研发计划课题"多模态脑信号解析与脑活动认知状态判读"，申请或授权相关国家发明专利 4 项，已建成高场磁共振成像科研专用实验平台。产业发展方面，在智能图像处理、小语种翻译、智能语音、智能家居平台、智能医疗辅助诊断等领域拥有一定产业基础，人工智能软件、产品和服务等核心产业规模约 50 亿元。

河南省发展类脑智能产业，一是应加强基础研究，支持信息工程大学、郑州大学等机构参与国家重大科技攻关项目，重点开展类脑智能、人机混合增强智能等前沿技术研究，全力实现知识计算、认知推理、感知识别、运动执行等关键技术攻关。二是加快产业培育，充分发挥河南省数据资源优势，构建行业大数据训练库和标准测试数据集，支持建设提供知识图谱、算法训练、产品优化、安全可控等共性服务的开放性云平台。

（二）量子信息

量子信息产业主要包括量子计算、量子通信和量子测量三方面，涵盖元器件及设备制造、量子通信领域及干线、网络运营及应用服务三个层次。近年来，科技部和中科院通过自然科学基金、"863 计划"、"973 计划"、国家重点研发计划和战略先导专项等多项科技项目，对量子信息基础科研应用探索进行支持；国家发展改革委牵头组织实施量子保密通信"京沪干线"、国家广域量子保密通信骨干网等试点项目和网络建设；工业和信息化部开展量子保密通信应用与产业研究，支持和引导量子信息技术的标准化研究和产学研协同创新。

河南省围绕量子信息也进行了一系列探索。在基础研究领域，信息工程大学在量子计算、量子通信方面具备优势，学校量子计算研究团队联合国防科技大学相关科研机构，提出量子计算模拟的新算法，在"天河二号"超级计算机上完成量子优越性验证实验，测试性能达到国际领先水平；学校建设的"河南省量子信息与量子密码重点实验室"，在量子密码基础理论研究、核心设备研制和组网试验应用等方面拥有一定积累。

河南省发展量子信息产业，应突出坚持基础研究、产业发展双路突破，构建以研究促应用、以应用促发展的良好生态环境。一是联合信息工程大学等知名高校、科研院所共建一批量子信息领域的新型研发机构和创新平台，谋划建设量子信息国家实验室，构建国际一流的量子制备中心、量子精准测量控制中心、量子技术应用探索平台、量子通信郑州卫星地面站等基础科研设施。二是建设国家广域量子保密通信骨干网络河南段及郑州量子通信城域网，架设智能能源网络、空中交通管制、银行和医疗保健行业的量子保密通信接入网，探索开展量子安全政务、量子安全移动办公、量子安全财政支付等创新应用。三是推动量子成像技术科技成果转化，探索开展测量产品在重力测量、地震预警、目标探测、大气参数遥感测量、气候监测、地下勘测、排污监控、空中交通管制等方面的创新应用。

（三）氢能和储能

氢能和储能产业主要包括上游氢气制备、氢气储存及运输、加氢站网络建设及运营等，中游关键材料及催化剂、关键设备和零部件生产制造及燃料电池系统集成等，以及下游氢能在交通领域、建筑领域和工业领域的应用。氢能是公认的清洁能源，在全球积极应对气候变化、能源紧缺和环境污染的大背景下，能源行业正经历以低碳化、无碳化、低污染为方向的第三次能源变革，美国、日本、加拿大、欧盟等都制定了氢能发展规划，开展氢能的研发和示范推广，以及氢能基础设施的布局和建设。我国加快在氢能源领域的布局，2019 年，氢能源首次写入《政府工作报告》，2021 年 3 月，《中华人民共和国国民经济和社会发展第十四个五年规划和 2035 年远景目标纲要》将氢能和储能作为未来产业重要组成部分。目前，全国 20 多个省份积极布局氢能产业。

河南省是能源化工大省，全省工业副产氢气丰富，产能超过 60 亿立方米/年，具有发展氢能的稳固基础。技术研究方面，郑州大学、河南农业大学等省内高校在高效制氢研究上取得了重大突破，新乡与同济大学合作建立"氢能与燃料电池联合实验室"，宇通公司"河南省燃料电池与氢能工程技术研究中心"正式获批建设。产业布局方面，基本形成了开封、洛阳、新乡、焦作、平顶山、鹤壁、安阳、驻马店、濮阳等地氢制备，郑州、新乡等地氢燃料电池电堆、动力系统、电驱动系统研发应用，郑州氢燃料电池客车技术研发应用的全省氢能和储能格局。产业链构建方面，培育引进河南豫氢装备有限公司等一批重点企业，初步搭建了涵盖制氢、储氢、加氢站、膜电极、电堆、车载储氢瓶、整车等领域的产业链，郑州等地市入选国家燃料电池汽车示范城市群。

河南省发展氢能和储能产业，一是应加快氢能基础设施建设，加速发展电堆、空气压缩机、氢气循环系统、双极板、膜电极、质子交换膜、催化剂、碳纸等技术和装备，促进氢能燃料电池技术链、氢燃料电池汽车产业链发展；重点发展工业副产制氢、生物质制氢、煤制氢及风光发电制氢的多元化制氢模式。二是拓展氢能储运领域，大力发展高压氢气存储材料与核心设备生产产业，重点研发液氢存储、运输技术和装备，以及液态有机化合物化学储氢技术，布局储氢合金、纳米材料等高密度固体储氢新材料的研发和产业化，探索推进高效、智能氢气输送管网的建设和运营。三是全力推广氢能应用，加快国家燃料电池汽车示范城市群建设，加强燃料电池发动机技术研发和产业化应用，形成客车为主，货车、环卫等氢燃料电池汽车全面发展的格局，在有条件的地方开展氢能公共交通，带动全产业链发展。

（四）前沿新材料

前沿新材料产业主要包括碳基新材料、第三代半导体材料、先进功能材料、特种金属材料等领域。近年来，世界主要国家纷纷将加快发展新材料产业作为国家重大战略决策，如美国围绕"保持新材料的全球领导地位"的目标制定相应政策，欧盟在先进材料技术研发与创新政策方面确定了保障能源安全、提高资源利用和促进大众健康三大目标，日本提出"要注重新材料的实用性，考虑环境和资源协调发展"的发展目标。我国成立了国家新材料产业发展领导小组，《中华人民共和国国民经济和社会发展第十四个五年规划和2035年远景目标纲要》提出，未来我国新材料产业将重点发展高端新材料。

河南省是原材料大省，新材料优势主要集中在尼龙材料、铝材、镁粉、六氟磷酸锂、钛白粉、金刚石等领域，龙头企业包括平煤神马、多氟多、中南钻石、黄河旋风等，重点分布在平顶山、鹤壁、郑州、许昌、商丘等地，2020年全省新材料产业规模达4000亿元。前沿新材料方面，近年来河南省在特种金属材料、碳基新材料、第三代半导体材料、先进功能材料等领域加快布局，拥有郑州磨料磨具磨削研究所、郑州机械研究所、郑州金属制品研究院、洛阳尖端技术研究院、洛阳特种材料研究院等优势科研机构，以及郑州大学、河南工业大学、郑州轻工业大学等具备理论和研究基础的高校，前沿新材料发展具有良好基础和条件。

河南省发展前沿新材料产业，主要依托现有产业优势，重点在碳基新材料、特种金属材料、第三代半导体材料、先进功能材料等细分领域寻求突破。一是构建协同创新体系，聚焦产业发展需求和关键技术研发，支持骨干企业与郑州大学、河南大学、郑州轻工业大学、河南理工大学等高校，以及专业研究机构开展深度合作，联合开展关键技术攻关、重点产品研发，实现研发、中试、生产、推广、应用"一条龙"示范。二是加强产品应用推广，围绕汽车及零部件、轨道交通、高端装备、航空航天、电子信息、装配式建筑等重点领域，提高碳基新材料、特种金属材料、第三代半导体材料产品组合和生产能力。三是实施产业链招商，加强与中钢集团、中铝集团、中国石化、航天科工、中国电科等央企集团战略合作，引进落地一批前沿新材料重点建设项目。

（五）基因技术及生命健康

基因技术及生命健康产业链条上游是DNA等样本制备技术、测序/PCR/基因芯片等基因序列读取技术，以及原材料生产；中游是生物信息数据分析、数据建模等技术，以及生物设备和产品制造；下游是各类医疗服务机构、健康管理机构。基因技术通过改变生物原有的遗传特性、获得新品种、生产新产品，在现代生物科学中占据重要地位，是世界各国积极抢占的重要制高点。进入21世纪以来，美国、欧盟相继启动基于基因技术的精准医学计划，力争从基因、环境、心理、生活方式、病理机制和社会学角度全方位实现"疾病防控"一体化。

我国高度重视基因技术发展，2016 年 7 月，国务院印发《"十三五"国家科技创新规划》，重点发展基因组学、基因编辑、基因治疗等先进高效生物技术；2021 年 3 月，我国发布《中华人民共和国国民经济和社会发展第十四个五年规划和 2035 年远景目标纲要》，基因技术被列为七大科技前沿攻关领域之一，并被纳入重点谋划布局的未来产业。目前，我国在 NIPT（无创产前基因检测）、DNA 司法鉴定等领域已形成成熟产品，遗传病诊断、传感染疾病检测等领域正在进行研发，基因合成、DNA 存储等领域正在进行前沿布局。

河南省生命健康产业具备一定规模，基因技术基础较为薄弱。2018 年 12 月，省政府办公厅印发《河南省现代生物和生命健康产业发展行动方案》，重点发展生物医药产业、生命健康服务、生物制造等领域。生物医药产业方面，拥有血液制品行业龙头华兰生物、国内体外诊断试剂和仪器领域主力厂家安图生物、国内兽用疫苗行业龙头普莱柯生物等一批优势企业。生命健康服务方面，河南省基因检测技术应用示范中心是首批 27 个国家基因检测技术应用示范中心之一，在肿瘤基因检测、遗传病基因检测、产前筛查及出生缺陷基因检测等领域有较好的基础。生物制造方面，周口郸城、濮阳南乐等生物新材料产业园建设取得阶段性成效，产业集聚发展水平不断提高。同时，郑州大学建设华大基因学院，重点培养生命科学、精准医学等领域人才。

河南省发展基因技术及生命健康产业可以聚焦以下几个领域前瞻布局。一是生物医药方面，聚焦精准医疗、新药创制、冠状病毒感染防治、新型生物医用材料和器械以及脑机融合技术及应用、难治性恶性肿瘤新型治疗技术和新药创制、新发突发传染病等领域，加快开发应用一批自主可控、填补空白的重大成果和产品。二是基因技术方面，加快建设郑州大学一附院、河南人民医院等健康领域应用基础研究重大平台，支持省内医疗机构、临床医学研究中心、医药企业等加强联动协作，开展基因细胞、疫苗、高性能影像设备、精准快诊试剂及临床治疗新技术推广应用，提升临床研究水平和医疗技术临床应用试验能力。加快建设健康产业创新服务综

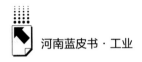

合体，提供集创业孵化、研究开发、技术中试、成果推广等于一体的全链条科技创新服务。

三 河南加快布局未来产业的思路建议

（一）培育未来技术创新源

一是引进国家重点科研机构，聚焦河南省未来产业关键技术攻关方向，加强与中国科学院、中国工程院、清华大学、中国科技大学等科研机构和高校的合作，引进落地具有较强技术实力的技术研究中心、技术转移中心、未来产业研究院等机构，开展重大技术攻关和产业化转化。支持有条件的企业参与国家重点实验室建设，引进吸收前沿技术，推动产品创新和产业化升级。二是建设重大创新平台，支持信息工程大学、郑州大学等高校推进学科交叉融合，建设未来产业重大基础平台。推动郑洛新国家自主创新示范区提质发展，高标准建设以中原科技城为龙头的郑开科创走廊，打造沿黄科技创新带。加快建设黄河实验室、嵩山实验室、农业供给安全实验室，积极争取国家重大创新平台、重大科技基础设施在河南省布局。三是开展核心技术攻关，围绕未来产业重点领域，支持优势企业联合高校、科研机构建设未来产业协同创新联合体，推动联合体成员单位开展协同攻关。支持有条件的联合体创建国家和省级制造业创新中心，整合各类创新资源，打通技术研发供给、转移扩散和首次商业化链条。

（二）强化高端人才新支撑

一是加强高层次人才培养，支持信息工程大学、郑州大学等高校围绕未来产业重点领域，加强相关学科和专业建设，推动人才培养模式、课程体系、教学内容、教学管理、教学方法和手段等改革，以及多学科交叉与融合；联合企业建设实训基地、产业学院等机构。二是开展创新型人才引进，围绕未来产业重点领域，制定人才需求目录，发挥中国·河南招才引智创新发展大会等载体平台作用，完善"全职＋柔性"引才引智机制，实施未来产业高端（海外）人才引进专项行动，重点引进掌握核心技术、拥有自主知识产权的创新型人才团队。三是加强企业家队伍培养，培育新生代企业家，实施企业家素质提升工程，支持企业家围绕未来产业开辟第二增长曲线。四是健全科研人员职务发明成果权益分享机制，构建充分体现知识、技术等创新要素价值的收益分配机制，促进未来技术加速转化，助力科学家转变为创业者和企业家。

（三）拓展开放合作新渠道

一是深入推动跨区域协作，继续加强和巩固周边合作，全面深化豫京、豫沪、豫浙、豫苏、豫粤等战略合作，依托产业转移系列对接活动，引进未来产业优势技术、项目和企业，探索研发在外、生产服务在本地的合作模式。建立省际创新成果转移统筹协调机制、重大承接项目促进服务机制等，搭建研究成果转化基地和产业转移促进平台，加强未来产业互补合作。二是开展"一带一路"交流合作，加强与"一带一路"共建国家、地区交流合作，依托郑欧班列等物流基础，扩大未来产业重点领域合作的途径和方式，提升国际通达能力。加强对"一带一路"投资环境、产业政策、发展情况、市场需求等方面的跟踪和分析，支持河南省优势企业开展联合技术开发、拓展服务网络、承接对外工程等活动，积极开拓国际市场。三是推动国际交流合作，积极承接配套产业转移，开展与国外一流企业、高校和科研机构合作交流，推动国际技术转移中心、联合实验室和产业化基地等平台建设，争取世界500强企业在豫设立区域总部和功能性机构。鼓励企业参加未来产业国际展会和技术交流活动，积极申办未来产业国际性会议、展会、论坛等重大活动。

（四）构建未来产业生态圈

一是构建产业创新生态，坚持"项目为王"，研究建立未来产业链图谱和供应链地图，明确产业链创新链关键节点、龙头骨干企业、重点研发机

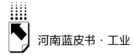

构，制定未来产业招商引智清单、重点项目清单、产业布局清单，通过精准招商，引进落地未来产业重大项目。以重大项目建设牵引要素集聚、产业配套，推动龙头企业和上下游配套企业合理布局，构建未来产业创新生态。二是做好产业顶层设计，科学制定未来产业区域发展规划，引导地市结合全省未来产业发展总体布局，认真研究未来产业发展方向和重点，实现功能板块错位发展、差异化竞争，打造特色鲜明、优势突出的未来产业集聚区。建立与国内外高端智库长期合作机制，为未来产业构建提供对策建议，借助"外脑"提升服务未来产业发展的能力。

参考文献

余东华：《"十四五"期间我国未来产业的培育与发展研究》，《天津社会科学》2020 年第 3 期。

李斌、阳娜、郭宇靖等：《十问未来产业》，《瞭望》2020 年第 51 期。

李晓华、王怡帆：《未来产业的演化机制与产业政策选择》，《改革》2021 年第 2 期。

沈华、王晓明、潘教峰：《我国发展未来产业的机遇、挑战与对策建议》，《中国科学院院刊》2021 年第 5 期。

《中共河南省委关于制定河南省国民经济和社会发展第十四个五年规划和二○三五年远景目标的建议》，《河南日报》2021 年 1 月 8 日，第 1 版。

B.4
河南省战略性新兴产业发展态势
及提升策略研究

宋　歌*

摘　要： "十三五"期间，河南省战略性新兴产业在政策推动下，呈现持续增长态势，新增长点不断涌现，集群效应初步显现，发展环境日益优化，新动能引擎作用凸显，但全省战略性新兴产业仍处于探索起步阶段，面临产业规模体量小、自主创新能力弱、龙头企业数量少、要素支撑不足等一系列问题。"十四五"时期，应通过"优中培新、有中育新、无中生有"等方式，着力做大增量，做优存量，推动河南省战略性新兴产业"量""质"齐升。

关键词： 战略性新兴产业　创新　产业生态　河南

　　战略性新兴产业是国际金融危机爆发之后实现中国经济转型升级的重要突破口。"十三五"时期，面对复杂的国内外形势，我国经济呈现减速换挡态势，但战略性新兴产业仍保持较快增长，成为推动产业结构转型升级、经济高质量发展的重要动力。从河南来看，经过多年发展，已成功实现传统农业大省向新兴工业大省的历史性转变，但远未完成工业化进程，当前正处于工业化中期向后期发展的过渡阶段、竞争优势从低成本向资本和技术转变的重要阶段。近年来，河南高度重视战略性新兴产业发展，相继出台系列举措，推动战略性新兴产业快速增长，但传统产业、高耗能产

---

* 宋歌，河南省社会科学院工业经济研究所副研究员，研究方向为产业经济。

业依然在工业经济发展中占据主导地位，新旧动能转换的探索正艰难起步。面对新一轮工业革命背景下，世界各国对新兴产业发展主导权、控制权争夺愈加激烈的态势，以及国内各地伴随新发展阶段掀起的制造业高质量发展热潮，河南加快发展战略性新兴产业的需求更加迫切。2021年河南省委工作会议提出"实施换道领跑战略"，重点之一就是要"在新兴产业上抢滩占先"。

一 河南省战略性新兴产业发展取得的成效

"十三五"以来，河南省深入实施创新驱动战略，推动智能制造装备、生物医药、节能环保和新能源装备、新一代信息技术等战略性新兴产业实现持续快速增长，经济发展的新动能作用不断增强。

（一）产业增速较快，新动能作用凸显

"十三五"期间，河南省战略性新兴产业增加值年均增速为10.4%，高于同期规模以上工业增加值年均增速4.2个百分点；占规模以上工业增加值比重达到22.4%，较2015年提高10.6个百分点。除2016年无统计数据，河南省规模以上战略性新兴产业增加值增速在2017～2020年这4年中始终高于全省规模以上工业增加值增速（见图1）。尤其是2019年，河南省规模以上工业增加值增速为7.8%，规模以上传统产业增加值增速为6.6%，规模以上高耗能产业增加值增速为5.9%，而全省规模以上战略性新兴产业增加值增速达到13.7%，分别高出前三者5.9、7.1和7.8个百分点。2020年，尽管受到新冠肺炎疫情较大冲击和影响，但河南省规模以上战略性新兴产业增加值增速达到2.6%，仍高于全省以及传统产业的规模以上工业增加值增速。2021年以来，随着新旧动能转换的深入推进，前5个月规模以上战略性新兴产业增加值增速再创新高，达到14.3%。近年来，河南省传统产业、高耗能产业进入结构调整阵痛期，产业发展速度渐缓，经济增长的传统动力明显减弱。在经济下行压力日渐增大背景下，战略性新兴产业增长不

断加速，已成为拉动经济增长的重要引擎；新兴产业动能作用开始凸显，为全省经济发展注入了新活力。

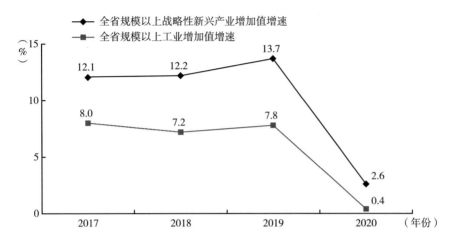

图1　2017～2020年河南省规模以上战略性新兴产业增加值增速
与全省规模以上工业增加值增速对比

资料来源：《河南统计年鉴》（2018～2020年）及《2020年河南省国民经济和社会发展统计公报》。

（二）创新引领发展，新增长点不断涌现

战略性新兴产业所携带的"新兴性""创新性"特征，决定了它的发展必须以技术创新为引领，始终能够代表新技术发展方向。近年来，河南省通过加强重大创新平台引建，发挥企业创新主体作用，有力推进了战略性新兴产业的创新发展。"十三五"期间，郑洛新国家自主创新示范区建设取得重大进展，全省国家级创新平台数量达到172家，国家农机装备创新中心、国家超级计算郑州中心、国家技术转移郑州中心等落户河南，中国科学院计算技术研究所郑州分所、中德智能制造研究院等一批高水平研究机构落地建设。重点企业发挥主体作用，打造了一批高端创新研发平台，加强了与专业化研究机构、科研院所的联合创新。例如，在智能终端领域，信大捷安组建了移动信息安全关键技术国家地方联合工程实验室、河南省大数据安全防护

产业技术研究院，芯睿电子与中国科学院合作建立了技术研究院；在合金材料领域，中孚实业先后与中南大学、上海交通大学等联合建立研究中心，且牵头联合省内多家铝冶炼和铝深加工企业建立了河南省高效能铝基新材料创新中心。伴随创新驱动战略的深入实施，全省高新技术企业数量翻两番以上，新兴产业领域的科技创新能力不断提升，培育壮大了新动能和新增长点。目前，河南省农机装备、航空轴承、诊断试剂、血液制品、智能传感器等研发和产业化处于全国上游水平，盾构、新能源客车、光通信芯片、超硬材料、流感疫苗等产品技术水平处于全国领先地位，市场占有率居全国首位，一系列高水平创新成果应用于蛟龙号、港珠澳大桥等国家重大工程上，为河南制造培植了新的增长点。

（三）产业链式集聚，集群效应初步显现

战略性新兴产业代表产业发展新趋势，河南省聚焦新一代信息技术、生物医药、智能传感器、智能装备、智能及新能源汽车等领域，积极推进新兴产业链式集群发展，有力促进了优质资源集中，加快提升了产业竞争力。例如，平顶山市依托丰富的煤炭资源，近年来加快发展尼龙新材料产业，集聚了神马帘子布、尼龙化工、尼龙科技、工程塑料、神马华威、三梭尼龙等产业链上下游企业近百家，形成了以平煤神马集团为龙头企业、从焦化苯到尼龙66盐再到下游帘子布、尼龙树脂的完整煤基尼龙新材料产业链，尼龙66盐、工程塑料产能亚洲第一，工业丝、帘子布产能世界第一，平顶山市也成为国内重要的尼龙材料生产基地。目前，全省在重点新兴产业领域，相继形成了涵盖整机制造及屏幕、外壳、摄像头、按键、扬声器、听筒等智能终端组件部件生产的智能终端产业链，从传感器研发制造到行业应用比较完整的智能传感器产业链，包括整机、动力电池及关键零部件制造的新能源汽车产业链，从矿产资源到冶炼到基础材料再到精深加工的相对完整的合金材料产业链等。在天扬光电、汉威科技、中信重工、安图生物、华兰生物等骨干企业引领下，新型显示、新一代人工智能、现代生物等产业链关键环节支撑能力不断增强，新兴产业链现代化水平逐步提升。依托龙头企业及产业链优

势，全省相继形成一批特色鲜明的战略性新兴产业集群。郑州航空港区初步建成全球重要的智能终端制造基地，鹤壁形成了以仕佳光子、标迪通信等为龙头的"有芯"的光通信器件产业集群，许继电动汽车充换电产业中心成为国内首屈一指的产业基地，依托郑州国家高技术生物产业基地、新乡生物医药产业园建成一批特色医药产业集群等。郑州下一代信息网络和信息技术服务、许昌节能环保、平顶山新型功能材料等被纳入国家战略性新兴产业集群发展工程，郑州市在培育发展战略性新兴产业集群方面成绩突出，连续两次获得国务院督查激励表彰。

（四）高位谋划推动，发展环境日益优化

战略性新兴产业具有不确定性、复杂性等特征，它的发展离不开政府的引导与扶持。尤其是近年来，全球科技创新空前活跃，多项新兴技术持续突破，国内外对战略性新兴产业资源的争夺更加激烈，良好的产业环境成为战略性新兴产业发展的关键。"十三五"期间，河南省积极落实国务院和有关部门关于战略性新兴产业发展的相关政策措施，同时因地制宜，出台了《河南省"十三五"战略性新兴产业发展规划》，实施了产业集聚发展、创新能力提升、新技术新业态示范、创新型企业培育等多个重大项目工程，带动了全省战略性新兴产业的整体快速发展。2019 年初，在充分论证基础上，河南省确定了 10 个新兴产业为重点培育对象——现代生物和生命健康、环保装备和服务、尼龙新材料、智能装备、新能源及网联汽车、新型显示和智能终端、汽车电子、智能传感器、新一代人工智能、5G 等；2020 年 11 月，河南又建立了新兴产业链工作推进机制，由省级领导兼任 10 个新兴产业链的链长，确定产业链发展方向和目标任务，分行业制订新兴产业链现代化提升方案并组织实施，围绕 10 大新兴产业精准发力。进入"十四五"时期以来，河南省在推动战略性新兴产业发展方面更是动作频频。2021 年 4 月，启动了河南省战略性新兴产业优质企业（项目）路演活动，通过筛选 34 家企业进入河南省战略性新兴产业优质重点企业项目库，推动了优质企业与基金以及金融机构的合作。为发挥政府性资金的引导示范作用，带动更多社会

资本支持全省实施战略性新兴产业倍增计划，2021 年 7 月，河南省政府发布《新兴产业投资引导基金实施方案》《创业投资引导基金实施方案》《新兴产业投资引导基金和创业投资引导基金考核评价办法（试行）》，其中，新兴产业投资引导基金总规模达 1500 亿元，将重点投向 10 大新兴产业领域。在 2021 年各部门、各地开展的"万人助万企"活动中，更是对战略性新兴产业发展给予了重点关注，如河南省自然资源厅出台的助企措施中明确提出，项目属战略性新兴产业且节约集约用地的，土地出让底价可按最低价标准的 70% 执行。

二　河南省战略性新兴产业发展面临的问题

河南省战略性新兴产业发展尽管已取得一定成效，但总体上仍处于探索起步阶段，在产业规模、创新能力、企业培育、产业生态等方面与国内外发达地区相比存在一定差距，加速新旧动能转换的助推作用尚未完全发挥，对制造业高质量发展的整体带动效应还不突出。

（一）战略性新兴产业规模较小，规模化水平不高

"十三五"以来，河南省战略性新兴产业虽然保持了快速增长，但与其他产业或其他地区相比，产业规模仍较小。近年来《河南统计年鉴》数据显示，规模以上传统产业（冶金、建材、化学、轻纺、能源等）以及高耗能产业（煤炭开采和洗选业、化学原料及化学制品制造业、非金属矿物制品业等）增加值增速有所回落，且明显低于战略性新兴产业，但两者占规模以上工业增加值的比重相对比较稳定。自 2017 年以来，全省规模以上工业中，传统产业以及高耗能产业的占比分别保持在 45% 和 35% 左右。2020年，河南省规模以上战略性新兴产业增加值占比尽管攀升至 22.4%，但仍远远低于规模以上传统产业以及高耗能产业占比，与规模以上传统产业的占比相差一倍多（见图 2）。与此同时，与国内发达地区相比也存在较大差距。根据各省公开的统计公报，江苏、浙江两省 2019 年规模以上战略性新兴产

业增加值占规模以上工业增加值的比重已分别达到32.8%、31.1%，江苏省这一占比在2020年又提升至37.8%；而深圳市作为国内典型的"创新之城"，2020年战略性新兴产业增加值占地区生产总值比重高达37.1%。河南省战略性新兴产业中，有的行业集中在某一细分领域，有的行业产业链条短，有的行业起步晚，有的行业以中小企业为主，由此导致产业整体规模偏小，战略性新兴产业规模化发展水平不高。

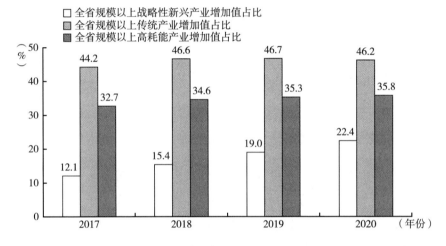

图2　2017～2020年河南省规模以上战略性新兴产业、传统产业以及高耗能产业增加值占比

资料来源：《河南统计年鉴》（2018～2020年）及《2020年河南省国民经济和社会发展统计公报》。

（二）自主创新能力弱，关键核心技术缺乏

作为传统工业大省，科技创新水平落后一直是河南工业发展最突出的短板。为推动战略性新兴产业发展，河南积极围绕产业链部署创新链，着力推进产业与科技的深度融合，但受制于科技基础薄弱、体制机制束缚等因素，产业链创新链对接仍不紧，产学研协同创新步伐缓慢，产业链上下游企业之间各自为战，创新资源割裂，基础研究和产业化应用脱节，创新成果之间难以相互衔接、集成，导致技术的集群式整体突破无法实现。尽管一些新兴行

业在河南省已初具规模，但技术水平相对滞后，关键核心技术缺乏，高端产品供给能力不足，产业处于价值链中低端，严重掣肘战略性新兴产业的发展壮大。例如，在智能传感器领域，河南在传感器设计、制造、封装、核心芯片开发等方面还存在较大差距，高精度、高敏感度分析和特殊应用的高端传感器开发不足，新原理、新器件和新材料传感器的研发和产业化能力薄弱；在人工智能领域，工业机器人核心零部件、精密减速器和伺服电机仍主要依靠进口，价格太高致使整机制造成本与进口整机倒挂，严重制约了整机制造企业的发展；在新型显示领域，郑州航空港区2019年建设的华锐光电第五代薄膜晶体管显示器件项目填补了河南显示面板制造空白，但由于缺乏显示面板先进技术，在国内外多条OLED产线纷纷投产、显示步入柔性时代的大趋势下，面临被淘汰风险，产业带动力弱。

（三）龙头企业数量少，发展后劲不足

龙头企业具有市场化程度高、经济体量大、产业链条长、在行业中影响力和号召力较强等特点，对产业及区域经济的拉动作用十分明显。河南省为推进战略性新兴产业发展，全力支持地方企业做大做强，以期更好地发挥辐射带动和示范引领作用，但当前多个新兴产业领域企业大多实力不强，明显缺少特色鲜明、优势明显、国际竞争力和辐射带动能力强的龙头企业。河南省规模以上战略性新兴产业的企业数量近年来保持在2500家以上，其中2019年达到2855家，但整体上在国内具备领先地位的龙头企业数量极为缺乏。2021年9月，中国企业联合会、中国企业家协会发布"2021中国战略性新兴产业领军企业100强榜单"，河南省只有郑州宇通企业集团一家企业上榜，且仅位居第89位。在河南重点培育的10大新兴产业中，环保装备和服务、智能装备、汽车电子、智能传感器、新一代人工智能等行业普遍中小企业居多，具有规模效应和带动作用的龙头企业缺乏，产业发展后劲不足。以人工智能产业为例，该产业起步较晚、规模偏小，企业整体实力较弱，目前全省还没有一家国内技术领先、产品特色鲜明，且在国家人工智能产业链处于不可替代环节的人工智能龙头企业，在

易观发布的《中国人工智能产业生态图谱 2019》收录的 199 家人工智能典型企业中没有一家河南企业。

（四）支撑体系不完善，产业生态不优

战略性新兴产业不同于传统产业，它的成长壮大格外需要资金、技术、人才、政策以及相关的配套服务，因此，当前在战略性新兴产业上的竞争实质上已转变为新兴产业生态体系之间的竞争。与国内外发达地区相比，河南省不仅推进战略性新兴产业发展的科技创新体系不健全，人才、资金以及产业配套、营商环境等方面的支撑和保障也尚未满足战略性新兴产业发展的需求。在人才方面，整体上高素质人才需求缺口较大，尤其是一些快速发展的产业，虽然急需雄厚的人才后备力量，但一方面省内高等院校的学科设置跟不上，专业人才培养数量不多，另一方面在"创新群落""生态环境"等方面对高层次专业人才和高级管理人才吸引力不足，由此导致专业人才供给不足，甚至严重匮乏。例如，新能源及网联汽车产业融合电子、通信、互联网等多个领域，具有明显的跨行业特征，对"汽车 + IT + 通信"的高层次复合型人才需求迫切，但河南此类人才处于非常稀缺状态。在资金方面，战略性新兴产业对科技创新的需求最迫切，在发展初期资金需求量大、风险高，对投融资保障机制要求较高，但河南面临产业链资金链对接不畅的问题，省内能够承担持续高强度资金投入、研发成功率不确定风险的投资机构较少，且很多新兴行业中的企业规模普遍较小，从银行获得贷款支持难度大，融资困难。在产业配套方面，河南一些新兴产业链尚不完整，甚至关键核心环节缺失、关键配套领域空白，新能源汽车产业发展则还面临充电等配套基础设施建设相对滞后的难题，配套体系的不完善也对新兴产业的发展壮大形成了制约。

三　河南省战略性新兴产业提升发展的路径

伴随技术突破的加速，战略性新兴产业将于未来一个时期迎来跨越发展

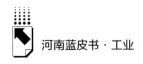

的重要关口。河南省应按照2021年河南省委经济工作会议上的要求，立足实际，通过"优中培新、有中育新、无中生有"，做大增量，做优存量，促进战略性新兴产业发展规模不断壮大，质量不断提升。

（一）立足优中培新，加快扩大产业规模

作为传统工业大省，河南提升战略性新兴产业要充分立足原有的资源基础和产业体系，依托传统优势产业的技术积累、制造能力、产业组织等不断催生孵化新技术、新产品，通过"现有产业未来化"，快速扩大新兴产业规模。对传统优势产业而言，要以市场需求为导向，以应用场景为牵引，通过高新技术改造、延伸产业链条以及产业融合等方式，在采用新技术、开发新产品、升级新业态、开辟新模式方面不断创新升级，实现向战略性新兴产业的升级。其一，当前，层出不穷的技术创新推动新型产品如雨后春笋般不断涌现，传统产业完全能够通过技术改造等手段升级工艺或产品，从而演化为新兴产业。因此，河南应扶持、鼓励装备制造、有色、化工等传统优势产业或者增加创新要素尤其是新型创新要素投入，或者加强与科研院所的联合创新，通过组建创新联合体、新型研发机构等，强化创新驱动力，加速产品、技术的更迭换代。其二，河南省装备制造、汽车及零部件、有色、化工等传统优势产业长期以来产业链过窄过短，徘徊于价值链中低端。对于这些产业，可以沿着深加工、精细化的方向推动产业链向高附加值的下游环节延伸，价值链向中高端环节攀升，从而实现向战略性新兴产业的升级。其三，在技术、产业以及行业的交叉与融合发展趋势下，河南的装备制造、电子信息、能源原材料等传统产业要顺应"跨界"融合潮流，加快与其他产业、其他领域新兴技术的融合创新，大力培育智能化产品及以个性化定制、网络化协同、共享化生产、服务化延伸、数字化管理等为特征的新产品、新模式、新业态。

（二）坚持有中育新，着力提升产业层次

整体上看，河南省战略性新兴产业大多处于产业链中下游、价值链中低端，产业层次不高，战略性新兴产业提升发展要顺应技术更新迭代趋势，强化新兴技术的渗透以及数字科技技术的融合赋能，培育形成具有更强创新力、更高附加值的新产品、新业态、新模式，驱动产业技术变革、生产变革、管理变革、体制变革，推动新兴产业高质量发展。其一，数字经济背景下，云计算、物联网、人工智能、数字孪生等智能化技术飞速发展，为制造业发展提供了操作性更强、可靠性更高以及更加科学、经济的技术支持。战略性新兴产业必须加快与新一代信息技术的深度融合，提升在智能机器人、智能传感器、智能仪器仪表、智能机床等领域的研发与生产制造能力，强化智能设备、智能化生产线的应用，打造人机交互的先进制造系统，借助"数据＋算力＋算法"推进企业的智能化决策、智能化生产和智能化运行，在开发更加智能化产品的同时实现更高水平的智能应用。其二，5G、超高清、虚拟现实、人工智能等新兴技术的叠加融合催生了大量新场景、新应用、新模式，正在重塑制造业业务模式。战略性新兴产业要顺应这一发展趋势，积极运用网络及数字技术将用户需求接入制造全流程，联合用户、配套企业、科研机构等进行协同创新，根据需求数据变化驱动制造流程智能化排产、柔性化生产，衍生开展远程维护、故障预测、性能优化等一系列专业性服务，加速网络化协同、个性化产品设计、规模化定制、服务型制造等新模式应用。其三，从新兴产业发展态势来看，随着越来越多的新兴技术日益成熟，生物、材料、新能源、高端装备等产业发展的技术路线、转型路径日益清晰。战略性新兴产业发展要以此为导向，结合市场需求推动技术逐步向前沿领域演进，加快构筑产业竞争新优势。例如，适应深空、深海等空间拓展需求，材料和装备制造业要向高性能新材料、超材料、超精细加工、极端制造等方向发展；汽车产业要顺应与能源、交通、信息、数字等领域加速融合趋势，加快氢燃料电池汽车发展，积极推进基于车辆交互的商业模式创新；满足绿色发展新要求，环保产业由终端向源流控制发展；等等。

（三）围绕无中生有，构筑新的竞争优势

战略性新兴产业涉及多个重点领域、多个行业。河南省战略性新兴产

业虽然在"十三五"时期快速增长，规模不断扩大，但多个行业仅处于细分领域，在产业重点领域及未来产业发展方面存在很多空白，亟须借助新兴技术产业化或引入新兴产业项目等方式，通过"未来技术产业化"，无中生有谋划布局一批重大新兴产业、未来先导产业，提升新兴产业发展能级。其一，《中华人民共和国国民经济和社会发展第十四个五年规划和2035年远景目标纲要》对我国战略性新兴产业未来一段时期的发展进行了系统规划，尤其部署了一批未来产业的发展路线。发展战略性新兴产业要以此为引领，选取河南具有一定基础、能够抢抓机遇率先布局的量子信息、氢能和储能、类脑智能、未来网络、生命健康科学、新材料等前沿科技，紧跟世界科技前沿，重点攻关，推出一批原创性、颠覆性成果；加快新兴技术产业化进程，孵化一批初步具备国际引领作用的龙头企业和创新平台。其二，近年来，国内外对战略性新兴产业资源和要素的争夺日趋激烈，国内各地更是通过放大区位、交通、资源等优势，依托创新产业政策、营造良好营商环境、完善创新链等举措加速新兴产业项目落地。河南要充分发挥构建新发展格局、促进中部地区崛起、推动黄河流域生态保护和高质量发展三大国家战略交汇叠加优势，着力优化营商环境，瞄准新兴产业缺失环节、核心技术、龙头企业以及前沿科技等领域，立足河南资源与配套优势面向国内外进行靶向发力、精准招商，建设一批具有前瞻性、带动性的重大项目和工程，瞄准未来新兴产业，填补区域产业发展空白，集全球智慧推进战略性新兴产业跨越发展。

四 河南省战略性新兴产业提升发展的对策建议

"十四五"时期，尽管战略性新兴产业发展面临的环境趋于复杂，但更多新兴技术将步入大规模产业化、商业化应用进程。河南要把握未来产业变革趋势，抢抓战略性新兴产业发展新机遇，以市场为主导、企业为主体，多方协同推进战略性新兴产业提升发展。

（一）坚持市场主导，加强政府引导与扶持

进入高质量发展新阶段，培育壮大战略性新兴产业必须避免重蹈传统产业发展政府主导、规模扩张的模式，按照坚持市场主导、政府扶持的原则，推进新兴产业提质增量。各级政府应围绕完善市场机制、培育市场需求、创新体制机制等方面对战略性新兴产业进行引导与扶持。完善市场机制，要求政府着力优化环境，确保市场功能充分发挥，在此基础上对所确定的新兴产业发展重点领域给予"精准"支持，有针对性地出台相应的支持政策并认真抓好落实，保证政策措施与市场调节作用紧密配合。培育市场需求，要求政府着力强化需求侧引导，建立健全新兴产业应用场景清单机制，探索推进重大应用示范项目，发挥政府采购扶持作用，积极创造新需求，引领新兴产业加速成长。创新体制机制，要求政府着力完善新兴产业发展的支撑体系和保障体系，围绕科技创新、财政金融、人才支撑等方面加大政策创新力度，加快产业环境构建、服务平台搭建，加速新兴产业的集聚和链环建设。

（二）强化创新基础，完善新兴产业创新体系

坚持以创新驱动战略性新兴产业发展，加快建设多级科技创新平台，切实提高科技供给的质量和效率。要立足河南战略性新兴产业发展的现实需求，积极争取国家重大科技基础设施布局，争创国家重点实验室，夯实新兴产业技术创新的基础设施建设。要深化科技创新体制机制改革，统筹新兴产业各领域优势资源，鼓励该领域内的创新型企业、高校、科研机构和社会团体采取多种方式开展产学研合作，组建各类新型科研机构，构建战略性新兴产业共性技术创新体系，加快突破一批产业共性技术和"卡脖子"技术。要积极探索全产业链协同创新模式，通过对产业链进行全景梳理，明确产业链提升的薄弱环节，联合上下游企业进行协同攻关、创新。要进一步深化开放创新，积极对接京津冀、长三角、粤港澳大湾区等创新优势区域，吸引行业龙头企业以及国内外知名高校、科研院所等在河南设立区域性研发中心，

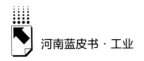

鼓励省内骨干企业在先进地区建立研发中心,借力"外脑"开展技术联合攻关,促进创新资源共享。

(三)加强主体培育,支持骨干企业做大做强

企业是战略性新兴产业发展的主体,要把培育龙头型、骨干型企业作为发展壮大战略性新兴产业的有力抓手,全面提升战略性新兴产业发展的质量和水平。围绕智能装备、新型显示和智能终端、汽车电子、智能传感器、新一代人工智能等重点领域,识别和培育一批具有影响力和创新力、产业链带动作用明显的链主企业,加快推进重大产业项目和重点技术创新示范项目建设,加大要素倾斜和支持力度,不断提高企业的竞争力和影响力,打造一批具有较强国际竞争力、能够带动中小企业创新发展的龙头企业。完善中小微企业孵化体系和创新服务体系,加快培育一批特色鲜明、创新活跃、竞争力强的新兴企业,支持符合条件的高成长性中小微企业上市,在细分领域培育一批"专精特新"小巨人、单项冠军、隐形冠军和瞪羚企业等。政府要进一步强化对新兴产业领域重点企业的扶持,围绕人才、资金、技术、环境等方面进行精准服务,协助企业聚集、整合、优化新兴产业创新发展的驱动要素,加快骨干企业成长步伐。

(四)集聚高端要素,优化新兴产业发展生态

立足河南实际,加快构建新兴产业生态体系,以"热带雨林"式的产业链生态加快战略性新兴产业成长。在生产制造环节,进一步强化配套体系建设,积极引进和培育新兴产业链上下游关键设备与材料产业,完善链式集聚、良性互动的发展格局。在人才方面,实施"中原英才计划"等人才培育工程,建立高层次和急需紧缺人才动态数据库,开展靶向引才、按需育才、精准引才;完善引才引智机制、人才支持激励体系、人才服务体系等,加快建立高端人才举荐制度;将复合型技术人才纳入全省层面的制造业人才发展规划中,推动省内高校、职业院校加强工业数字设计、系统集成、数据分析、网络安全等新型专业人才培养。在金融方面,发挥省创业投资引导基

金和新兴产业投资引导基金作用，带动各地和社会资本设立天使投资、创业投资和产业投资等各类基金为新兴产业发展提供中长期资本；加大对战略性新兴产业和未来产业的普惠性金融支持，加快开发新型金融产品，健全支撑新兴产业发展的金融保障体系。

参考文献

王志军：《发展战略性新兴产业》，《经济日报》2020年12月10日，第11版。

宋大伟：《新阶段我国战略性新兴产业发展思考》，《中国科学院院刊》2021年第3期。

孙夕龙：《在新一轮科技革命和产业变革中发展战略性新兴产业》，《光明日报》2021年9月27日，第6版。

B.5
河南传统产业加快拓展新赛道对策研究

仝宝琛 冶伟平 任静雯 郭小强 杨 刚*

摘 要： 进入新发展阶段，产业发展逻辑发生了根本性变化，社会各界关于经济社会发展"赛道化"的共识正逐步形成。我们作为传统的工业大省，可谓基础扎实、实力雄厚，赛道天然存在、蓄势待发，但如何实质性破解传统产业"夕阳之殇"，现实中如何快速"优中培新"仍待解题，成为现阶段产业跃升最紧要的命题。本报告通过对河南传统产业发展现状、存在问题的分析，结合自身的有关思索和启示，提出传统产业加快拓展新赛道的对策建议。

关键词： 传统产业 新赛道 河南

近年来，在供给侧结构性改革和去产能工作的大力推动下，河南产业转型升级深度推进，传统产业淘汰力度加大，产业规模持续下降，主要工业品产能明显减少，但传统产业优化升级"卡点"不断，新旧动能转换"断点"重重，工业转型发展"难点"众多。

一 河南传统产业发展现状

"十三五"期间，受"三去一降一补"尤其是去产能工作的大力推动，

---

* 仝宝琛，河南省工业和信息化厅，研究方向为工业经济；冶伟平，河南省工业和信息化厅，研究方向为工业经济；任静雯，河南省工业和信息化厅，研究方向为工业经济；郭小强，河南省工业和信息化厅信息中心，研究方向为工业经济；杨刚，国网郑州供电公司，研究方向为工业经济。

河南省传统产业比重变动较大。2016～2020年，传统产业占比从44.5%提高至46.2%，六大高载能占比从32.3%提高至35.8%，主要得益于供给侧结构性改革背景下传统工业品价格上涨。产能产量上，多数产品下降。其中，电解铝、水泥、煤炭产能及产量下降明显，钢铁、有色整体微幅下降，化工有增有减，传统产品甲醇、尿素、合成氨下降明显，新型化工如油化工、盐化工有所提升。2021年，传统产业持续走低，负增长成为常态。受"两高"项目核查管控、能耗指标"双控"、钢铁产量压减等一系列政策影响，下行压力持续增大。自二季度开始，传统产业陆续出现下滑，4月，化工行业增加值负增长；5月，冶金行业负增长；6月，化工行业再次负增长；7月，冶金、化工、能源三行业负增长；8月，冶金、化工、能源、建材四行业同时出现了负增长，对全省工业下拉作用较大。

近年来，河南材料产业规模逐步扩大，骨干企业进一步壮大，产业集群集聚效应逐步显现，形成了洛阳、巩义、鹤壁、济源示范区等有色金属基地，安阳、济源示范区等钢铁基地，濮阳、平顶山等化工基地，郑州、洛阳等耐火材料基地。铝加工产业发展条件较好，板带规模全国第一，铝材产量全国第二；鹤壁镁粉（屑、粒）产量占全国50%以上，镁牺牲阳极产量占世界的40%以上；焦作市六氟磷酸锂生产技术国内领先、产值第一；单晶金刚石产量占全国80%、全球70%以上，郑州三磨所、黄河旋风、中南钻石等企业技术达世界一流水平。近年来，经济发展方式持续转变和产业转型升级进程不断加快，为材料产业提供了良好的发展环境和广阔的市场空间，全省材料产业规模迅速扩大，2021年以来，以聚甲醛、铝硅系耐火材料为代表的新材料企业生产形势良好，复合超硬材料企业产销较好。但限于创新不足、链条延伸不够等短板，材料产业存在偏重、偏短、偏初级的情况，必须进一步改造提升，加快创新发展。

二 河南传统产业发展面临的制约因素

传统行业依然是河南省工业的支柱产业，是吸纳就业的重要渠道、创造税收的重要来源、实施科技创新的重要载体，也是开展产业转移和参与市场竞争的重要领域，要立足实际，一企一策，柔性管控，多策并举助推河南省传统产业顺利转型升级。

（一）环保管控趋紧

河南部分地区长期将环境保护与工业发展相割裂，环保管控较为严格甚至偏激，忽视经济运行及工业企业基本生存发展规律。自2016年以来，各地高度重视环保管控，过多运用强制管控、加重管控的手段，"一刀切"简单粗暴的做法比较常见，以致伤害实体、侵害企业的现象时有发生，传统产业领域的中小、民营企业遭到严重打击。河南省环保各项细分指标和标准均严于国家，导致很多传统产业、骨干企业外迁，最典型的就是电解铝产业，自2018年以来，优质产能陆续转移至西部省份，从最高的400万吨，一下子降到了193万吨，直接"腰斩"。钢铁行业则在大气通道城市产能布局较为集中，其中安阳市属于京津冀大气污染传输通道"2+26"城市之一，肩负着重要环保任务。济源示范区、郑州同样面临环保等方面的问题，约束企业发展。近些年，为环保改造投入巨额资金，改造完成后仍面临政府要求停产限产的问题，应严格遵循有关法律法规，出台利未来、管长远的政策措施，明确环保改造标准和要求，让企业重拾投资和升级改造的信心决心。

（二）产能淘汰过严

河南淘汰过剩、落后产能方面的政策执行严于国家和周边省份，一般时间上提前于国家要求、标准上严格于国家标准，如危化品搬迁、化工企业退城入园等政策落实过程中，造成很多化工厂房及产业设施废弃，一些企业因"搬"而"死"。而工业的领头羊广东省则毫不避嫌，大力发展绿色石化，并将之列为当地的战略支柱产业。此外，按照国家政策要求，电解铝产能跨省转移过程中，企业如采用兼并重组或同一企业集团内部产能转移的方式，就只需将产能置换事项告知河南省工信主管部门，不需要批准就可转移出省，河南省优质电解铝产能因此流失严重。转型发展应执行国家的产业政策，不降低标准，也不必再拔高标准，给予企业一个稳定的信号，增强企业发展的信心。同时，产业政策过渡时期，给予企业充足的空间和时间平稳健康渡过难关。

（三）要素保障力度过弱

一方面，用电成本相对较高，河南省大工业电价在全国排名靠前，造成一些连续性生产的用电大户如电解铝、化工等传统产业综合成本畸高，入不敷出、连年亏损，不得不关停倒闭或出走他乡。据协会反映，自 2010 年以来，河南省用电政策的相对优势开始逐渐消退，以自备电为主的电解铝行业缴纳的并网费全国最高，导致生产成本上升 700 元/吨左右，在煤炭价格高涨时期，竞争力降到全国的后三分之一，最终导致全省电解铝产能流失严重。另一方面，资金支撑供给不足，工业贷款新增量不足住房贷款的零头，工业贷款增速始终低位徘徊，难以满足主导产业变强、传统产业做优、新兴产业壮大的转型升级需要，很多快速发展的中小企业更是流动资金循环不畅、项目资金始终不足而逐渐萎缩直至倒闭。在减量化、绿色化转型升级的过程中，政府财政、金融机构应给予企业充足的资金支持。省级层面设立专项资金和基金，并根据本省行业实际给予充足的额度，多维度加大传统产业转型发展的资金扶持力度。

（四）"等靠要"观念严重

一方面，企业层面"等靠要"，企业家的思想开创性不够，转型升级的积极性不高，扩大再生产和创新的魄力不足，存在"熬过寒冬万事大吉"的侥幸心理，结果大多倒在了"三九天"；另一方面，政府层面"等靠要"，创新的理念不够，主动转型的能力不足，部门协同、政策合力不强，这么多年来新兴产业发展一直缓慢，支撑力不足、贡献度不高、拉动点不到位。一定要放开搞活，灵活创新，主动求变，并加强产业、财政、金融等政策协同，强化对新兴产业、未来产业的鼎力支持。

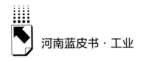
（五）产业链韧性不足

河南多数产业链条偏短，初级产品多，多数产品处于产业链前端、价值链中低端，高附加值和高科技含量的产品较少，受原材料价格等因素影响明显，抵御市场风险能力较差；产业间缺乏协同，本地产业配套能力不足；缺乏龙头企业带动，产业链普遍缺乏"主心骨"，而中小企业对产业链的整体影响作用有限。现有产业之间、企业之间的关联性不强，部分产业链条关键环节缺失，产业链延伸、关联工作缺乏深度、广度。外向型企业面临产业链结构层次低、供应链不畅、资金链紧张、要素保障难、产品销售难等问题，加之国际大宗原材料价格持续高位运行、海运集装箱持续偏紧，企业生产经营风险加大。更为重要的是，企业创新能力弱。核心技术研发能力不强、创新意识不强、研发经费投入不足、科研人才和信息化人才缺乏是工业企业存在的较为普遍的问题，科技创新在推动工业产品上档升级和链条延伸方面的支撑作用不凸显，招商引"智"在创新驱动战略中的作用不凸显。要重点聚焦产业链供应链薄弱环节，加快招商引智步伐，加强对外产业交流与合作，推动产业链供应链多元化，增强产业链韧性。

三　推动传统产业迈入新赛道对策建议

坚持"绿色、减量、提质、增效"基本原则，以供给侧结构性改革为主线，以原材料产业改造提升和新型材料产业高质量发展为主攻方向，统筹推进招大引强与内生培育，推动产业链、供应链、创新链、要素链、制度链五链深度耦合，推行更严更高的环保、安全、能耗、技术、质量标准"优中培精"，充分借助传统基础培育发展新兴未来产业"无中生有"，加快拓展新赛道，形成新优势。

（一）转变传统转型发展观念

历史和实践经验告诉我们，传统产业改造比传统产业向新兴产业转型更重要，传统产业转型中技术路线选择正确，就有可能形成新兴产业、未来产业。广东省佛山市坚持制造业立市，第二产业比重持续稳定在60%左右，聚焦家电、高端陶瓷、轻纺等领域打造产业名片，成为全国知名的制造业重镇。佛山的转型发展模式值得学习，其带给我们的启示是，坚守传统产业为主导的产业发展体系，一样可以有未来。优中培精、守正出新，对于多数城市来说是必循的铁律，必须积厚成势、厚积薄发。对于现阶段的河南，要更务实一些、接地气一些，首要的是积极更新主管部门的服务理念，主动转变责任部门的管理观念。科学合理明确环保改造标准和要求，平稳有序推进转型发展，稳定企业发展的信心，增强企业升级改造的决心，尤其是在产业政策过渡时期，给予企业充足的"冲关"空间和时间。政府财政加大对传统产业的资金、基金支持力度，广泛引入社会资本，营造支撑新旧动能转换的产业生态氛围。此外，也要改善企业家的观念，提升企业家水平，加快实施企业家素质提升工程，提升企业家全球化、市场化和互联网思维，大力弘扬豫商精神。

（二）推动传统产业精深发展

依托河南省资源和产业基础优势，瞄准关键、薄弱和缺失环节进行延链补链强链，发展服务型制造，增创全产业链整体竞争优势。钢铁：支持钢铁企业深化与钢铁精深加工企业的产业链、创新链合作，支持钢铁企业与装备、汽车等企业协同开发新品类，加快发展服务型钢铁，引导钢铁企业与用钢企业共建合作平台，向钢铁综合服务商转型。有色：再造铝产业优势，建设洛阳有色金属交易中心、巩义中部铝港，提升交割仓库容纳能力，拓展铝精深加工，创新"西北铝锭—中原加工"模式，加快铝、镁、钛、铜等高性能合金产品开发。化工：推动传统煤化工产业链延伸，形成以煤气化为龙头的煤基多联产系统，打造循环、绿色发展的完整产业链；拉长平顶山煤基尼龙化工产业链、河南能源煤基聚酯产业链、濮阳煤制烯烃产业链和新乡、开封、驻马店煤基化肥产业链。建材：鼓励水泥企业向商品混凝土、水泥制品和建筑部品等全产业链延伸，发展大型构件化、集成化、模式化水泥产

品，发展水泥复合多功能保温墙体、保温防水屋面集成、功能性水泥部品构件等，由建材供应商向综合建材服务商转变。

（三）大力发展新型材料

聚焦河南省优势领域，推动技术创新和产品升级，围绕产业链终端和高端市场，着力发展下游深加工和高附加值产品，实现由原材料大省向新型材料强省迈进。钢铁：围绕汽车和家电用钢板、高性能机械用钢等领域，发展服务性定制化特有钢，发展优质热轧板、优质冷轧板等精品板材，齿轮钢、轴承钢等优质工业用钢及铁基非晶带材、铁基纳米晶带材等非晶材料。有色：大力发展轨道交通、车辆用铝等高附加值产品和汽车零部件、电子电器、大型家电用铝等终端产品，加快"以铝节铜、以铝代钢、以铝代木、以铝代塑"，实现产品升级。支持研发生产镁合金轮毂、航空航天用高强镁合金、镁合金电子散热器等镁合金材料，超宽高纯高密钼溅射平面靶材、电子功能钨钼新材料及精深加工等钨钼材料，高品级海绵钛、航空航天和海洋舰船用钛合金、3D打印钛合金零部件等钛合金材料，做大做强河南省特色有色金属材料产业。化工：依托平顶山和鹤壁优势，大力发展尼龙纤维、工程塑料深加工和特种尼龙系列产品；依托濮阳新型化工基地，重点发展电子封装材料、电子级保护胶水等新材料；依托焦作精细化工产业园，发展六氟磷酸锂等电子级精细氟化工产品；大力发展锂电池隔膜、超高分子量聚乙烯等先进高分子材料和碳纤维复合材料。建材：围绕建筑节能、液晶显示和太阳能利用等领域，发展飞机和高铁风挡玻璃、低辐射玻璃、高世代屏显玻璃基板、光伏玻璃等产品，推动玻璃向新型朝阳产业升级。超硬材料：扩大与提高高品级大单晶、纳米级微粉、金刚石薄膜及高端制品规模和产量，鼓励利用石墨废料研发生产石墨烯。

（四）培育做大未来产业

长期以来，河南新兴产业发展慢、占比小、链条短，2020年仅增长2.6%，占比22.4%，在传统产业"日薄西山"的形势下不能有效支撑全省经济大厦，迟迟无法成为全省工业的稳定器、定盘星，更谈不上顶梁柱、主力军。当前各省在新兴产业、未来产业发展方面有不少好的做法，比如，安徽省坚持前瞻性布局，从 2008 年就开始"集终生智""无中生有"，打造"从沙子到整机"的新型显示全产业链条，"芯屏汽合"成为现象级产业地标。湖北省在全国首创碳基金、碳托管、碳质押融资、碳众筹、碳保险等碳金融产品，并与 6 家银行签署 1200 亿元碳金融授信，全力支持未来碳产业发展。当前不少省份在数字经济发展、数字化转型方面有好的做法，值得我们学习借鉴。比如，浙江省针对数字经济轻资产特点，每年安排 45 亿元专项支持，并完善从创新到孵化再到产业化的支持新经济发展的各类金融工具，全力打好金融组合拳，着力构建产业生态。贵州省无中生有发展大数据产业，并借此形成高新产业链，带动一批大型电子信息、集成电路龙头项目落地实施，实现了高附加值产业和本地资源优势互补协调发展。我们必须立足省情、放眼未来、跨越发展，不仅要培育绝活儿塑造新优势，更要采取连环策形成新体系。一是抓好谋篇布局。要充分认识到培育建设与发展未来产业的必要性与紧迫性，抓住未来产业孕育建设与发展新机遇，做好未来产业顶层设计与谋篇布局。要着眼全国、立足省情，综合考虑未来产业国内外发展趋势和河南省发展条件，全面对接国家及省国民经济和社会发展第十四个五年规划和2035 年远景目标纲要，锚定 15～30 年远景目标，稳步实现"现有产业未来化"和"未来技术产业化"。二是抓好体系构建。瞄准河南省有条件、有基础、能突破的方向，聚焦信息技术、生物科技、高端制造三大领域，先导性布局河南省具有一定产业基础或技术基础的量子信息、类脑智能、基因技术与生命健康、氢能与储能、区块链、增材制造等未来产业，加快建链布局、抢占高端；前瞻性布局前沿新材料、未来网络、数字孪生与虚拟现实、第六代移动通信等"大赛道"未来产业，构建"研发一批、储备一批"的未来产业体系。同时，要深入实施战略性新兴产业跨越发展工程与规模化倍增专项行动，将传统产业改造升级、新兴产业重点培育、未来产业谋篇布局贯通起来，实现"优中培精""协同联动""接续发展"。三是优化产业生态。要推动产业链、创新链、供应链、要素链、制度链五链深度耦合，全力打造一流创新生态。我们在未来产业发展上，既要做"有心栽花花要开"的事，也要做"无心插柳柳成行"的事，不能简单用发展传统产业的那一套，要从培厚土壤、创造平台、优化环境做起，加快推进供应链创新与应用，探索新模式、培育新业态，全力培育新兴产业、未来产业集群。

（五）推广智能制造模式

在每个细分领域开展智能制造对标达标评价，分行业选树一批标杆企业，总结推广典型案例和经验模式。运用省先进制造业发展专项资金，对智能化改造项目后补助、对试点示范一次性奖励。建立诊断服务长效机制，分地区、分行业开展诊断服务工作。组织行业专家与团队建立工业智能制造创新平台，统筹推进传统工业智能化发展。支持传统产业的龙头企业建设工业互联网平台，依托工业互联网平台拓展服务型制造。引导钢铁、有色、建材等高耗能企业建立能源管理信息化平台，引入大数据分析提高节能降耗水平。

（六）强化现代产业要素支撑

一是深化产融对接。发挥各级政府产业基金引导作用，吸引社会资本共同设立材料产业改造提升相关产业基金，重点支持企业重大技术改造项目。支持企业直接融资，鼓励传统产业领域的企业把新技术、新产品、新模式剥离单独成立公司，发挥河南省各类产业基金的作用，引导各类风险投资基金对河南省传统产业的新项目、新业态投资；鼓励金融机构开发信贷新品种，对传统产业改造提升项目优先给予支持。推广新材料首批次应用保险补偿政策，加快新材料初期市场培育。二是夯实人才基础。充分挖掘现有高校、科研院所和相关企业的技术与人才优势，发现并培育一批本土技术、管理人才和创新团队。完善高端人才引进机制，制定并落实相关政策，设立人才资金，吸引业内有技术、有项目的高层次人才来豫发展。通过各层次学历教育和技术培训，培养产业发展需要的不同层次人才，形成领军型技术人才、复合型高端人才、实用型技能人才的梯次人才队伍，建立和完善产业发展人才支撑体系。

参考文献

中国社会科学院工业经济研究所课题组、史丹：《"十四五"时期中国工业发展战略研究》，《中国工业经济》2020年第2期。

任保平、张倩：《新时代我国现代化产业体系构建的工业化逻辑及其实现路径》，《江苏行政学院学报》2020年第1期。

杜宇玮：《高质量发展视域下的产业体系重构：一个逻辑框架》，《现代经济探讨》2019年第12期。

盛朝迅：《构建现代产业体系的瓶颈制约与破除策略》，《改革》2019年第3期。

芮明杰：《构建现代产业体系的战略思路、目标与路径》，《中国工业经济》2018年第9期。

B.6
河南食品产业运行分析及加快培育新赛道对策研究

李婧瑗*

摘 要: 2021年,河南食品产业生产增速稳定,产品量质齐升,一批食品产业链供应链企业成长迅速,产业模式及产品品类创新成效明显,但仍然存在整体效益偏低、投资意愿减弱、企业规模偏小、创新意识不强等问题。面对内需释放及新消费机遇,面对经济下行及疫情常态化挑战,要顺应食品产业发展趋势,在保有产业基础优势的同时,将推动河南食品产业发展摆在更加重要的位置。强化政策扶持和产业引导,积极营造有利于企业发展的外部环境,强化食品企业梯级培育,着力打造一批食品新锐品牌,聚焦再造核心品类产品,推动河南食品产业迈向新赛道、领跑新赛道。

关键词: 食品产业 消费升级 新赛道 河南

食品产业作为河南的主导产业之一、优势产业之一、传统产业之一,是制造业体系的重要组成部分,是工业经济的重要支撑,在推动全省经济发展中发挥了至关重要的作用。2021年是"十四五"时期的开局之年,面对内需释放及新消费机遇,面对经济下行及疫情常态化挑战,河南食品产业主动转型升级,积极培育新赛道,新业态、新模式、新产品乘势发展。

---

* 李婧瑗,河南省社会科学院工业经济研究所助理研究员,研究方向为产业经济。

一 河南食品产业运行分析

2021 年，河南食品产业总体发展平稳，生产增速持续稳定。与上年相比，得益于国内疫情防控有效，消费市场潜力集中释放，食品产品市场需求增加，河南食品产业主要产品产量大幅反弹。新消费趋势下，一批食品产业链供应链企业成长迅速，产业模式及产品品类创新成效明显，成为河南食品产业持续高质量发展的新动能。

（一）生产增速持续稳定

从全国食品生产情况来看，2021 年 1~7 月，农副食品加工业增加值同比增长 10.0%，食品制造业增加值同比增长 9.1%，酒、饮料和精制茶制造业增加值同比增长 12.3%（见表 1）。从全省食品生产情况来看，2021 年 1~7 月，农副食品加工业，食品制造业，酒、饮料和精制茶制造业增加值增速分别为 11.3%、2.5%、8.3%，合计占全省规模以上工业增加值比重的 10% 以上。8 月，全省规模以上工业增加值同比增长 1.5%，其中农副食品加工业增加值同比增长 13.7%，高于全省规模以上工业增速 12.2 个百分点；食品制造业增加值同比增长 7.5%，高于全省规模以上工业增加值增速 6 个百分点。从现有数据来看，7 月、8 月两个月，河南农副食品加工业增加值增速表现亮眼，均高于全省水平，且均以两位数速度增长，对全省工业经济发展起到重要的拉动和支撑作用。

表1 2021 年 1~7 月全国及河南规模以上工业增加值增速情况（部分行业）

单位：%

地区	时间	全省工业	五大主导产业	食品产业细分行业		
				农副食品加工业	食品制造业	酒、饮料和精制茶制造业
全国	1~7 月	—	—	10.0	9.1	12.3
河南	1~7 月	9.7	12.4	11.3	2.5	8.3
	7 月	4.6	9.5	13.7	4.1	8.3
	8 月	1.5	—	13.7	7.5	—

资料来源：河南省统计局。

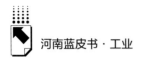

（二）食品产品量质齐升

2021年，河南食品产业主要产品产量保持增长态势，其中，肉制品、米面制品、乳制品增长明显。2021年1~7月，河南规模以上工业速冻米面食品产量达122.46万吨，较2020年同期增长14.96万吨，较2019年同期增长23.86万吨，两年年均增长率为12.10%。从产量增速角度来看，2021年1~7月，河南乳制品产量增速与上年同期相比转负为正，由2020年的-10.8%增长为6.8%。同时，由于牧原股份、双汇食品等肉制品龙头企业在生猪屠宰、熟肉加工、禽肉市场等环节不断延伸并加强产业链条，河南肉制品领域的产业优势被进一步释放，2021年1~7月，全省鲜、冷藏肉产量增速为33.9%，比上年同期增长62.8个百分点。此外，在国内国际双循环新发展格局下，河南食品产品除满足国内市场需求外，其特色传统美食产品在国际市场上也占有一席之地，持续从"国人厨房"向"世界餐桌"迈进。例如，2021年6月，河南向美国、日本、澳大利亚等十多个国家共计出口粽子食品2.8万箱，货值542万元，同比分别大幅增长60.6%和61.4%。

2021年，河南食品产品不仅产量销量稳步增长，其科技含量也在逐步增加。例如，从2010年起，河南食品企业就与中国航天员训练中心开展航天食品的联合研发生产合作。2021年，神舟十二号载人飞船3名航天员为期3个月所食用的航天食品中，约一半产品为河南制造。同时，航天食品的冻干锁鲜技术也被应用到普通食品产品当中，例如，好想你公司研发的"清菲菲"袋装红枣湘莲银耳汤等网红产品。

（三）新消费企业异军突起

除双汇、三全、思念等传统龙头企业外，近年来，河南食品产业涌现出一批新消费领域的领军企业。这些企业随消费结构调整机遇应运而生，随新消费流行发展壮大，在新一轮食品企业转型升级中走在了前列。例如，2019年才成立的河南本土火锅食材连锁企业锅圈食汇，现其品牌产品种类已多达500多款，门店扩张至7000多家。再如近几年发展迅速的新饮品企业蜜雪冰城，不断强化成本价格优势，通过建造原材料基地、打造规范化物流体系、形成标准化生产制作流程，再借助年轻化、大众化的经济手段实现迅速扩张。

随着企业规模的不断扩大，其资本需求也逐步扩大，自有资本难以满足企业大跨步式的发展势头。因此，河南新崛起的食品领军企业纷纷倾向于选择更加活跃的资本市场。例如，2021 年 5 月，年收入超 40 亿元的辣味休闲食品企业卫龙集团向港交所提交了上市申请书；2021 年 9 月，千味央厨已在深交所主板上市，标志着河南诞生了食品餐饮供应链第一股，也是 A 股市场上第 10 家河南食品企业；2021 年 9 月，蜜雪冰城拟在 A 股市场首次公开发行股票并上市，正在接受广发证券股份有限公司对其进行辅导。

（四）商业模式创新活跃

2021 年，为适应外部环境变化，许多河南食品企业主动创新商业模式、改进生产制造工艺、调整市场战略布局，由食品制造向食品产业链供应链转型，同时发展面向"B 端"（商业客户）和"C 端"（消费者客户）的销售渠道，营业收入不减反增，食品产品供不应求。

值得注意的是，随着食品产业更加趋向标准化、流程化和便捷化，中央厨房这一食品产业新业态发展迅速。目前，河南中央厨房发展初具规模，全省约有中央厨房企业 300 家，其企业数量、发展规模、营运水平均处于全国前列。位于新乡原阳的河南餐饮中央厨房产业园经过 5 年共 2 期建设，目前已实现约 60 家餐饮食品供应链企业的入驻发展，是全国著名的中央厨房基地，也是河南食品产业集群式发展的新亮点。

（五）数字化转型步伐加快

2021 年 5 月，中国（漯河）食品云平台顺利建成，这是全国首家食品云平台，是数字化手段在食品展会上的融合应用。食品云平台打破地理和时间限制，拓展参展企业交流空间，为第十九届中国（漯河）食品博览会参展企业提供云展服务。2021 年 6 月，食品产业数字赋能研讨会在鹤壁举办，会议现场启动了"乡兴食客"工程和"领航计划"项目，将有力推动河南

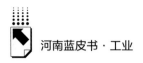

食品产业数字化转型。2021年9月，河南"食品安全快速检测与智慧监管技术"重点实验室正式获得国家市场监督管理总局批准，这是食品安全领域数字化技术的具体应用，也是智慧生活的重要平台。

从企业角度来看，随着5G时代的到来，智能制造是食品企业转型升级的关键途径。例如，2021年5月，皇沟国永馥合香酒文化庄园正式投产，这是豫酒企业在继承传统酿造工艺的基础上，开始对智慧酿造、智能生产的新探索。

（六）大项目持续落地

在"项目为王"时代，大项目带动是产业后续发展的重要动能，是保持产业稳定向好发展态势的新增长点。2021年，依托全省"三个一批"活动及各地市围绕食品产业链的补链、沿链、强链开展招商引资，河南食品产业大项目的引进、落地、投产均取得较大进展。例如，2021年5月，仰韶酒业3万吨陶融型白酒酿造车间项目一期开工；2021年7月，以"自嗨锅"中部产业园为代表的23个绿色食品产业项目开工，益海嘉里规划建设的丰厨（周口）食品有限公司中央厨房项目开工；2021年8月，正大漯河现代食品（300万蛋鸡）全产业链项目正式签约；2021年10月，双汇5000万只肉鸡全产业链项目开工奠基；等等。项目全部投产达产后，将会极大提升河南食品产业的营收水平、利税能力和就业能力，并会进一步带动发展畜牧养殖、有机农业、特色种植、农副产品加工等产业的融合发展。

二 河南食品产业发展存在的问题

近几年，河南食品产业发展相对平稳，营收水平始终位居全国前列。但从2020年全年数据来看，国内其他省份有赶超河南之势。例如，2020年，山东、四川、江苏三省的食品产业利润总额增速分别高达22.8%、21.9%和12.6%，与这些省份相比，河南食品产业处于不进则退、慢进亦退的关键时期，发展后劲相对不足。

（一）整体效益偏低

2021 年 1～7 月，河南食品产业工业增加值增速、主要产品产量等经济指标稳中有升，是全省工业经济的重要支撑，但从效益指标来看，仍然存在盈利能力偏低等问题。2021 年 1～7 月，全省规模以上工业营业收入增速为18.0%，其中，农副食品加工业，食品制造业，酒、饮料和精制茶制造业营业收入增速分别为8.9%、10.5% 和13.0%，均低于全省水平。此外，2021年 1～7 月，全省规模以上工业利润总额增速为18.9%，但农副食品加工业，食品制造业，酒、饮料和精制茶制造业利润总额增速竟低至 -17.2%、-43.2% 和 -1.5%。综合分析可以得出，偏低的营业收入增速和较低的利润总额增速，共同反映出 2021 年河南食品产业有可能面临同比成本上升、收益能力下降等风险。

（二）投资意愿减弱

持续扩大有效投资，坚持重大项目带动是产业健康可持续发展的重要前提。从现有数据来看，2021 年 1～7 月，全省固定资产投资增速为5.8%，其中工业领域固定资产投资增速为9.3%，远高于 2020 年同期的2.7%。但是，食品制造业，酒、饮料和精制茶制造业固定资产投资增速分别为 -4.2% 和 -28.1%，均为负数，均低于全省工业领域增速，尤其是酒、饮料和精制茶制造业固定资产投资增速低于全省工业 37.4 个百分点。投资意愿不增反退，体现出河南食品产业在发展阶段中处于瓶颈期，整体虽趋于平稳，但发展信心偏弱、发展后劲不足、创新动力不强，将会对未来河南食品产业的发展产生消极影响。

（三）企业规模偏小

数据显示，截至 2020 年底，河南共有食品生产企业 10864 家，食品小作坊 10629 家，食品生产类市场主体数量居全国前列。但是，规模以上食品工业企业约 3200 家，仅占 1/3 左右。从企业盈利能力来看，营业收入超过

500 亿元的仅有 1 家，超过 10 亿元的仅有 30 多家。可以看出，河南食品产业市场主体的主要构成是小作坊和小微企业，其弱点是综合实力不强、较难控制成本、抗风险能力偏弱、同质化竞争激烈等。因此，河南食品产业亟须壮大市场主体，强化梯级培育，发挥龙头企业引领支撑作用，帮扶中小微企业扩大发展规模、提高盈利水平、增强自身实力，打造支撑河南食品产业均衡化发展的企业"雁阵"。

（四）创新意识不强

数据显示，2020 年，河南粮食产量达 6826 万吨，位居全国第二。作为中国粮仓，丰富的农产品、初级农产品使河南具备食品产业发展的绝对原材料优势。因此，粮食高产、果蔬丰富从侧面推进了农产品加工业、食品制造业的充分发展，例如，方便面、速冻米面制品、饼干、辣条等。但是，原材料导向型固定思维也在一定程度上制约了河南食品产业创新的能力和水平。通过对比分析可以发现，近几年食品产业发展势头强劲的四川、福建和广东等省份则是更加趋向于市场导向的食品产业定位，紧盯市场需求，优选原材料供应链，重视生产工艺水平等。因此，河南食品产业应创新发展思路，由资源导向型转向市场导向型，由数量规模转向质量效益，由产业链低端转向价值链高端。

三　食品产业发展趋势分析

作为与民生紧密相关的产业之一，食品产业易受外部环境变化和居民生活消费习惯影响。在信息更迭快速、消费变化莫测的新消费时代，更要敏锐洞察食品发展新动态，深入分析食品产业新消费升级、内需市场释放、产业优势再造等机遇挑战，在保有产业基础优势的同时，加快推动河南食品产业走向新赛道。

（一）消费升级引领食品创新

在疫情防控常态化和新一轮消费热潮中，人们对食品产品的消费选择提出了更高要求，食品需求端走向更高层级，从而将引领新一轮食品供给端的创新。一是产品便利化。疫情防控常态化下，居家饮食催生了方便食品、复合调味料、半成品食品制品等领域的快速反弹和加速革新。广发证券研报显示，受益于餐饮标准化和家庭便捷化需求提升，预计未来5年速冻食品行业收入复合增速有望超过10%。但同时，也对方便食品提出了更美味、更健康、更便捷的产品要求。二是品牌年轻化。当前，年轻人成为消费的主力军。消费驱动正在从消费1.0时代的"性价比"转向消费2.0时代的"颜价比"，又转向消费3.0时代的"心价比"，消费者更加愿意为消费场景、心情和品质买单，对食品的便利性、创新性要求更高。因此，低度酒、包装食品、自热食品、预制菜肴等更加年轻化的细分品类产品将会迎来快速发展时期。三是规格迷你化。根据第七次全国人口普查数据，当下中国户均家庭规模为2.62人，这意味着传统的五人家庭、三人家庭正在迈向两人家庭时代。家庭人口结构的变化也带来了全新的家庭消费趋势，从而带动了"迷你消费"的新流行。因此，食品少量化、精致化也成为发展趋势之一。四是食品休闲化。《河南省休闲食品学科与产业发展研究报告》显示，我国休闲食品行业市场规模近10年年均复合增长率在15%以上，远高于食品行业年均6.5%的增速，未来10~15年内，河南休闲食品支出有望占食品支出的20%，市场发展潜力巨大。

（二）居民消费能力显著提升

居民消费能力的高低会影响食品产业市场的活跃程度，只有购买力不断提升，才会促进消费增长，释放消费潜力，激发市场活力。2021年1~6月，全省居民人均可支配收入和居民人均消费支出分别为12735元和9087元，较上年同期分别增长1305元和1673元。对比2017年以来的数据可以看出，2020年受疫情影响时全省居民收入增长缓慢和消费支出出现了负增长，但是从2021年1月起，居民收入和支出一直延续恢复性增长态势，尤其是居民人均消费支出迎来了爆发性增长（见图1）。这表明，2021年上半年，内需持续稳步恢复，市场复苏，消费回暖，食品消费能力逐步提升。此外，从全国数据来看，2021 年上半年，占据消费支出第一名的就是食品烟酒消费，全国居民人均食品烟酒消费支出为 3536 元，增长 14.2%，占人均消费支出的比重为 30.8%。河南要抢抓全国食品消费扩张的快速发展机遇，主动融入食品产业国内国际双循环新格局，并努力成为食品产业链的关键环节。

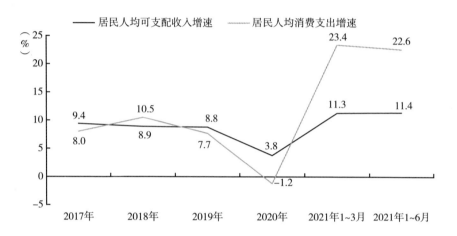

图 1 2017 年至 2021 年 6 月河南居民人均可支配收入增速和居民人均消费支出增速情况

资料来源：河南省统计局。

（三）迎来战略叠加机遇

2021 年 9 月，省委工作会议指出要锚定"两个确保"，全面实施"十大战略"。对河南食品产业来说，迎来了优势再造、换道领跑、乡村振兴等战略的叠加发力。河南是人口大省，具有内需规模优势，但人民日益增长的对食品产品的追求与低端食品产品之间仍然存在一定差距。作为重点传统产业之一，河南食品产业要围绕提升质量和效益实施产业优势再造，主动进行高位嫁接，通过对接高要求、高标准，倒逼高附加值食品产品的生产研发，努力在国内大循环和国内国际双循环中抢占食品产业链的中高端。此外，"粮头食尾""农头工尾"，在 2021 年全国农业产业化龙头企业 100 强中，河南共有 10 家企业上榜，其中食品企业有 7 家。可以看出，食品产业是带动农业产业化的核心产业，要通过食品产业"接一连三"，使其成为推动乡村振兴和县域经济高质量发展的重要力量。

四 加快培育河南食品产业新赛道的对策建议

在国内国际双循环背景下，在消费升级提速和信息技术嵌入下，传统产业孕育着大量的新赛道机会，要顺应食品产业发展趋势，将推动河南食品产业发展摆在更加重要的位置，积极营造有利于企业发展的外部环境，强化食品企业梯级培育，着力打造一批食品新锐品牌，聚焦再造核心品类产品，推动河南食品产业迈向新赛道、领跑新赛道。

（一）强化政策扶持和产业引导

从发展现状来看，虽说食品是河南的传统产业，但并不是低端产业，也不是落后产业。相反，因为丰富的资源优势和位居全国前列的产业基础优势，河南食品产业成为支撑河南工业经济、支撑河南经济发展的重要支柱。当前，在全省产业发展布局中要避免出现产业空心化。要在未来产业上前瞻布局，在新兴产业上抢滩占先，但同时，原来有优势的产业不能丢，要集中精力继续重视好、发展好适合省情实际、产业基础扎实、资源优势明显的食品产业，通过培育新赛道添加新动能、激发新活力。要进一步加强河南食品产业发展战略研究，提出细分行业发展目标、重点任务和对策措施，起草、印发食品产业优势领域的专项专类发展规划。通过政策扶持和规划引领，统筹工业发展资金、创新人才团队、互联网信息平台等各类要素资源向食品产业集聚，壮大食品产业发展力量。

（二）积极营造良好外部环境

产业健康发展离不开良好的外部环境。在河南食品产业发展中，要打造形成以政府为引导、以企业为主体、以协会为纽带的生态圈。进一步优化营商环境，针对食品企业规模小、抗风险能力差、创新能力弱等特点，强化精准纾困帮扶。充分发挥行业协会、头部企业作用，推进食品产业公共研发平台建设，加强共性技术研究，开展应用研发和成果推广服务，培养生产研发、经营管理等专业人才，为食品制造产业转型发展提供科技和人才支撑。通过大数据分析，进一步明确食品产业链产品和技术创新方向，为各方市场主体提供可靠的预期引导。充分运用互联网技术，通过食品云展会、食品云平台帮助企业拓展线上销售渠道，推荐企业参加直播带货。

（三）强化企业培育和品牌打造

落实"万人助万企"帮扶政策，支持大型食品企业做优做强，鼓励中小微型食品企业做大做强。支持食品龙头企业开展并购重组，增强大企业竞争力，支持传统食品企业开辟生产经营战略"第二曲线"。开展中小微型食品企业"小升规"培育工程，推动企业上规模，从而实现规范化发展，增强自身实力。积极抢抓消费新升级机遇，开展食品产业新品牌培育行动，引导企业创品牌，树立品牌企业标杆。继续围绕肉制品、速冻米面制品、休闲食品等传统赛道打造一批本土特色品牌，并推动传统品牌年轻化转型。同时，放远战略眼光，聚焦食品发展新趋势，加快培育一批新消费引领下的新锐品牌。

（四）聚焦再造核心品类产品

一个产业的发展水平直接体现在核心品类产品的种类、数量和质量等方面。近年来，河南食品产业蓬勃发展的标志之一，就是拥有红枣、火腿肠、汤圆、方便面、辣条等具有河南区域特色的核心品类产品。但在传统经济时代看似已经充分竞争的食品产业，又因为消费升级和技术进步而开辟了新机会，这就需要围绕新需求再造核心品类产品，以适应并满足新发展阶段的新发展要求。河南要持续立足并深耕河南"中国粮仓""国人厨房""世界餐桌"的食品产业发展定位，促进食品产业链与创新链协同对接，通过食品加工技术集成创新与关键技术攻关，不断研发创新，增加核心品类产品品种并提升核心品类产品品质。

参考文献

《2020/2021 年度主要食品商品关键趋势和展望》，《世界农业》2020 年第 7 期。

吕岩：《关注优势 引领创新 推动河南省食品工业提质增效》，《决策探索》（上）2019 年第 1 期。

王灵：《新食品经济的发展趋势及其对食品产业的作用分析与研究》，《食品研究与开发》2020 年第 4 期。

杨洁：《河南食品产业资本版图扩张》，《中国证券报》2021 年 9 月 7 日。

赵力言：《食品经济的发展趋势及其对食品产业的影响》，《食品研究与开发》2020 年第 24 期。

B.7

碳中和促进河南新能源汽车产业发展[*]

袁　博[**]

摘　要： 碳中和是近年来联合国气候变化大会和各国环境保护实施的主要组成部分，是人类实现减少二氧化碳排放量的主要手段，新能源汽车作为节能环保的先锋，在减少二氧化碳排放方面同样发挥着重要作用，碳中和将会成为今后减少温室气体排放量的长期举措，河南作为新能源汽车产业发达省份，积极履行碳排放职责，争取早日实现碳中和目标。

关键词： 碳中和　新能源汽车　产业发展　河南

河南是工业大省，但目前依然存在"偏重工、偏低端、偏初级、偏传统"的"四偏"问题，其中能源、化工、冶金等高污染、高能耗的重工业仍然是主打产业，同时是碳排放较高的产业，近年来河南省开始转型发展低污染、低能耗的新兴产业，以降低碳排放，节能、环保、高附加值的新能源汽车产业成为新的发展方向。2018 年 8 月，河南省政府印发《河南省新能源及网联汽车发展三年行动计划（2018—2020 年）》，明确将新能源汽车作为重点产业发展；2021 年 4 月，河南省政府印发《河南省推进新型基础设施建设行动计划（2021—2023 年）》，明确提出充换电设施和加氢站的建设计划。河南是中国新能源汽车重要的生产和推广地区，发展水平较高，2019

---

　* 本报告系河南省哲学社会科学规划项目"'碳中和'目标下的河南新能源汽车发展路径与创新研究"（2021BJJ049）的阶段性成果。

　** 袁博，河南省社会科学院工业经济研究所助理研究员，研究方向为产业经济。

年全省生产各类新能源汽车 6.93 万辆，同比增长 18.69%，排名全国第八，明显高于其汽车产量的排名，占全省汽车生产总量的 9.09%，占全国新能源汽车生产总量的比重由上年的 3% 提升至 5.58%，其中新能源客车产量超过 2.2 万辆，占全国新能源客车总产量的近 30%，位居全国第一；2020 年全省新增新能源汽车 8.5 万辆，同比增长 62.5%，动力电池装机量超过 6.7GWh。在新能源汽车推广方面，截至 2020 年底，河南新能源汽车保有量已达到 33.6 万辆，累计建成充换电站 1059 座、公共及专用充电桩 4.31 万个，2020 年 4 月，郑州新能源客车数量占公交车总量的比例达 100%，率先实现新能源汽车在公共交通领域的全覆盖，成为新能源客车推广的先进城市，在此基础上河南省政府和各级地方政府持续出台各类鼓励新能源汽车生产和推广的政策，进一步加快新能源汽车产业的发展。

河南新能源汽车产业在蓬勃发展的同时还存在自身的发展问题：整体产销量在国内占比低，新能源汽车普及率不高；内部结构失衡，商用车占比过高，新能源乘用车占比低；新能源汽车政策地方保护主义明显，限制竞争发展；新能源汽车后市场体系混乱，影响产业整体发展；等等。受自身内部问题以及新冠肺炎疫情的影响，2020 年河南新能源汽车产量仅为 5.02 万辆，同比大降 25.5%，而同期中国新能源汽车总产量达到 145.6 万辆，同比增长 17.3%，河南新能源汽车销量已经严重滞后于中国新能源汽车的整体产量，占全国新能源汽车总产量的比重重新跌回 3.45%，无论是产量还是占比均出现严重下滑，河南新能源汽车产业需要寻找切实有效的对策去应对，实现碳中和目标。

一　坚持新能源商用车和乘用车的双车型发展路线

（一）保持新能源商用车产业优势

河南在新能源商用车方面的发展具有明显优势，无论是产业规模还是技术水平都位居国内领先地位，河南 2019 年新能源商用车产量达 3.62 万辆，位居全国最前列，河南在新能源商用车技术研发方面同样走在全国前列，宇通客车深知技术迭代的重要性，近年来积极创新，在国内率先研发和生产氢燃料电池客车，早在 2009 年，宇通客车就完成代增程式燃料电池客车的开发，开启在氢燃料电池领域的发展征程；森源集团已形成新能源发电、智能充电桩和新能源汽车三位一体的省内较全面的新能源产业链，其生产的电动公务车、移动警务室等新能源汽车在全国同类产品中市场占有率领先；2020 年 1 月，中航锂电研发的 D221 模组能量密度已经达到 230Wh/kg，处于行业最顶尖水准；许继电气目前已经研发出大功率液冷充电桩，最大输出功率可以达到 500kW，处于世界领先地位。河南在新能源商用车领域的技术已经处于全国前列，相关企业要继续加大投入研发力度，保持在国内的优势地位。

（二）大力发展新能源乘用车

河南在新能源商用车领域实力强劲，但放眼全国，新能源乘用车仍然是绝对的产销量主力，占据新能源汽车总产销量的 90% 以上，商用车产销量不足 10%，并且份额持续萎缩。2019 年河南新能源乘用车产量仅为 3.31 万辆，仅占新能源汽车总产量的 47.73%，这一比例远低于全国平均水平。河南新能源乘用车不仅产量和占比低，产品竞争力也十分有限，以上汽、小鹏、海马、日产、速达等品牌的紧凑级轿车和 SUV 为主，销量一般，导致产量受限，究其原因是产品实力弱，与其他品牌竞争时处于明显劣势。面对这一窘境，相关政府部门应推出针对新能源乘用车发展的扶持政策，建立产业园区，重点培育一批本土的优秀新能源乘用车企业，相关企业要持续加大研发力度，提高现有产品竞争力，同时开发高端产品，提高销售单价，提升利润率，共同促进河南新能源乘用车的发展。

二 以信息化和智能化引领产业发展

信息化和智能化是近年来新兴产业发展的新方向和新趋势，同时是产业发展新的增长点，新能源汽车由于结构简单，核心零部件都是电子部件，更易实现信息化、智能化和网联化，要进一步加快河南新能源汽车产业向信息化和智能化的转型升级。

（一）鼓励企业自主研发

新能源汽车企业作为车辆的研发和生产主体，对车辆参数性能最为了解，企业自主进行信息化和智能化研发的意愿和动力是最强烈的，近年来河南新能源汽车企业开始依靠自身进行产品的信息化和智能化升级。作为河南新能源汽车的领军企业，宇通客车于 2015 年 8 月在郑开大道成功试跑全球首辆无人驾驶客车，此后持续研发，于 2019 年 5 月在郑州智慧金融岛投放全球首批 L4 级 5G无人驾驶巴士"小宇"，两款无人驾驶汽车的核心技术都由宇通客车掌握，宇通客车是目前国内唯一一家涉及自动驾驶客车的汽车公司。森源电气和许继电气都已研发出最新式的智能充电桩，可以为新能源汽车提供更为便捷的充电服务。上汽郑州工厂、海马小鹏工厂都已实现了高度的智能化和数字化生产。

（二）促进跨产业间的合作发展

近年来随着新兴产业和服务业的快速发展，与原有的传统产业产生越来越多的关联和交集，产业边界日渐模糊，产业融合发展趋势明显。不同产业通过这一过程取长补短，促进各自快速发展，新能源汽车产业作为国家重点扶持的战略性新兴产业，与其他产业同样积极融合发展。新能源汽车由于电气设备较多，在信息化和智能化方面有先天优势，与电子信息产业的融合最为紧密，宇通客车的自动驾驶除了自主研发外，同样与其他企业积极合作，在无人驾驶领域与中国工程院、中国移动、中国联通、信大捷安等机构和企业合作。海马汽车与京东达成战略合作，京东将对海马汽车全面开放其在零售、物流、汽车金融、物联网、大数据以及用户运营层面积累的优势能力，与海马汽车一起探索无界零售在汽车零售领域的更多可能性实践。

（三）建立产业园区，完善协同发展体系

新能源汽车与电子信息产业在诸多方面有共通点，特别是在信息化和智

能化方面，相关部门可以建立专业的新能源汽车智能网联合作发展园区，特别是吸引省外实力强、技术水平高的大型 IT 企业进驻，与本土新能源汽车企业进行无缝衔接式的协同合作，共同促进新能源汽车信息化和智能化发展。

总体来说，河南新能源汽车在信息化和智能化方面落后于产业发达省份，需要相关部门进一步鼓励和促进企业进行信息化和智能化方面的创新，企业同样需要进一步提升研发水平。

三 着重发展新型新能源汽车

国内新能源汽车产业经过近 10 年的快速发展，在能源形式方面形成了以纯电动为主、混合动力为辅的发展格局，在车型方面形成了以乘用车为主、商用车为辅的发展格局，但产业发展形势会受到经济、社会、自然环境等多种因素影响而出现新的方向和趋势，河南新能源汽车产业要审时度势，发展符合未来趋势和方向的新型新能源汽车，在长期竞争中占尽先机。

（一）发展氢燃料电池汽车

燃料电池汽车（FCV）是用车载燃料电池装置产生的电力作为动力的汽车，是一种自带燃料发电机的电动汽车，将氢、甲烷、乙醇等可燃物质作为燃料，目前以氢燃料电池汽车为主，氢燃料电池只会产生水和热，所以氢燃料电池是完全的清洁排放，对环境是真正的零污染。河南在氢燃料电池汽车的研发与生产方面已经走在全国乃至全球的前列，其中宇通客车在国内率先研发和生产氢燃料电池客车，目前已经成功推出第三代氢燃料电池客车，而且在 2018 年初获批组建中国客车行业首个燃料电池与氢能专业研发平台——郑州市燃料电池与氢能工程技术研究中心，同时自有加氢站为旗下氢燃料电池客车服务。河南在氢燃料电池汽车方面处于全国领先地位，氢燃料电池汽车未来的应用前景广阔，河南氢燃料电池汽车的发展前景利好。

（二）发展新能源特种车辆

河南在新能源商用车领域优势明显，但其中60%以上为新能源客车，车型过分集中往往隐藏着巨大隐患。2020年受新冠肺炎疫情、市场饱和、交规限制等多重因素影响，国内新能源客车市场销量出现超过20%的大幅度下滑，宇通客车作为常年的销量冠军更是同比下滑26.59%，随着市场进一步饱和，2021年国内新能源汽车销量预计将进一步萎缩，单一车型无法有效分担风险，需要多种车型战略，特种车辆多为城市范围内使用，纯电动汽车噪音小、行驶平顺、使用成本低，非常适合作为特种车辆。近年来河南新能源汽车企业积极开拓新的市场增长点，研发和生产纯电动特种车辆，森源电气生产的纯电动消防车、移动警车、水泥搅拌车等车型，与国内同类产品相比在市场上占有率较高；宇通客车除了客车之外，还生产纯电动物流车、渣土车、洒水车、清扫车等车型，已经占有一定市场份额。目前特种车辆处于燃油车替换初期，市场需求量巨大，河南新能源汽车企业应抓住这一契机，助力新能源汽车产业再次实现快速发展。

四 进一步完善全产业链发展体系

河南是国内为数不多的拥有原材料—核心零部件—整车—配套设备的完备新能源汽车产业链的省份，其中有以多氟多为代表的电池原材料生产企业，以中航锂电为代表的动力电池生产企业，以宇通客车为代表的整车生产企业，以许继电气为代表的配套设备制造商。虽然已经形成了全产业链，但河南目前的新能源汽车产业链体系仍然存在两大问题：首先，缺乏电机和电控零部件生产企业，使河南在新能源汽车核心三电（电池、电机、电控）领域发展不完整；其次，企业的客户以省外企业为主，省内却是各自发展，合作较少，导致产业链利用效率较低。政府部门需要出台相关扶持政策，培育电机和电控零部件的生产企业，相关企业需要进一步拓宽发展领域。另外，加强省内产业链各环节间的协同合作，真正发挥河南完整产业链的优势，完善全产业链的发展体系，最终使河南从新能源汽车产业大省发展为产业强省。

五　积极开拓海外市场，寻找新的市场增长点

河南新能源汽车产业近年来不仅在国内的新能源汽车市场占有一席之地，同时还积极开拓海外市场，出口新能源汽车产品，2013 年郑州航空港经济综合实验区的建立进一步提高河南的对外开放程度，加之"一带一路"倡议的实施，共同促进全省的进出口贸易，以新材料、高端装备制造、新能源汽车为代表的一批高科技含量的新型产品远销海外，出口快速增长。其中新能源汽车企业表现尤为亮眼，宇通客车、许继电气、中航锂电、海马汽车等相关企业都积极开拓海外市场，在企业内部已经建立了完善的海外市场体系。宇通客车已经累计向海外 40 多个国家和地区出口超过 4000 辆新能源客车，口碑和销量俱佳，是在海外市场的中国新能源客车领军企业；2020 年 4 月，速达汽车首次向素有"汽车工业王国"之称的德国出口 500 辆纯电动汽车，实现了河南新能源汽车出口的重大突破。此外，中航锂电、许继电气、海马汽车等企业的产品同样远销多个国家和地区，随着今后航空港区的进一步建设以及"一带一路"倡议的深入实施，河南新能源汽车产业要持续开拓海外市场，发展前景会更加广阔和光明。

参考文献

袁博：《中国新能源汽车推广应用现状与对策》，《管理工程师》2018 年第 4 期。

袁博：《后补贴时代中国新能源汽车产业发展研究》，《区域经济评论》2020 年第 3 期。

B.8
南阳艾草产业高质量发展研究

摘　要： 南阳艾草资源丰富，艾文化历史悠久，艾草产业发展呈现良好状态，随着国家层面对中医事业的高度重视，南阳艾草产业迎来新一轮的发展机遇。同时，南阳艾草产业仍存在较为突出的短板和制约，有待从政策、产业、市场、文化和创新等多个方面持续发力，为推进南阳艾草产业高质量发展提供强劲支撑。

关键词： 艾草产业　高质量发展　南阳

近年来，在国家层面高度重视中医药工作、将加快发展中医药事业上升为国家战略的大背景下，作为全国中医药大市、著名的艾草之乡的南阳市更是抢抓机遇，南阳市委、市政府高度重视艾草产业发展，把发展艾草产业作为全市大健康产业重点领域进行统筹规划，持续加大对艾草产业的支持力度，先后出台了一系列优惠政策和扶持措施，南阳艾草产业发展势头迅猛，已成为南阳市的特色产业之一。

一　南阳艾草产业发展现状

南阳艾草资源丰富、艾文化历史悠久，通过多年的发展，南阳艾草产业已形成百亿级产业规模，艾草产业市场份额占全国70%以上，年销售110

＊ 唐海峰，河南省社会科学院工业经济研究所助理研究员，研究方向为产业经济。

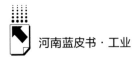
亿元，艾产品市场占有率全国第一，其中，2020 年南阳艾草制品共计出口超过 1100 吨，同比增长 67.9%，2021 年前 4 个月出口艾草制品 497.4 吨，同比增长 129.7%。

（一）产业链完善度较好

经过近年来大力引导和积极培育，南阳已成为全国最大的艾产业种植基地、生产基地和销售基地，初步形成艾草种植、加工、生产、销售、仓储、科研、灸疗特色体验、健康旅游以及装备制造等完整的艾草产业链。一是种植规模较大，种植基地达 16 家，艾草种植面积超过 24 万亩，产量达 24 万吨，是全国最大的艾草原材料供应基地。二是产业规模较大，截至 2020 年底南阳艾草产值已突破 120 亿元，全市与艾草相关企业已经超过 3000 家，年产值超亿元的企业有 10 余家，年产值超 5000 万元的企业有近 30 家，艾灸馆 1300 多家，仙草药业、药益宝、绿莹艾草、昊翔药业、灸龙艾草等龙头企业发展迅速。三是产业集聚态势明显，南阳着力培育建设以艾草产业为主体的产业集聚区，形成了社旗县艾草产业园、卧龙区艾草产业园等 4 个艾草产业园，南阳艾草产业发展呈现集聚发展的显著态势。

（二）政企协同程度较高

南阳市是国家中医药管理局、商务部确定的"全国中医药服务贸易先行先试重点区域城市"，因此大力发展与艾草产业相关的现代中医药产业具有较好的政策优势。在顶层设计方面，南阳市政府出台了《南阳市艾产业发展规划（2019—2023 年）》《南阳市现代中药产业发展暂行奖励办法》等一系列规划措施，进一步强化艾草产业发展的顶层设计和重点发展领域，有力地促进了艾草产业健康快速发展。在政策支持方面，南阳大力支持社会资本进入艾草行业，对新办艾草企业在扶贫资金投入、税收优惠等方面给予政策倾斜，筹划设立艾草产业发展园区，为艾草产业发展开辟绿色通道。同时，结合艾草产业发展良好态势，南阳支持鼓励各级医疗机构和社会开展艾灸服务，目前全市提供艾灸服务的各级医疗机构、社会化艾灸馆超过1300家。另外，在南阳市政府的大力支持下，先后举办了四届中国艾产业发展大会、"端午话'艾'——市长直播带货"活动、道地"南阳艾"采收节（社旗县）、艾草文化节（南召县）等多项艾草产业宣传、推广活动。在行业规范方面，目前已有国家级平台——中国中药协会艾草专业委员会落户南阳，进一步促进了企业与政府、市场与政策的有效呼应和紧密衔接，从而在体制层面进一步强化行业管理与市场整合。与此同时，南阳成立了艾草产业协会，下设种植和灸疗两个专业委员会，规范行业标准和行业管理，打击假冒伪劣，整顿市场秩序。在标准化体系建设方面，"南阳艾标准化种植技术规程"和"南阳艾鲜叶质量标准"两项地方标准通过立项评估，"南阳艾"地理标志注册商标申报工作进展顺利。通过政企协同配合，南阳艾草产业品牌效应日益凸显，产业规范化、标准化程度不断攀升。

（三）产学研结合紧密

在大力推进打造种植、加工、研发、仓储、流通、体验等艾草全产业链的同时，南阳市利用高校重点实验室和工程技术研究中心，加强校企联合，开展技术攻关，推动艾草全产业链机械自动化、智能化改造升级，加速艾草传统加工向新型工业化转型，提升整体产业现代化水平。先后在南阳理工学院、南阳师范学院、南阳医学高等专科学校等院校成立了河南省张仲景方药与免疫调节重点实验室、河南省艾草开发利用工程技术研究中心和南阳市艾制品工程技术研究中心等产学研平台和创新载体，进一步强化与艾草生产企业合作，在艾绒、艾条、艾炷、精油、灸器、自贴、洗护等系列医用、保健、日用等领域进一步加大科研和新产品开发力度，获得了多项发明专利和实用新型专利。

二　南阳艾草产业发展存在的主要问题分析

近年来，尤其是在新冠肺炎疫情的影响下，南阳艾草产业发展极为迅

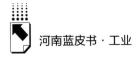
猛，但整体来看，南阳艾草产业的短板依然比较突出，成为制约艾草产业高质量发展亟待破解的难题。

（一）产业组织有待优化

虽然南阳艾草产业规模较大，但产业组织"散、小、乱"的特征仍较为突出。南阳艾草资源丰富、种植面积大，对加工技术要求不高，因此行业门槛相对较低，生产企业以家庭作坊式的小微型企业为主体，规模化生产的龙头企业、大中型企业与湖北蕲春相比仍显偏少，这种产业组织形态与南阳艾草产业规模严重不匹配。同时，企业专业化程度较低，加之艾草质量标准体系和行业监督管理体系的缺失，导致艾草制品参差不齐、同质化现象突出、市场秩序混乱，成为促进南阳艾草产业高质量发展的关键制约因素。

（二）创新能力有待提高

受制于产业组织的缺陷和激烈的市场竞争，南阳艾草行业的中小微企业无力在产品研发上投入，而大中型企业研发投入强度相对偏低，导致产业创新能力偏弱，南阳艾草产业被起诉专利侵权事件时有发生。总体来看，南阳艾草产品基本有6大系列、200个品种，在艾炷、艾条、艾绒和艾叶等主导传统艾制品方面缺乏创新性突破，产品附加值较低，在精深加工方面有待加强；衍生的艾制品技术含量较低，产品特色不突出，可替代性强，市场认可度低；在艾草装备制造方面也没有充分发挥南阳市的制造业传统优势，艾草装备制造有待进一步提升发展水平。其主要原因是技术研发、市场运营等专业技术人才严重不足，缺乏专业化的知识和培训，艾草从业人员的专业素质有待提高。

（三）市场形象有待拔高

相对南阳"宛艾"价格的长期低廉，"蕲艾"在获地理标志之后市场价格节节攀升，南阳已经成为湖北蕲春艾加工企业的原材料供应地和艾制品成品的加工地，其主要原因是"宛艾"在产品形象塑造和品牌影响力方面与

"蕲艾"存在不小的差距。南阳艾草产业的发展缺乏系统性的市场理念和人文理念，在传统中医药文化和地道中药宣传推广方面有待进一步加强，导致南阳厚重的中医药文化优势尚未有效转化为推进艾草产业健康快速发展的优势，因此在南阳丰富的中医药资源、传统中医药文化与艾草产业的深度结合方面有待持续发力。

三　推进南阳艾草产业高质量发展的对策建议

南阳艾草产业的基础优势雄厚，产业发展的政策机遇良好，建议在扩大种植规模、提升产业组织形态、推进产业集聚发展、加速技术研发与产业形态创新等多个维度持续发力，大力推进南阳艾草产业在高质量发展的道路上行稳致远。

（一）加快扩大种植规模

加强南阳市艾草种质资源的收集、挖掘与利用，充分发挥本地丰富的艾草种质资源优势，坚持与乡村振兴紧密衔接，通过公司运作、农民入股、供销参与的"种植＋多方协作"模式，有效实现多产融合、资金整合、力量聚合，持续加快扩大艾草种植规模，通过连片化种植、模式化栽培、生态化管理，带动区域艾草种植业发展。高标准培育打造一批艾草种植示范基地，以良种培育为基础，统一工厂化育苗、统一农机化栽培、统一测土配方施肥、统一艾草种植标准、统一规范化管理。建立艾草标准化育苗体系，谋划建设种苗基因库，进行标准化育苗，为周边地区提供优质种苗、生产标准及种植技术指导。围绕生态循环产业发展理念，依托现有艾草种植基地，用活土地、水域等资源，通过"种植＋循环种养"模式，大规模发展艾草，小规模发展中草药、果树套种等精品种植，实现生态循环产业发展。

（二）持续完善产业链条

以艾草精深加工为重点，主攻产品研发、机械智能制造、加工生产和销售，积极培育艾草产品加工龙头企业，增强行业引领带动作用，提升产品竞争力，扩大产品影响力，打造行业品牌，助推艾草产业健康快速发展。鼓励企业采取"互联网＋"模式，实现艾产品质量可追溯，利用互联网实现艾产品精深加工及产品网络营销。重点依托灸疗养生服务和艾草生态农业，搭建文旅康养产业发展平台，拓展服务内涵。南阳各县（市、区）文旅康养项目要开发创意产品、策划创意活动，加大品牌营销和市场运作力度，打造以灸疗文化为特色的文旅康养示范展示窗口。

（三）强化产业创新能力

深度挖掘艾草历史文化，以文化建品牌，以品牌促发展，通过"政府＋科研机构＋企业"共同合作、协同推进的方式，全力打造"宛艾"品牌，促进艾草产业的高质量发展。引导企业加强与科研院校、药品生产企业的合作，积极申报相关艾制品的械字文号，拓展市场空间和领域。开展艾草药用、食用、保健用的基础研究，促使科研成果直接转化。鼓励企业自主研发、创新，研制申报国家专利、实用新型专利等带动艾制品企业从低端向产业链高端迈进。面向国内外积极拓展技术合作领域，把南阳艾草、艾产品打造成更具技术含量和功效的知名品牌。加大行业人才培训、培育的力度，通过组织学习培训、优化地方院校课程设置，加强人才引进与交流，为南阳艾草产业发展提供充足的智力和科技支撑。

（四）推进产业集聚发展

进一步加大政策、项目、资金、人才扶持力度，强化土地、交通、环境的要素保障，着力培养一批具有市场竞争力的本土企业。大力推进专项招商引资，积极引进全国知名艾草企业及现代中医药企业来南阳建立种植基地、生产基地。进一步整合政府、产业、学校、科研、应用各方资源，加快编制艾草产业和园区发展专项规划，以现有艾草产业园、艾草交易中心为依托，积极构筑覆盖全国的市场服务体系，深化艾草全产业链融合发展新模式，着力打造全国知名的集艾绒机械设备改进组装、艾制品生产及研制、布艺艾绒产品新技术开发、高端艾草产品研发、艾灸器具创新应用及体验养生等于一体的特色民营实体企业聚集地，进一步推动艾草医药、保健、药膳、康体、生态旅游等产业发展。

参考文献

张金邦、程书静、张俊生：《艾草产业为什么能在南阳市不断发展升级？》，《九江学院学报》（自然科学版）2017 年第 2 期。

贺广华、吴君：《湖北黄冈市蕲春县——小艾草做成大产业（走向我们的小康生活）》，《人民日报》2020 年 10 月 2 日。

郝春城：《我市艾产业已形成百亿级产业规模："世界艾乡"蓝图初绘》，《南阳晚报》2021 年 5 月 14 日。

刘保财、陈菁瑛、王骥：《艾草生产现状与展望》，《农业科技通讯》2021 年第 2 期。

张晓艳、林育炯、刘燕、叶希、国彬、张雄基：《梅州市艾草产业发展现状与对策》，《热带农业科学》2021 年第 7 期。

综合篇

Comprehensive Articles

B.9
河南以构建一流创新生态
培育产业新赛道研究

杨梦洁*

摘　要： 新发展阶段国内外经济社会面临百年未有之大变局，数字经济与
实体经济深度融合，科技创新成果不断显现，全球产业链、供应
链加速调整，正在经历大规模深层次重构，产业新赛道频频涌
现，新的产业发展格局有待重塑，机遇与挑战并存。各地纷纷将
构建一流创新生态当作培育产业新赛道的重要路径加以推进。河
南高度重视创新工作，经过多年努力创新综合实力整体提升、创
新体系建设日趋完善、创新体制机制不断优化、开放创新环境逐
步形成，但与发达地区相比，创新政策、资金投入等方面仍存在
不小差距，需要从注重创新主体，构建全产业链生态，以及创新
发展思路，聚焦细分新品类市场等角度着手改进。

* 杨梦洁，河南省社会科学院工业经济研究所助理研究员，研究方向为产业经济。

关键词：　创新生态　产业新赛道　河南

当前新一代信息技术驱动新一轮科技革命和产业变革深度席卷，科技创新进入空前密集活跃的时期，与此同时，我国经济发展处在从速度规模型向质量效益型转变的关键时期，数字经济快速渗透，产业数字化融合创新进程加快，产业新赛道频现。在持续涌现的新赛道面前，从不同企业到细分行业再到各个地区，都面临机遇与挑战并存的新抉择。培育产业新赛道，占据竞争新优势，提升发展新势能，成为地区脱颖而出的关键。为实现确保高质量建设现代化河南，确保高水平实现现代化河南的重大目标，河南适时将实施创新驱动、科教兴省、人才强省战略作为"十大战略"之首加以推进，提出持续打造一流创新生态，为培育产业新赛道创造条件。

一　构建一流创新生态培育产业新赛道的内在逻辑

"赛道"一词最早来自投资界"赛道投资"，指具有未来发展潜力，值得投资的细分行业或领域，产业新赛道突出"新"字，与一流创新生态有着密切关系。

（一）产业新赛道通常伴随创新活动萌发壮大

产业新赛道一般指在技术创新、政策体系、制度环境等内生、外生条件变化时，市场孕育产生的，具有未来长期发展前景、增长空间较大、成长性较高的细分行业，蕴含新的产品发展理念、新的技术路径趋势以及新的业务运营模式。从其概念内涵来看，产业新赛道的涌现时刻伴随着变化和更新，一定是在内外部条件改变的综合作用下诞生的新事物。不同层次的创新活动会诞生不同的产业新赛道，一般来说可以分为以下两类。一是渐进式创新的产业新赛道。指的是随着技术迭代、产品改良、理念更新这类相对较为温和的变化，产业原有赛道发生偏移或延伸产生新赛道，其内在核心没有产生根本变化，例如，在新消费时代，消费需求升级催生"零食保健化""保健品零食化"等食品产业、生物医药产业品牌塑造和营销的新赛道。二是颠覆式创新的产业新赛道。指的是随着核心技术、关键环节发生重大突破或根本变革，产业内部发生较为彻底的赛道切换，跨越式创新，开辟新赛道，也更加容易出现弯道超车、换道领跑等现象。

（二）跨界融合创新是产业新赛道重要特征

数字经济作为一种新兴业态，具有不同于传统经济的全新属性，高技术、高价值、高渗透、非竞争特性使其和传统三大产业迅速融合，也极大地推动三产融合，产业链各环节形态、结构、价值创造等均产生了翻天覆地的变化，新业态、新模式不断出现，激发新动能、新活力，催生产业新赛道。数字经济与第一产业融合，智慧大棚、农业物联网、农业电商平台等新业态不断出现，农业内部有机融合模式、全产业链发展融合模式、产业链延伸融合模式等纷纷落地推广。"龙头企业＋合作社＋基地"等方式日趋成熟，"京东云数字果业联盟"等平台不断搭建，吸引传统农业企业与互联网企业加入智慧农业的新赛道中。数字经济与第二产业融合，各个企业根据自身发展阶段和需求进行数字化改造，智能制造、网络协同制造、产业链供应链数字化转型等新模式不断出现，5G＋工业互联网等成为制造业企业布局新赛道的重点领域。物流运输、商贸、餐饮等传统服务业也在数字技术加持下，转向现代服务业发展，智慧物流、智能仓储、无接触配送等新赛道层出不穷。

（三）一流创新生态是涌现产业新赛道的基础环境

产业新赛道作为新模式、新业态、新理念等创新型经济的代表，一流创新生态是其产生并不断发展壮大的基础。活跃的创新创业环境、具有创新意识的企业家、拥有变革需求和创新能力的企业、宽容开放的创新文化、激励高效的创新制度、完整灵活的创新链条、丰富多样的创新平台、高端复合的创新人才等，都是涌现产业新赛道的必要条件。产业新赛道的产生不同于以往政府选择产业、企业布局项目、市场集聚资源的传统产业培育壮大模式，其底层逻辑产生了根本性变化，从自上而下变成了自下而上，更多是具备一流创新生态基础上市场和企业家的自发选择行为，最新的消费需求和最为前沿的产业动态能够被市场上活跃的投资人和尖端研发人员、敏锐的企业家等主体所捕捉识别，并凭借完善高效的创新服务体系，基于这种市场洞见力和想象力创新多元化应用新场景，激发潜在消费需求，挖掘隐藏消费市场，引领新兴产业发展壮大，不断开辟产业新赛道。

二　河南构建一流创新生态的实践探索

河南高度重视创新发展，2020 年明确了在"十四五"时期要实现中西部创新高地建设更大跃升，使河南科技创新、产业创新走在中西部前列的目标，2021 年提出开启建设国家创新高地新征程，打造一流创新生态，不断为培育产业新赛道铺就道路创造条件。

（一）河南构建一流创新生态取得的成效

经过多年来深入贯彻习近平总书记视察河南重要讲话和指示，河南将创新摆在经济发展首位，科技创新步伐不断加快，创新对经济高质量发展的引领支撑作用不断增强。

1. 创新综合实力整体提升

根据中国科学技术发展战略研究院 2020 年 11 月发布的《中国区域科技创新评价报告 2020》，从科技创新环境、科技活动投入、科技活动产出、高新技术产业化和科技促进经济社会发展五个方面进行测评，指标显示河南省综合科技创新水平排名第 17 位，处在国家第二梯队，虽然仍然处在全国中等水平，但是较之 2015 年已提升 3 位。2020 年全省技术合同成交额为 385 亿元，较之 2015 年高出 8 倍以上。2019 年全省 R&D 经费为 793 亿元，居全国第9位；研发投入强度为1.53%，居全国第9位；全省财政科技支出为211亿元，同样居全国第9位；2020年全社会研发经费投入超过850亿元。"十三五"期间共获得国家奖98项，其中，国家自然科学奖1项、技术发明奖12项、科技进步奖85项。高新技术产业增加值占规模以上工业增加值比重由2015年底的33.3%提高到2020年底的43.4%。

2. 创新体系建设日趋完善

以各类创新平台、创新型企业、研发机构等为重点的创新体系不断完善。郑洛新国家自主创新示范区集聚全省70%的创新资源，已经成长为创新驱动发展的核心增长极。2017年河南启动制造业创新中心申报认定工作，截至2021年4月，已确定19家省级制造业创新中心培育单位，认定省级创新中心14家，河南省智能农机创新中心升级为国家级制造业创新中心。2021年，河南省许昌智能电力装备制造等入围科技部火炬中心创新型产业集群试点（培育）名单，全省该集群数量已达到5家。智能制造多层级试点示范工作推进效果显著，14个项目入选国家智能制造试点示范项目名单，并形成省、市两级示范体系。国家级高新区7家，数量居全国第10位，并有国家级重点实验室16家、国家级工程技术研究中心10家，均居中部地区第3位。创新主体方面，国家科技型中小企业11826家，居全国第5位、中部地区首位。

3. 创新体制机制不断优化

科技创新法律保障不断完善。河南省人大先后出台《郑洛新国家自主创新示范区条例》《河南省促进科技成果转化条例》，启动《河南省科学技术奖励办法》立法修订调研等。科技创新改革政策不断出台。先后制定《关于深化项目评审、人才评价、机构评估改革提升科研绩效的实施意见》《河南省深化科技奖励制度改革方案》《中共河南省委全面深化改革委员会2021年工作要点》等一系列重大创新政策，突出减轻创新负担、奖励创新能力、重视创新质量的机制思路，着力疏通科技创新体制机制的痛点和堵点。深化科技创新领域的"放管服"改革。创新项目评审、人才评价、机构评估的机制方法；"最多跑一次"事项占比达到100%，网上办件占比为

100%。科技金融发展不断突破。改革银行等金融机构考核指标，引导金融机构面向中小企业创新金融产品，开展"科技贷"等多样化金融服务，引入第三方社会资本创立中原科创基金、自创区成果转化引导基金、自创区双创基金三支科创类政府投资基金。

4. 开放创新环境逐步形成

开放创新氛围不断彰显。为更新企业创新发展理念，提高企业家对创新发展的认识。近年来河南先后组织 2017 中国（郑州）制造业与互联网融合创新应用推广活动、2020 年河南省新一代信息技术融合创新应用（智能制造）职业技能大赛等，通过一系列活动营造有利于创新的环境。开放创新载体不断强大。目前河南已经建设国家级大学科技园、科技企业孵化器等创新创业孵化载体 113 家，与上海、杭州等国内发展领先地区，中国科学院、清华大学、天津大学、浙江大学等高等院校，华为、京东、深圳光启尖端技术有限责任公司等企业和各类创新机构建立了广泛的合作关系，并签署了 49 个科技创新战略合作协议，引进建设了一批高端新型研发机构，目前全省备案新型研发机构 102 家，命名省重大新型研发机构 16 家。

（二）河南构建一流创新生态存在的不足

河南持续发力科技创新工作取得了不小的成效，但是与沿海发达省份和中西部邻近省份相比，距离一流创新生态的目标仍然存在较为明显的差距，创新链弱势环节突出。

1. 创新政策合力不足

科技创新活动事关科技、财政、税收、人力资源等多类行政主体，虽然当前一系列有利于科技创新的政策法规陆续发布，但是主要推动力量为所在地科技主管部门，其余相关部门配合积极性有限，科技主管部门推动力量单薄，内部上下联动、外部横向协作的统筹协调工作机制并未形成，影响政策效应发挥。市县级经济社会发展考核指标中，科技创新权重较低，同时市级及以下科技主管部门相关人才数量、配套资金、机构设置安排不足，对基层工作积极性和工作能力制约较大。与其他在科技创新领域表现突出的地区相比，河南省制定政策在前瞻性、创新性、战略性上略有逊色，特别是视野有局限、力度不够大、激励性不足、含金量不高等问题突出，政策创新软环境没有优势。

2. 科创资金投入有限

科技创新活动需要大量的资金作为保障，近年来河南高度重视科技创新投入，在2020年全国各省（区、市）科技经费投入中，超过1000亿元的地区有8个，河南以901.3亿元排名第九，处在全国中等略偏上的水平，但是距离建设中西部创新高地的目标仍然存在不小差距，不足以完成科技创新层面的弯道超车。同时科技创新投入结构不合理，公共财政支出中用于科技支出的比重过低，2020年财政科技支出占比只有2.4%。全省R&D经费投入中，政府资金投入偏少，占比仅为9.8%，高等院校和研究机构同样偏少，约占全省投入的5.2%，企业承担了其中绝大部分投入。但由于科技创新活动的准公共物品属性，这样的比例不利于河南省科技创新领域基础研究发展，在共性技术和基础环节政府作为较少，难以取得重大原始创新突破。

3. 平台载体布局缺乏

创新主体研发平台布局少。2021年在"十大战略"中，河南省提出要实现规模以上工业企业研发机构全覆盖的目标，但截至2020年，河南规模以上工业企业中有研发活动的仅占24.7%，有专利申请的仅占14.9%，大中型企业建有省级以上研发机构的不足20%，直接限制了河南省各类创新主体的科技创新能力。高质量、高能级平台载体建设少。作为引领原始科技创新活动的大科学装置，全国已经布局38个，河南在该领域仍然空白有待突破，国家实验室、国家技术创新中心、国家临床医学研究中心等国家级平台也没有布局。国家重点实验室仅有15个，占全国总数的3%，国家批复的全国第二个区域性技术转移中心——国家技术转移郑州中心建设进度滞后，创新引领作用并未得到发挥。

三 外省市构建一流创新生态培育产业新赛道的经验举措

面对重大颠覆式技术创新成果不断显现，新一代信息技术、智能制造、数字经济渗透到经济社会发展的方方面面，新业态、新模式、新经济蓬勃发展态势下，各个地区纷纷抢占发展高位，积极构建一流创新生态，为培育产业新赛道创造条件。

（一）在强化战略定位上再提升

构建一流创新生态需要科学全面的整体规划和布局，许多地区将强化科创定位作为先行举措。2019 年 2 月，《粤港澳大湾区发展规划纲要》正式提出，将大湾区建设成为具有全球影响力的国际科技创新中心。随后深圳印发《深圳市建设中国特色社会主义先行示范区的行动方案（2019—2025 年)》，与大湾区规划纲要响应，提出加快创建深圳综合性国家科学中心，以强化科技创新，推动 5G、人工智能等制造业高质量发展，瞄准未来通信高端器件、高性能医疗器械、工业互联网等未来产业新赛道，基于新赛道优势创建国家制造业创新中心。浙江 2021 年也提出，争取长三角国家技术创新中心在浙江布点，与长三角其他省市共同协作创新，在智能物联、网络通信等行业形成世界级赛道新优势，打造新材料、智能装备等领先世界的创新性产业集群。

（二）在大科学装置建设上再布局

大科学装置是我国科技创新迈向纵深阶段发展的"国之利器"，被视作引领原始创新、布局创新生态、突破重大关键技术、抢滩未来产业发展新赛道的创新载体。光子科学、激光技术、高端仪器、先进材料等均需以大科学装置为依托寻求长足发展。在全国已经布局的 38 座大科学装置中，上海是较早谋划着手的地区。上海张江综合性国家科学中心批建之后，软 X 射线自由电子激光用户装置等一批顶级大科学装置当年立项、当年开工，这里成为世界上大科学装置密度最高的地区。湖北、安徽等中西部省份也在加快布局大科学装置。湖北以东湖科学城为据点，安徽以合肥综合性国家科学中心为依托，对大科学装置进入实质性规划阶段，重庆已经率先开建，2021年5月，重庆占地500亩，投资30亿元，由重庆大学推动的超瞬态实验装置开建，即将成为全球唯一多维度、多尺寸表征的科技基础设施。

（三）在高端创新平台引培上再加力

引培高端创新平台是集聚高端创新资源，协调整合形成创新生态圈，孕育产业新赛道的路径之一。浙江全力新建高端创新平台，2018年实施"科技新政50条"，计划财政五年安排100亿元支持"之江实验室"创建国家实验室；2022年全省国家重点实验室等国家级重大创新载体达40家左右。安徽整合提升现有平台，将建设"四个一"创新主平台，即合肥综合性国家科学中心、滨湖科学城、合芜蚌国家自主创新示范区、全面创新改革试验省作为构建现代化经济体系的重大支撑和推进自主创新的重大抓手加以推进，打造创新策源地，努力发展成为具有重要影响力的电子信息新兴产业集聚地。

（四）在发挥区域创新优势上再聚焦

打造高质量产业链集群是应对风险危机挑战、激发经济增长潜能的现实需求，依托城市群提升区域科技创新水平成为全球科技创新发展新趋势，也是各个地区培育区域发展优势的重要选择。浙江2018年提出以杭州城西科创大走廊和杭州、临江国家高新区为核心，以宁波国家高新区为核心，以温州国家高新区为核心，突出三地产业优势，打造未来"互联网＋"、生命健康、新材料三大科创高地。四川抢抓双城经济圈建设机遇，加强战略协同、规划联动、政策对接，2021年提出以"一城多园"模式与重庆共建西部科学城，打造渝绵"创新金三角"，建设全国重要的科技创新和协同创新示范区。

四 河南构建一流创新生态培育产业新赛道的对策建议

身处国内国外经济社会大变革时代，河南机遇与挑战并存，适应时代发展新趋势，构建一流创新生态，把握未来发展关键点，培育产业新赛道，抢占竞争新优势，需要从以下几点着重发力。

（一）注重创新主体，构建全产业链生态

一是提升市场主体科创能力。围绕规模以上企业，特别是河南主导产业、优势产业中的重点企业，布局科技创新力量，引导各类创新要素加速向企业集聚，有计划实现"十四五"末期规模以上企业研发机构全覆盖，支持企业生产组织、技术研发、市场经营等多方面进行模式创新，在巩固产业发展传统优势的同时，从熟悉擅长的领域挖掘探索产业新赛道，实现产业集群的转型提质。二是优化创新主体梯队建设。建立完善"微成长、小升高、高变强"创新型企业梯次培育机制，形成税收优惠、资金奖补、项目实施、金融扶持"四位一体"的综合政策体系，深化落实《河南省制造业头雁企业培育行动方案（2021—2025年）》，支持龙头企业做强做优，同时引导中小企业有序拔高，打造专精特新中小企业、专精特新"小巨人"企业和制造业单项冠军企业梯级培育体系。

（二）优化平台体系，形成共建共享机制

一是构建开放创新平台生态。支持行业领军企业主动联合政府、高校、科研院所、金融机构等共同建立各类新型研究机构等创新联合体，探索"政产学研用金"六位一体的协同创新机制和科技成果转移转化机制。鼓励和支持行业领军企业与平台企业合作，开放数字接口，为中小企业提供数据、计算等服务，基于工业互联网平台，稳定促进中小企业融入大企业供应

链、创新链。二是打造多层次平台结构。培植重点行业"5G+工业互联网"平台，促进企业技术中心、工程研究中心、技术创新中心与实验室、制造业创新中心、产业创新中心等各类研究机构分工协作，实现创新要素平台化集聚融合。依托功能齐备、要素集聚的平台体系，从智能终端、计算终端、智能传感器、信息安全等优势行业中率先形成一批具有战略引擎作用的产业集群，开辟河南产业新赛道。

（三）创新发展思路，聚焦细分新品类市场

把握新消费时代重塑河南产业新品类。新消费时代食品、生物医药等产业重新焕发市场生机，河南占据这类产业发展的传统优势，酒类、饮品、休闲食品等细分品类已经涌现出一批为大众熟知的品牌IP，河南要结合自身发展的历史文化优势，重新聚焦这类产品，旧品新作，传统产品深耕细作，通过聚焦再创新，研创小品类，撬动大市场，通过融入传统文化要素等场景创新，提升销售效率，打造附加值更高的河南品牌。同时精细识别新消费时代消费主力军的消费需求，专注于消费社群划分，针对不同社群贴标签，开辟精细化产业新赛道，占据更多细分品类新市场。

（四）创新链式招才，夯实人才智力支撑

依托融合创新应用平台和项目，定向培育专业基础扎实、实践经验丰富、具有多学科背景的跨领域人才。坚持走校企合作、工学结合道路，不断完善人才联合培养机制。以产业发展需求为导向，突出高精尖缺，围绕工业互联、平台开发运维、人工智能等产业数字化发展和未来产业布局重点领域，鼓励高校、企业、政府、平台多方主体参与，实施"政策+专业+平台+项目+市场"的链式育才招才模式。融合高校科教资源、企业实践优势、政府政策福利、项目资金支持等于一体，为高层次创新人才、领军人才、高技术人才等提供各自发展所需的良好生态，促进人才链与产业链、技术链、创新链深度融合。

参考文献

刘志彪、姚志勇、吴乐珍：《巩固中国在全球产业链重组过程中的分工地位研究》，《经济学家》2020年第11期。

孙志燕、郑江淮：《积极应对全球价值链数字化转型的挑战》，《经济日报》2021年1月8日。

赵西三：《加速抢占制造业新赛道》，《河南日报》2021年8月4日。

王歌、梁莹莹：《各地抢占未来产业新赛道》，《河南日报》2021年7月19日。

B.10

新发展格局下推动河南省重点产业链 供应链升级发展路径和对策研究

河南省宏观经济研究院课题组*

摘　要： 近年来，河南坚持把制造业高质量发展作为主攻方向，统筹优势
　　　　　产业强链、传统产业延链和新兴产业育链，培育形成了一批引领
　　　　　带动作用突出、支撑性强的标志性产业链。新发展格局下，河南
　　　　　应主要围绕高端装备、绿色食品、先进金属材料、化工新材料、
　　　　　现代纺织、新能源及网联汽车、新型显示和智能终端、生物医
　　　　　药、集成电路、网络安全等重点产业，坚持由点及线、由线及
　　　　　面、点面结合，通过强化顶层设计、加强创新能力提升、推动产
　　　　　业链供应链多元化、加快企业提质扩能、提升发展载体能级、谋
　　　　　划实施产业链重大项目建设、加大政策创新力度等政策举措推动
　　　　　提升重点产业产业链供应链水平。

关键词： 重点产业　产业链　供应链　河南

　　产业链供应链是大国经济循环畅通的关键。按照中央关于提升产业链供应链现代化水平的部署，对河南产业链供应链发展情况、发展趋势特征进行了梳理，提出了完善重点产业链供应链体系的发展路径和对策建议。

---

　　* 课题组成员：高亚宾，研究方向为产业经济；王超亚，研究方向为宏观经济；王梁，研究方向为产业经济；冯书晨，研究方向为产业经济；李猛，研究方向为宏观经济。

一 制造业产业链供应链发展趋势

面对构建双循环新发展格局的新使命新任务新要求，国内产业链供应链更加向抗风险、多元化、强韧性的方向发展，呈现一些新的特征。

一是产业链供应链区域化多元化。受逆全球化思潮泛滥、保护主义蔓延、新冠肺炎疫情流行等因素叠加影响，贸易格局的碎片化趋势加剧，各经济体对构建"安全可控"产业链供应链的需求增强，全球产业链出现延展速度放缓甚至收缩趋势，生产和消费更趋本土化、区域化，逐步形成特定区域内的产业空间集聚，产业链供应链区域化、分散化也将成为结构性趋势。

二是产业链供应链更多依靠创新主导和数字驱动。全球正迎来新一轮科技革命和产业变革，生物技术、信息技术等一些重大颠覆性技术创新正在广泛渗透到各个领域，不断创造新产业、新业态、新模式，推动产业链供应链从规模驱动转变为技术驱动、数字驱动。

三是产业链中高端环节、关键技术向中心城市聚集。"人随产业走、资源随人走"趋势仍将持续，特别是高端人才向城市群和中心城市集中，将带动产业链供应链高端环节随之向城市群和中心城市集聚，这对中心城市的产业生态、配套设施、营商环境等提出了更高要求。

四是产业链供应链向扩大内需新消费导向转变。随着中等收入群体快速增加、人口结构变化和城镇化快速发展，全国正处于需求结构剧烈变动的新时期，个性消费、品质消费等新消费经济加速兴起。特别是在双循环新发展格局下，内需消费市场潜力将被极大激发，产业链供应链重心将逐步向适应国内消费需求转变。

二 河南重点产业链供应链发展特征

近年来，河南省坚持把制造业高质量发展作为主攻方向，充分发挥产业基础优势和市场规模优势，围绕增强全产业链、关键环节和核心技术掌控

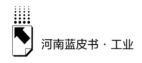

力,统筹优势产业强链、传统产业延链和新兴产业育链,培育形成了一批引领带动作用突出、支撑性强的标志性产业链,主要呈现以下特征。

(一)工业经济总量居全国前列,但占 GDP 比重呈现较快下降特征

河南省是全国重要的经济大省和制造业大省,生产总值和工业增加值均居全国第五位。从发展趋势来看,2012~2019 年我国工业增加值占 GDP 的比重由 38.8% 下降至 31.6%,广东、江苏、浙江、山东、河南等 GDP 前 5 位省份变动趋势均与全国一致;从下降幅度来看,河南省工业比重累计下降 11 个百分点,下降幅度高于全国(7.2),也高于广东(8.5)、江苏(6.8)、山东(10.6)、浙江(7.1)四省,呈现人均 GDP 不高但"过早"出现工业比重较快下降的现象(见图 1)。

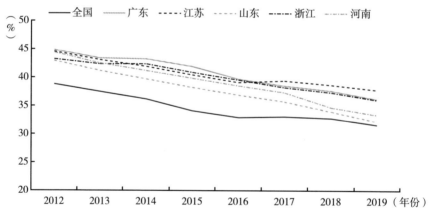

图 1　2012~2019 年 GDP 超 5 万亿元省份工业占比变动趋势

(二)重点领域形成一些标志性产业链供应链,但仍存在短板和薄弱环节

2020 年,河南省装备制造、食品制造、电子制造、新型材料制造、汽车制造五大主导产业工业增加值占全省规模以上工业增加值比重为

46.8%。初步形成装备制造、食品两大万亿级产业集群。其中，装备制造构建形成了电力装备、农机装备、盾构装备、矿山装备、起重装备等产业链；食品产业连续15年稳居全国第2位，肉类、果蔬和面粉加工能力居全国第1位，形成了较为稳固的冷链食品和休闲食品产业链。自2018年以来，河南省先后制定了10个新兴产业发展行动方案和产业链提升方案，建立省级领导任链长的链长制。目前，全省已形成郑州信息技术服务和下一代信息网络、平顶山新型功能材料、许昌节能环保4个国家级战略性新兴产业集群，正在加快形成错位发展、优势互补的新兴产业发展格局，但在关键零部件、先进材料、芯片制造、生物医药技术等领域还存在不少短板和薄弱环节，重要产业链中普遍存在关键技术和零部件依赖进口的情况（见表1）。2020年，战略性新兴产业工业总产值占全省工业总产值比重为22.4%，比2015年提高10.6个百分点；高技术产业增加值占规模以上工业的11.1%，低于全国4个百分点（见表2）。

表1 河南省重点产业链供应链的优势和短板领域

类别	产业链优势领域	供应链短板和薄弱环节
装备制造	农机装备居全国第2位，盾构装备全球市场占有率超过40%，特高压控制保护系统和换流阀国内市场占有率分别为47%、35%，中小吨位起重机全国市场占有率为70%	大马力、高性能农机装备和新能源农机装备，特高压变压器关键零部件，输变电装备设计软件，减速机、主驱动电机等盾构关键部件，智能装备关键零部件等
食品制造	产业规模连续15年居全国第2位，肉类、果蔬和面粉加工能力居全国第1位	高档食品研发生产
新材料	铝材产量居全国第2位，尼龙66工业丝市场占有率居世界第1位，煤制乙二醇产量居全国第3位	高端铝材产品，万吨级己二腈生产工艺，高分子材料、工程塑料等高附加值产品，聚乳酸塑料等
新能源及网联汽车	新能源客车产量居全国第1位、国内市场占有率超过25%，动力电池产业链齐全	新能源卡车、矿卡等整车产品，新能源汽车芯片，电池管理系统芯片技术，辅助驾驶雷达等
新型显示和智能终端	智能手机产量居全国第2位，射频技术、影像技术领先	芯片、屏幕、存储、传感器等

续表

类别	产业链优势领域	供应链短板和薄弱环节
生物医药	磁微粒化学发光诊断试剂、微生物平板、六味地黄丸、青蒿素等产品市场占有率居全国第1位,血液制品居全国第3位	抗体药物工业化生产技术、细胞免疫治疗嵌合体抗原受体技术、CAR-T细胞技术等
集成电路	4~6英寸单晶硅片国内市场占有率为30%,钌靶、ITO靶材填补国内空白	MEMS加工技术,高端AlN/PZT材料,电子级靶材,光刻胶,非硅基半导体材料等
网络安全	安全芯片设计、信息安全监测等	超低功耗、高性能安全芯片,核心算法,基础软件等

表2 2020年GDP前十位省(市)高技术产业比较

单位:%

地区	高技术产业增加值占规模以上工业比重
全国	15.1
广东	31.1
江苏	46.5
山东	45.1
浙江	59.6
河南	11.1
四川	15.5
福建	12.8
湖北	10.2
湖南	16
上海	—
河南居前十位省(市)位次	8
河南居全国位次	16

(三)拥有一批具有较强竞争力的头部企业,但数量偏少、规模偏小

近年来,河南省涌现出宇通客车、中信重工、中铁装备和一拖集团等一批优秀制造业头部企业,但与发达省份相比,河南省龙头企业数量偏少,在企业规模、创新能力、品牌影响力等方面还存在一定差距。中国企业联合会、中国企业家协会发布的"2020中国制造业企业500强榜单"显示,河

南仅有 17 家企业入围，占全部的 3.4%，远远低于山东的 76 家、浙江的 78 家、江苏的 53 家；中国装备制造行业协会发布的"2020 年中国装备制造业 100 强榜"显示，河南入围企业仅有 4 家，少于山东的 21 家、浙江的 19 家、河北的 9 家（见图 2、图 3）。

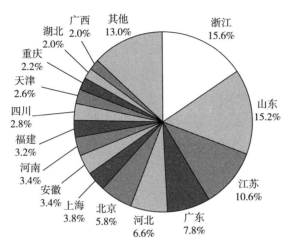

图 2　各省入围制造业 500 强企业占比

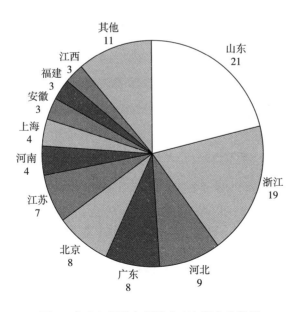

图 3　各省入围装备制造业 100 强企业数量

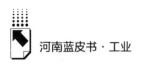
（四）一些产业领域创新取得了突破性进展，但关键领域创新能力不足

近年来，河南省攻克了一批制约行业转型升级的核心关键技术，一批创新成果和装备在蛟龙、航母、港珠澳大桥等重大工程上应用，其中超硬材料国内市场占有率在75%以上，特高压输变电装备市场占有率接近50%，轨道交通装备和新能源客车市场占有率都在1/3以上，小麦、玉米、花生、芝麻、棉花等品种选育水平全国领先。但河南省高新技术企业数量偏少，2019年，全省拥有高新技术企业4749家，仅占全国的2.17%，居全国第16位；仅为湖北的61.8%、湖南的76.5%、安徽的72.5%，其中营收超百亿元的高新技术企业仅10家（见图4）。在反映科技成果转化的技术合同成交额方面，河南省2020年技术合同成交为384.50亿元，仅占全国总量的1.36%，居中部六省第4位；万人发明专利拥有量为4.52件，仅为全国的28.6%（见表3）。

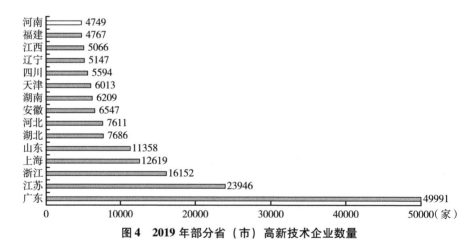

图4　2019年部分省（市）高新技术企业数量

表3　2020年GDP前十位省（市）产业创新能力主要指标

单位：亿元，件

地区	技术合同成交额	万人发明专利拥有量
全国	28251.51	15.8
广东	3465.92	28.04
江苏	2335.81	36.1

地区	技术合同成交额	万人发明专利拥有量
山东	1953.92	12.4
浙江	1478.24	7.74
河南	384.50	4.52
四川	1248.78	8.42
福建	183.86	12.78
湖北	1686.97	8.79
湖南	735.95	8.14
上海	1815.27	33.29
河南居前十位省(市)位次	9	10
河南居全国位次	16	17

三 重点产业链供应链升级发展路径

坚持由点及线、由线及面、点面结合推动提升产业链供应链水平，对照先进水平，梳理产业链重点薄弱产品和技术，集中优势资源进行攻关，实现"点"的突破；推进链式创新，从重点整机产品生产入手，集中产品上、中、下游关联企业，进行协同创新和产业化应用，形成"线"的拉动；促进集群化发展，以产业集聚区为载体，推动产业链合理布局，完善服务支撑体系，培育一批先进制造业集群，形成"面"的展开。

(一)高端装备产业链供应链

一是培育壮大"链主"企业。发挥河南省在输变电装备、农机装备、盾构装备和矿山装备等领域的竞争优势，支持中信重工、许继集团、森源集团、宇通重工、郑煤机等骨干企业成为产业链"链主"，提高产业集中度，打造国际知名品牌，提升全产业链掌控能力。二是加强关键技术研发和核心零部件生产。依托产业集聚区，积极引导关键核心部件企业集聚，打造产业集群。加快推进输变电装备、农机装备等创新中心的建设，开展共性关键技术的研究和产业化的应用示范，破解行业共性技术供给不足的难题。三是引进和培育壮大智能装备。制定工业机器人、数控机床等智能装备产业链招商图谱，积极引进行业百强和核心部件百强企业，提升本地化配套能力，尽快形成一批龙头企业。

（二）绿色食品产业链供应链

一是大力发展精深加工产品。瞄准食品产业"六化"目标，引导激励企业开展精深加工、增加产品种类、提升产品质量、确保产品安全健康。引导支持食品企业加快技术创新和新产品研发，大力发展功能食品、保健食品，形成一批全球知名品牌。二是积极开发符合消费需求的创新型食品。适应食品消费需求升级的新趋势，引导支持食品制造企业在食品产品开发、外观设计、产品包装、市场营销等方面加强创新，运用新技术、新工艺、新材料来改善品种质量，提升产品的档次和服务水平，形成具有核心竞争力、高附加值和自主知识产权的创新型食品。三是提升细分行业供应链效率。依托龙头企业培育食品工业互联网平台，构建包括消费者、供应链、销售商、物流等在内的生态圈，为全产业链发展提供强大支撑。

（三）先进金属材料产业链供应链

一是支持龙头企业做大做强。支持安钢集团与沙钢集团等民营资本合作开展混合所有制改革，加快安阳等地民营钢铁企业整合重组，加强跨区域、跨所有制产能指标统筹协调，推动产能向环境承载力强、市场空间大、物流条件好的区域内具备产品竞争力的企业调配转移，形成2~3个大型钢铁联合企业。二是推动特色先进材料产业延链补链强链。瞄准装备、汽车、轴承等市场需求，支持铝加工企业、钢铁企业与下游企业合作开展技术攻关，共建生产应用示范平台，加强功能性合金产品研发，推动郑州巩义轻量化铝合金、三门峡洛阳高性能铜合金、鹤壁镁合金、洛阳钨钼合金等先进金属材料基地建设，加快发展济钢优特钢棒线材、汉冶特钢高强宽厚板、凤宝特钢高端无缝钢管等精品钢材产品，建设一批特色钢铁产业基地。三是加强企业智能化、绿色化改造。落实"双碳"目标要求，加强能耗标准、碳排指标等环境容量约束，推动铝加工企业绿色化、循环化改造，提升清洁生产水平。完善废钢资源回收利用体系，提高废钢资源回收利用能力，建设再生金属回收基地，完善回收利用体系，推动再生金属项目建设。

（四）化工新材料产业链供应链

加快能源化工板块整合提升和平顶山尼龙城、濮阳新型化工基地、周口生物降解材料基地建设，提升煤制乙二醇、1，4－丁二醇、高品质己二酸、己内酰胺、聚乳酸等优势产品规模，突破己二腈等关键产品生产技术制约，积极发展PET（聚对苯二甲酸乙二醇酯）、POM（聚甲醛）、PVA（聚乙烯醇）、特种碳纤维、细旦丝、聚乳酸纤维等产品，加快发展含氟电子化学品及氟化聚合物、高端电子专用材料等，打造世界一流的尼龙新材料产业集群、国内一流的煤化工基础材料产业基地。形成以平顶山、濮阳为核心，鹤壁、义马、永城、郸城等地协同发展的产业布局。

（五）现代纺织产业链供应链

一是加强承接产业链转移的规划引导。建立产业转移对接协作机制，依托资源禀赋、发展基础等实际情况与沿海地区对接，探索合作共建园区等承接产业转移模式，促进纺织产业有序转移。二是提升纺织产业链整体技术水平。积极推动纺织企业采用互联网、大数据等现代信息技术，加强对绿色印染、新型纤维技术研发和智能化生产线引进升级，支持纺织行业企业加快智能化、绿色化、技术化改造，提升创新能力。三是提升产业链整体价值水平。鼓励龙头企业充分挖掘消费热点，加强产品形态、产品功能、生产流程及消费体验等各环节创意设计，扩大高端面料和中高端服装生产规模，打造知名服装品牌。

（六）新能源及网联汽车产业链供应链

坚持电动化、网联化、智能化发展方向，突出整车企业带动作用，推动整车企业研发新车型，做大新能源整车规模；做优"三电"系统及汽车电子等零部件配套，突破发展智能网联技术产品；举办国际智能网联汽车大赛，建设智能网联汽车测试示范区，依托黄河云建设华为在全国唯一的智能网联汽车大数据云控基础平台，以高水平赛事为牵引，集聚一批新能源及网联汽车领域高新技术企业、创新研发平台。加大充电基础设施建设和重点行业新能源汽车推广力度，以申建郑州国家燃料电池汽车示范城市群为引领加快氢燃料电池汽车示范推广。

（七）新型显示和智能终端产业链供应链

按照"成熟技术先行，大小尺寸并举；龙头项目带动，屏端产业联动"的思路，加快推动浪潮、长城、紫光计算终端生产基地等一批重点项目建设，尽快形成规模生产能力。开展集群招商和产业链招商，强化与闻泰科技、立讯精密等行业龙头企业的合作，通过项目引进、园区合作、"飞地经济"等方式承接新兴产业转移和布局，引进一批行业龙头企业，落地一批带动性强、投资规模大、业态模式新的引领型重大项目。做强鲲鹏硬件制造基地，巩固提升黄河鲲鹏服务器、PC 机规模化生产能力，满足政务及行业市场需求，打造全国重要的鲲鹏产业生态。

（八）生物医药产业链供应链

一是加快公共研发服务平台建设。推动生物医药产业创新发展，建设一批新药筛选检测、大分子中试生产、小分子 CMC 制剂、细胞技术服务等公共技术服务平台，以及成果转化应用和检验检测平台。推动郑州大学药物安全性评价平台、禹州市中医药第三方检测中心，以及华兰生物、普莱柯、河南农业大学、河南中医药大学一附院等 P3 实验室建设。构建集园区开发、资本运作、成果转化、企业服务于一体的园区运作新机制。二是加快推动仿制药一致性评价和创新药研发。加大对仿制药质量和疗效一致性评价的支持力度，争取更多药品进入国家带量采购目录。积极支持符合条件、具有自主知识产权的创新药，通过质量和疗效一致性评价的仿制药优先纳入药品集中采购目录。三是大力引进培育行业优势企业。推动各地出台专项支持政策，积极引进世界医药 200 强和国内医药 100 强企业在河南省设立区域总部和研发机构，建设一批总部型、基地型项目。支持有基础的省辖市承接发达地区产业转移、科技成果转化，为落户企业开辟绿色通道，落实定制化的土地和环保政策。加大具有核心技术的医药创新团队引进力度，培育一批细分领域隐形冠军企业。设立生物医药产业投资基金，加大对创新药、仿制药质量和疗效一致性评价的支持力度。

（九）集成电路产业链供应链

加快推动宁波芯恩模拟芯片等项目落地建设，扩充郑州合晶产能，打造中国（郑州）智能传感谷，搭建核心共性技术协同创新平台，补齐以特色半导体工艺为代表的技术短板，推动形成集成电路材料、设备、设计、制造、封装、测试、系统集成和重点应用"一条龙"产业链。

（十）网络安全产业链供应链

一是加快产业集聚。推动紫荆网络安全科技园二期、鲲鹏软件小镇一期等重点园区建设，培育引进一批优势企业，积极争创国家网络安全产业园。二是提升创新能力。加快一流网络安全学院示范建设，支持龙头企业、高校和科研院所在网络安全关键领域联合建设一批创新平台、新型研发机构和公共支撑平台。三是推进项目建设。推动网络安全应用项目建设和推广，实施一批国产密码、区块链、量子通信应用示范工程，打造一批网络安全场景应用，加快培育鲲鹏计算生态。四是扩大对外合作。全力办好"强网杯"全国网络安全挑战赛、全国大众创业万众创新活动周、数字经济峰会等活动，提升河南省网络安全品牌影响力。

四　对策

（一）强化顶层设计

把完善产业链供应链体系，作为构筑未来竞争优势的核心支撑力。一是加强组织领导。建议成立省委、省政府主要领导任组长的产业链供应链现代化领导小组，同步设立专家咨询委员会，定期召开会议，研究重大工作安排和重要政策。二是制订实施方案。研究制订新发展格局下推进河南重点产业链供应链现代化的实施方案，聚焦河南省产业链供应链存在的产业链协作不畅、关键环节短板突出、产业生态不完善、省市县联动不足等突出问题，明确主攻方向、推进路径、重点举措等，进一步统一思想、凝聚力量。三是建立完善推进机制。建立重点产业链供应链服务推进机制，进一步强化落实"链长制"，建立省领导挂帅联系产业链工作机制，组建部门协同、专家参与的服务团，开展难题破解、技术服务、政策咨询、要素保障等服务。

（二）加强创新能力提升

增强创新对产业链供应链体系的支撑作用。一是推进关键核心技术与断链断供技术攻关。聚焦重点产业链方向，滚动编制关键核心技术攻关清单，采用"揭榜挂帅"等攻关新机制，迭代实施省重大科技攻关专项，推动形成一批高价值专利组合，实现关键共性技术与"卡脖子"技术群体性突破。二是实施产业基础再造工程。梳理各产业链薄弱环节，滚动发布"四基"突破清单，整合部门、企业、科研院所、行业协会等各方力量，实施产业链协同创新和急用先行项目，推进技术研发、工程化攻关和市场应用全流程贯通。三是促进首台套产品应用。制定关键领域核心技术产品推广应用清单，省市县联动组织推广首台套装备、新材料首批次示范应用，建立示范应用基地和联盟，构建自主创新产品"迭代"应用生态。

（三）推动产业链供应链多元化

一是开展备份能力建设。实施断链断供替代行动，推动龙头企业建立同准备份、降准备份机制，支持企业通过并购和战略合作有效整合产业链资源，提升产业链供应链的治理能力。二是扩大开放合作。融入区域产业链供应链体系，建立中部地区产业链供应链安全协调机制，共建共享安全可控产业链。积极引进全球产业和创新资源，充分利用市场优势，引进与河南省优势产业形成互补的企业，支持企业与境外创新机构开展研发合作、建立海外研发中心、承接国际技术转移和促进自主技术海外推广。三是实施产业链常态化风险监测评价。实施清单化管理，省市县联动，持续迭代更新产业链断链断供风险清单。强化供需对接，集成专业供求平台，为企业提供产业链供应链对接服务。建立风险识别管理机制，对接海关、税务等多渠道数据，加强风险甄别和处置。

（四）加快企业提质扩能

一是打造"链主"企业。进一步明确产业链重点企业清单，支持相关龙头企业做大做强，推动在研发设计、技术创新、生产管理、品牌建设等方面取得突破，形成若干具有产业生态主导力的一流企业。二是培育冠军企业。大力发展专精特新中小企业，鼓励中小企业参与关键共性技术研究开发，持续提升企业创新能力，在产业链各环节细分领域，培育若干具有全球竞争力的冠军企业。三是促进产业链企业协同。支持龙头企业带动产业链企业运用工业互联网新技术、新模式"上云上平台"，搭建线上、线下相结合的大中小企业创新协同、产能共享、供应链互通的新型产业生态项目，促进全产业链、全价值链的信息交叉和智能协作。

（五）提升发展载体能级

一是优化产业功能布局。推进新一轮产业集聚区规划修编，立足构建特色鲜明、优势彰显、协作紧密的产业链体系，优化产业集聚区主导产业定位和空间布局。二是积极构建新经济场景。建设一批新基建项目，开展5G＋、AI＋、数字工厂等新应用场景打造和试验示范。三是推动链式集群发展。建设产业集群综合服务体，推行"产业园区＋创新孵化器＋产业基金＋新型机构"一体化推进模式，促进产业链协同发展，推进产业集群发展。

（六）谋划实施产业链重大项目建设

一是开展产业链精准招商。强化招商引资"链长"责任制，出台省级产业链招商指导目录，搭建招商信息平台，瞄准行业龙头骨干企业及产业

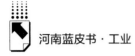
链、价值链上下游企业、关联配套企业，开展补链强链扩链招商，省市联动谋划引进若干引领带动未来发展的产业链标志性项目。二是实施产业链重大项目推进机制。建立"月调度、季通报、半年观摩、年评估"的推进机制，完善项目落地建设全周期服务，实施一批牵一发动全身的重大建设项目、重大外资项目、重大科技合作项目。

（七）加大政策创新力度

研究制定支持河南省产业链供应链现代化的专项政策，围绕重点产业链供应链现代化发展针对性需求，出台精准支持政策。一是强化财政资金支持。采取统筹省级现有支持产业发展和创新的各类资金，并适当新增的方式，集中力量对核心技术攻关、共性技术平台、重大产业集群（基地）等进行支持。二是强化融资支持。以保总量、优结构、拓渠道、强机制为重点，优化产业链供应链金融保障。鼓励金融机构综合运用中长期贷款、融资租赁等方式，支持"链主"企业、冠军企业开展项目投资、并购重组。实施"国有平台＋产业基金＋企业"合作模式，引导社会资本投入，保障重大项目落地资金需求。三是强化要素保障。制定支持政策清单，对于产业链供应链重点项目，在土地、环境容量、能耗指标方面给予优先保障。

参考文献

段文奇、景光正：《贸易便利化、全球价值链嵌入与供应链效率——基于出口企业库存的视角》，《中国工业经济》2021年第2期。

刘志彪：《新冠肺炎疫情下经济全球化的新趋势与全球产业链集群重构》，《江苏社会科学》2020年第4期。

李明、张璠璠、赵剑治：《疫情后我国积极财政政策的走向和财税体制改革任务》，《管理世界》2020年第4期。

吕越、陈帅、盛斌：《嵌入全球价值链会导致中国制造的"低端锁定"吗?》，《管理世界》2018年第8期。

B.11
河南加快拓展服务型制造
新赛道对策研究

林风霞*

摘 要： 近年来，河南服务型制造发展亮点纷呈，呈现智能化、高级化、集成化等特点，但服务型制造发展整体上仍然存在占比不高和产业生态不完善等问题。当前，制造企业发展服务型制造是大势所趋，河南应利用数字经济快速发展等机遇，打造生态圈层，加快服务型制造企业培育，推动服务型制造创新，提高数字赋能能力等。

关键词： 服务型制造 制造企业 新赛道 河南

服务型制造是制造业走向价值链中高端的必争战略领域，在信息、网络和云计算等新一代信息技术的推动下，制造业与服务业之间传统的分类界限正在逐渐模糊和消失，产业跨界融合发展已经成为未来产业发展的大趋势，大规模个性化定制、产品全生命周期管理等新模式新业态在我国持续涌现，不但推动制造业向价值链中高端迈进，也为科技研发、信息增值服务、现代物流等生产性服务业提供更多的场景需求和发展空间。我国高度重视服务型制造的发展，2016年7月，印发了《发展服务型制造专项行动指南》；2020年6月，发布了《关于进一步促进服务型制造发展的指导意见》。2016年，河南也印发了《河南省发展服务型制造专项行动指南（2017—2020）》，聚

---

* 林风霞，河南省社会科学院工业经济研究所副研究员，研究方向为产业经济。

焦产品全生命周期管理、供应链管理、网络个性化定制等重点领域，加快推动生产型制造向服务型制造转变。"十四五"时期，河南现代化建设进入新发展阶段，加快拓展服务型制造新赛道对于河南加快成为先进制造业强省、现代服务业强省至关重要。

一 河南服务型制造发展现状

得益于我国数字经济的快速发展以及河南良好的制造基础，近年来河南服务型制造呈现蓬勃发展态势，新业态新模式亮点纷呈，整体上呈现智能化、高级化、集成化，为企业开辟了新赛道。

（一）服务型制造快速发展，新业态新模式亮点纷呈

在市场需求和政策的双重推动下，河南越来越多的制造企业制定实施了服务型制造发展战略，服务型制造典型模式已经在河南各区域、各行业示范扩广，推动河南服务型制造整体呈现加速发展态势。2020年12月，又有42个企业被认定为2020年河南省服务型制造示范企业，3个平台被认定为2020年河南省服务型制造示范平台；2021年5月，河南有11个单位参与国家服务型制造示范遴选（包括示范企业、示范平台、示范项目、示范城市），推动河南的国家级和省级服务型制造示范企业规模进一步扩大。目前，河南新业态新模式亮点纷呈，在产品全生命周期管理、供应链管理、总集成总承包、个性化定制等领域形成了一批可复制、可推广的典型经验，为其他制造企业转型升级提供了学习样本。

（二）服务型制造呈现智能化、高级化、集成化等新趋势

随着数字经济的快速发展，河南制造企业充分利用数据要素优势逐步沿着产业价值链向两端扩展业务，涌现出新的业态模式，例如，郑州煤机液压电控有限公司的智能产品全生命周期管理，郑州日产汽车有限公司的供应链协同管理，河南省大树家居有限公司基于互联网的个性化定制服务等。与以

往的模式相比，智能产品全生命周期管理、供应链协同管理、基于互联网的个性化定制服务、网络协同设计等服务型制造新业态新模式呈现智能化、高级化、绿色化、集成化等新趋势新特点，这些新业务能够更加精准、更加及时、更加可控、更高质量地满足客户需求。同时，我们也应该看到，服务型制造业态呈现智能化、高级化、集成化趋势，也对河南企业的数字化水平、人才支撑、管理水平等提出了更高要求。

（三）服务型制造为企业开辟新赛道，培育新优势

服务型制造已经成为河南一些企业开辟新赛道、培育新优势、实现提质增效和转型升级的有效途径，推动企业发展模式以产品增值为主向以服务增值转变，一些服务型制造示范企业的服务收入占企业营业收入的比重高达20%以上，切实成为企业新的盈利增长点。从产业层面上看，服务型制造的创新发展推动了区域产业结构优化和产业组织创新，加快了河南制造业和服务业的深度融合，为生产性服务业创造了需求空间，加快了全省经济从工业经济向服务经济的转型升级。

虽然有些开展服务型制造的企业服务收入没有明显增长，但是由于为客户提供了更加精准、更加及时、更加可控、更高质量的产品和服务，企业由此形成了新的竞争优势，或降低了产品使用成本，或提升了产品质量，或提供了新的产品和服务等，从而为公司赢取更多的客户。例如，宇通客车是较早提出从"制造型＋销售产品"向"制造服务型＋解决方案"进行战略转型的企业，也是我国客车行业第一个引入"全生命周期成本"概念的企业，2018 年，其"面向运企机务管理的 Vehicle＋车联网综合服务平台"项目入选工信部服务型制造示范名单，示范模式是全生命周期管理、信息增值服务，通过为客户提供全生命周期管理整体解决方案，帮助客户实现采购、运营、维保等各环节全生命周期成本最优，以 10 米纯电动公交车为例，该公司比市场上同类车 8 年时间至少可以为客户节省 12 万元的能耗和维保费用。其服务业务虽然在公司年报上没有体现为服务收入，但是因为总成本最低，车辆在市场上更具价格竞争优势将为公司赢取

更多的客户。双汇发展是河南供应链管理这一模式的省级示范企业，其全程信息化的供应链管理和食品安全控制，不但实现产品质量信息追溯，提升企业食品安全管理水平，也有利于企业优化供应链，此外，双汇发展还不断创新营销模式，推动品牌年轻化，探索智能营销新赛道，为自己赢得更多年轻客户。

二 河南拓展服务型制造新赛道
面临的挑战与问题分析

虽然河南服务型制造新业态新模式创新踊跃，但是我们应当清醒地认识到，全省服务型制造产业发展目前仍处于成长阶段，与服务型制造创新发展先进省份相比，河南服务型制造发展仍然滞后，存在开展服务型制造的企业比重不高、服务收入比重不高、产业层次偏低等问题。同时企业对服务型制造认识不足、新业态新模式原创匮乏、复合型人才短缺、数字化发展滞后、产业发展生态不优等问题也制约着河南制造企业拓展服务型制造新赛道。

（一）开展服务型制造的企业比重不高，服务收入比重不高

目前河南开展服务型制造的企业占全部制造企业的比重不高，2019年末，开展服务型制造企业的比例为21.5%，低于全国4.1个百分点。从全省上市公司年报来看，多数制造企业服务收入占营业收入总额的比例不高。而美国制造与服务融合性企业占制造企业的比重已经达到58%，GE（通用电气公司）服务收入占企业收入比重高达2/3以上，这说明河南现代服务业与先进制造业融合发展的广度和深度有待进一步推进，制造企业发展服务型制造的质量和效益还需要进一步提升。以河南制造业上市公司为例，林州重机公司2020年的年报显示，其煤矿综合服务收入为14385.01万元，占公司营业总收入的15.9%，比2018年的8.2%上升了7.7个百分点；中信重工在多产业服务板块发力，为客户提供全产业链供应、全生命周期管理服

务，2018 年入选工信部全生命周期管理示范企业，但由于现阶段服务型制造收入占比不高，并没有在年报中单列，而是计入重型装备板块。

（二）产业层次偏低，创新风险偏高

相关资料表明，在发达的制造业市场上，产品生产所创造的价值仅占总价值的 1/3 左右，而基于产品的服务所创造的价值占到了 2/3，在这 2/3 的服务里面，高级别服务占据 2/3 还要多，目前河南制造企业提供的服务大多还是围绕着产品的功能展开，以维修、培训、零部件备存和售后服务热线等初级服务为主，智能化、集成化的服务模式如综合服务提供商、应用解决方案提供商、设备融资租赁、产品全生命周期管理和供应链金融等服务供给能力还不是太强。

服务型制造是企业开拓新赛道培育新优势的机遇，但开展服务型制造也可能给企业带来巨大的风险，例如，新业态新模式的技术风险和市场风险、服务投入过大带来的财务风险、服务化转型中的组织变革风险等。河南不少企业在向服务化转型过程中，由于跨界发展步伐较大，企业风险意识薄弱，受大环境融资约束等的影响，企业出现资金链断裂问题，带累生产经营陷入困难，企业甚至面临破产，例如，众品集团在大力发展以电商交易为核心的鲜易网、以仓储物流为核心的鲜易供应链业务过程中，由于投入了巨额资金，加上经营管理不善等问题，致使公司陷入严重的资金困局。

（三）企业对服务型制造认识不足，新业态新模式原创比较匮乏

当前，河南省相当数量的企业仍沿用的是传统的生产方式，仍是基于资源和低劳动力成本的竞争，部分企业的管理层尚没有充分认识到服务化转型的战略意义，创新创业意愿薄弱，风险意识不强，诚信、合作、国际化、社会责任等精神缺失，缺乏转型所需的创新、合作、共享等优秀企业家精神。同时，一些企业管理者对服务型制造的新趋势、新业态、新模式缺乏研究和认知，对自身拓展新赛道方向缺乏准确定位，对服务化转型给企业在组织架构、人力资源管理、企业文化建设等方面带来的新问题新风

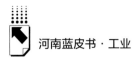

险缺乏掌控和解决能力。而服务业务创新往往具有周期长、不确定性大、见效慢（相比制造业务，服务业务的产出规模通常较小）、效益隐性化（服务型制造业务的效益往往体现在增强制造业务的竞争力上，直接表现出来的产值、利润等效益指标并不特别显著）等特点，这十分不利于制造企业的服务业务发展。

属于本土企业原创的新业态新模式比较少，像宇通客车第一个提出全生命周期成本概念，并付诸实践的企业还很少，大多数企业属于模仿创新。而且，目前河南制造企业的服务创新以内源式创新为主，在不同程度上忽视了商业模式的创新和外部资源的作用。随着市场竞争加剧和分工的进一步细化，客户对全面、专业、个性化服务的需求日益增强，企业难以凭自身力量满足客户全部需求。然而，面对市场动荡和复杂的市场环境，河南相当一部分制造企业仍然遵循传统的内源式创新管理模式，在不同程度上忽视了外部资源对服务创新的作用。制造企业应有效整合合作伙伴及上下游企业资源，为企业的服务业态创新和模式创新提供更广泛的支持。

（四）复合型人才短缺，企业数字化水平滞后

相比制造业，服务业务更依赖于人，河南生产型企业向服务型制造转型面临人才缺乏难题，尤其是缺乏既熟悉制造业务又熟悉服务业务、既精通生产技术又精通商务知识的复合型、跨界型人才。目前，河南省制造企业的服务业务管理人员多来自制造部门，其知识结构与服务业务发展不尽匹配。

信息技术的群体性突破提升了服务型制造的发展水平，推动了更多新业态新模式的出现。当前，"智能＋"推动服务形态进一步创新，涌现出众包设计、网络协同研发、基于互联网的供应链协同管理等新型服务模式和服务业态。但是，目前河南制造企业整体数字化水平仍然不高，将对拓展服务型制造新赛道形成制约。根据我国工业和信息化部发布的两化融合发展数据，2020年河南两化融合发展水平指数为53.2，仅居全国第13位，其中规模以上工业企业生产设备数字化率、关键工序数控化率分别达到48％、49.6％，

低于全国平均水平。而且，多数制造企业网站只起到产品展示作用，用户看不懂，更别谈用户利用网站进行体验。

（五）产业生态不优

从服务型制造发展外部环境来看，河南制造企业发展服务型制造面临体制障碍和政策制约。例如，条块分割的管理体制以及产业规划、产业政策制定中的"各自为政"，与产业跨界融合发展的新趋势不相适应。现有的土地、金融、财税、创新等政策存在"重制造业，轻服务业"倾向，例如，一些产业扶持政策中，政府都是按企业固定资产投入的一定比例进行配套，相比制造业，服务业的投入更多的是人力、信息、品牌、商业模式等方面的"软投入"，固定资产投入较少，服务企业能从政府获取的资助也较少。发展服务型制造建立在企业信息化发展水平比较高的基础上，企业需要开展通信网络和算力、存储等数字基础设施建设，需要建设云制造和云服务平台等，这些意味着制造企业实现数字化转型需要在信息基础设施等方面先期投入巨资。但是制造企业的服务型制造项目可能在银行申请贷款时，也受限于固定资产有限这一原因难以得到金融资金支持。

三 加快河南拓展服务型制造新赛道的对策建议

拓展服务型制造新赛道是新发展格局下河南制造企业培育新优势、形成新增长点的有效路径，是河南建设现代产业体系、打造现代服务业强省和先进制造业强省的重要支撑，因此，河南应全力推动服务型制造创新发展。

（一）提升服务型制造生态圈层厚度

服务型制造是一个比较复杂的生态系统，以产品在线监测维护为例，围绕企业产品进行的远程在线维护至少包括智能产品、远程通信与信号检测处理系统、零部件物流支持系统和现场人员维护系统等几个方面和多个产业。因此，推动服务型制造创新发展，需要整个生态系统中的相关者一起开展协

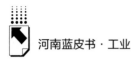

同创新。资源共享、价值共创、共生共赢等都是建立在生态圈层中大家价值观念比较一致基础之上的。

政府应为服务型制造生态圈层提供政策支持，优化市场环境、投融资环境、税收环境等。要进一步完善服务型制造发展的政策体系，消除服务业与制造业面临的政策支持差异，鼓励制造企业基于产品开展增值服务；政府采购在同等条件下要优先采购服务型制造企业提供的产品和服务，通过对制造企业的服务产品的采购和示范效应，激发企业发展服务型制造的动力；要支持有条件的制造企业通过债券融资、股权融资、项目融资等多种形式，通过并购重组等多种资本运作方式，获得拓展服务型制造新赛道所需的资金；要优化产业集聚区布局，推动制造企业群和服务企业群的合理集聚，以产业集群的良性发展促进服务型制造集群快速发展。

服务型制造的快速发展离不开专业服务人才的支撑，顺应服务型制造发展对复合型、跨界型人才的要求，政府应鼓励大学、各种中介培训机构和人力资源管理机构有意识地调整优化学科设置，提升人才知识储备宽度和国际视野高度。要进一步完善人才管理评价制度，探索建立复合型人才评价体系和职业发展通道体系等，深入推进产教融合，提升校企合作水平，为服务型制造打造高层次的人才队伍。

（二）加大对服务型制造企业培育广度

加大服务型制造企业的培育广度，既要培育一批集成创新能力高、核心竞争优势强、影响力突出的服务型制造领军企业，也要加大对典型示范模式的经验总结、推广，引导和支持更多制造企业延伸服务链条，推动服务业态创新和商业模式创新。要结合不同行业和领域的产品特征引导制造企业开展服务模式创新，例如，引导装备制造企业加强产品全生命周期管理；鼓励纺织、服装、制鞋、家具、建材等行业通过体验互动、在线设计等方式，增强定制设计能力，实施大规模定制生产。鼓励企业利用自身优势资源探索新模式，支持行业领军企业先行探索提供行业系统解决方案，引导业内企业积极借鉴；支持具有资本运营比较优势的制造企业成立财务公司、融资租赁公司等类金融服务企业，开展大型制造设备、生产线等融资租赁服务；支持大型制造设备骨干企业发展咨询设计、制造采购、施工安装、系统和工程设计、运维管理等一揽子服务，提供整体解决方案，提升总集成、总承包水平。

（三）提高对服务型制造数字赋能高度

加快人工智能、5G 等新一代信息技术在制造企业的创新应用，加大对企业智能化改造的支持力度，引导企业基于互联网和信息技术的服务功能创新进行智能化改造，提高企业整体运营的智能化水平。提高对制造企业数字赋能的高度，加大工业互联网平台建设及应用普及力度，推动制造企业全要素、全产业链连接，促进社会资源共享，强化服务型制造发展的信息基础支撑。聚焦重点产业基地和园区，面向广大中小企业推动建设一批集基础研发、工业设计、试验检测、计量认证等于一体的综合性公共服务平台和服务功能区，整合集聚科技和服务资源，为园区内制造企业开展服务型制造提供支撑。

（四）加大对服务型制造创新支持力度

基于复杂产品系统的创新、服务业态创新、商业模式创新、组织创新和企业文化变革等是驱动服务型制造业发展的新动能。要深入推进产学研用深度融合，在重点产业、重点领域，鼓励产业链相关企业通过优势互补组建服务型制造产学研联盟。可以借鉴杭州空分设备、汽轮机、医化工、医药、设备安装和工程自动化等行业的 7 家优质企业组成工程总承包战略联盟经验，通过由不同行业的优质企业组成战略联盟，在矿山、石化、机械制造、医药等行业，为企业提供工程设计、工程建设、设备采购与安装和工程维护以及工程总承包等服务。

参考文献

唐国锋、李丹：《工业互联网背景下制造业服务化价值创造体系重构研究》，《经济

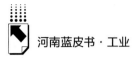
纵横》2020 年第 8 期。

张罡、王宗水、赵红：《互联网＋环境下营销模式创新：价值网络重构视角》，《管理评论》2019 年第 3 期。

李晓华：《服务型制造与中国制造业转型升级》，《当代经济管理》2017 年第 12 期。

江志斌、李娜、王丽亚、苗瑞：《服务型制造运作管理》，科学出版社，2016。

B.12

河南先进制造业集群
高质量发展路径研究*

赵建吉**

摘　要： 先进制造业集群是制造业高质量发展的重要标志，打造先进制造业集群是制造强省建设的必然要求。当前，河南省面临先进制造业集群数量少、主要集中在传统行业和资源型行业、集群现代化发展水平低、集群发展的生态不优等问题。提出了建立组织推进机制，成立省先进制造业集群培育工作办公室；强化创新驱动，加快集群转型升级；坚持项目为王，强化产业链招商和集群引进；加强企业配套协作，提升集群化发展水平；高效推进"万人助万企"，优化集群培育生态等对策建议。

关键词： 先进制造业　制造业集群　高质量发展　河南

党的十九大报告明确提出，促进我国产业迈向全球价值链中高端，培育若干世界级先进制造业集群。《中华人民共和国国民经济和社会发展第十四个五年规划和2035年远景目标纲要》提出，做大做强先进制造业，在长江、京广、陇海、京九等沿线建设一批中高端产业集群，积极承接新兴产业布局和转移。《中共中央 国务院关于新时代推动中部地区高质量发展的意见》中

* 本报告为国家社会科学基金项目"黄河流域高质量发展的内涵、测度与对策研究"阶段性研究成果。

** 赵建吉，河南大学黄河文明与可持续发展研究中心教授，博士生导师，研究方向为经济地理与区域发展。

提出，统筹规划引导中部地区产业集群（基地）发展，在长江沿线建设中国（武汉）光谷、中国（合肥）声谷，在京广沿线建设郑州电子信息、长株潭装备制造产业集群，在京九沿线建设南昌、吉安电子信息产业集群，在大湛沿线建设太原新材料、洛阳装备制造产业集群。这为河南省加快构建以先进制造业为支撑的现代产业体系，在新时代中部地区高质量发展中奋勇争先指明了方向。

一　打造先进制造业集群是加快推动制造业高质量发展的必然要求

制造业是国民经济的主体，从根本上决定一个国家的综合实力和国际竞争力。新一轮科技革命和产业变革背景下，制造业生产方式和企业形态发生了根本性变化，全球制造业的竞争逐步由企业、行业间的竞争转向先进制造业集群之间的竞争。先进制造业集群是一定地理空间上的大量企业、相关机构通过相互合作和交流共生形成的复杂网络和产业组织形态，具有产业、企业、技术、人才和品牌集聚协同融合发展的综合竞争优势，产业特色鲜明、创新要素丰富、企业竞争力强、空间布局合理、分工协作水平高，是制造业高质量发展的重要标志。近年来，西方发达国家纷纷制定产业先进制造业集群战略，如美国区域创新集群计划、欧洲卓越集群计划、德国领先集群竞争力计划、日本创新集群计划等，培育制造业竞争新优势。国内东部沿海发达地区也在积极部署培育先进制造业集群，着力提高制造业质量效益和核心竞争力，如上海提出要打造具有国际竞争力的高端产业集群；江苏提出以培育先进制造业集群为抓手，推动产业"高原"再攀"高峰"；广东聚焦十大战略性支柱产业集群和十大战略性新兴产业集群，构建集群发展网络；浙江着力构建"415"先进制造业集群建设体系。在此背景下，加快培育先进制造业集群，成为河南省推动产业基础高级化、产业链现代化，加快推动产业转型升级、促进产业向中高端迈进、建设制造强省的必然要求。

二 近年来河南先进制造业集群建设成效较为显著

近年来，河南出台了《河南省推动制造业高质量发展实施方案》，加快构建"556"先进制造业体系，大力实施集群强链提升专项，先进制造业集群建设成效显著。目前，全省已初步形成装备制造、现代食品2个万亿级，电子信息、汽车及零部件、生物医药、新型材料、现代化工5个3000亿级，和现代轻纺、智能家居、软件及信息技术服务等12个千亿级产业集群，洛阳动力谷、中原电气谷、民权冷谷、长垣起重机、郑州速冻食品等一批产业集群在全国具有重要影响。郑州市打造了电子信息、汽车、装备制造、现代食品制造、铝加工制品、新型材料六大千亿级主导产业集群，电子信息产业形成了智能终端、信息安全、智能传感器3个较为完整的产业链，年生产手机2亿部，占全球的1/3，传感器生产规模占全国70%以上；整车汽车产能超过了200万辆，客车销量约占全球1/7；中铁装备市场占有率连续八年位居全国第一，盾构机产销量连续三年位居世界第一；耐材年产量占全国30%，速冻食品占全国60%份额。洛阳市立足地方实际和特色优势，加快构建现代产业体系，目前已形成先进装备制造、特色新材料、机器人及智能装备3个千亿级产业集群，百亿级制造业企业达到8家。在其他地级市，形成了漯河食品、商丘纺织服装等千亿级产业集群，以及127个百亿级特色产业集群，打造了一批特色鲜明、竞争力强的区域品牌。

三 河南打造先进制造业集群面临的问题

虽然河南省在推进先进制造业集群建设方面取得了显著的成效，但与全国先进省份相比，仍存在明显差距。

（一）先进制造业集群数量少

为推动先进制造业集群发展，工业和信息化部组织开展了两批先进制造业集群竞赛，全国共有135个先进制造业集群参赛，44个集群胜出。虽然河南省有8个集群参与竞赛，但是无一胜出。与此同时，中部地区的湖北省有4个、湖南省有2个、安徽省有1个胜出。在科技部发布的三批创新型产业集群试点名单中，河南省仅有南阳防爆装备制造创新型产业集群入选，而湖北、湖南、江西、安徽分别有5个、3个、3个、2个入选。在国家发展改革委组织认定的66个战略性新兴产业集群中，郑州仅有信息服务、下一代信息网络2个集群入围，而武汉和合肥分别有4个和3个入围。

（二）主要集中在传统行业和资源型行业

河南省集群产业层次低，以传统资源型产业为主，而高技术产业和战略性新兴产业的比重较低。2020年，河南省传统产业规模、高耗能产业占规模以上工业的比重分别达到46.2%和35.8%，而高技术制造业的比重仅为11.1%，由此导致河南省已经形成的产业集群主要集中在食品、纺织服装、装备制造、化工、铝制品等行业，战略性新兴产业、高技术产业集群数量相对较少。区位熵指数是定量识别产业集群的简便方法，[①] 为了克服仅仅根据某一个指标计算的产业区位熵来评价某一产业的发展强度所具有的片面性，根据对河南省制造业企业单位数、企业营业收入、企业平均用工人数的区位熵计算结果，三个值均大于1的产业主要是有色金属矿采选业，农副食品加工业，食品制造业，木材加工和木、竹、藤、棕、草制品业，非金属矿物制品业，有色金属冶炼和压延加工业，这也与河南省的产业集群行业分类一致（见表1）。

---

① 区位熵主要用来反映区域产业结构中的专业化部门。其计算公式为 $R_{ij} = (e_{ij}/e_j) / (E_i/E)$，其中，$R_{ij}$ 表示 j 区域 i 产业的区位熵；e_{ij} 为 j 区域 i 产业的总产值；e_j 是 j 区域所有产业的总产值；E_i 为上级区域 i 产业的总产值；E 为上级区域所有产业的总产值。

表 1　河南省制造业企业单位数、企业营业收入和企业平均用工人数区位熵计算结果（2019 年）

行业	规模以上工业企业单位数区位熵	规模以上工业企业营业收入区位熵	规模以上工业企业平均用工人数区位熵
煤炭开采和洗选业	0.8645	1.4789	1.6643
石油和天然气开采业	0.4878	0.2819	0.8518
黑色金属矿采选业	0.3328	0.2908	0.1911
有色金属矿采选业	2.1554	1.3466	1.4226
非金属矿采选业	1.1161	0.9229	0.7755
开采专业及辅助性活动	0.6071	1.1566	0.5786
农副食品加工业	1.3363	1.6852	1.7987
食品制造业	1.7034	1.8309	1.9659
酒、饮料和精制茶制造业	1.2278	1.0084	1.1754
烟草制品业	2.3511	0.9572	1.3809
纺织业	0.7808	1.0846	0.9149
纺织服装、服饰业	0.8826	1.1276	0.9747
皮革、毛皮、羽毛及其制品和制鞋业	1.0491	1.2923	0.9037
木材加工和木、竹、藤、棕、草制品业	1.2605	1.1448	1.5155
家具制造业	1.0764	0.9709	0.7805
造纸和纸制品业	0.8854	0.8330	0.9259
印刷和记录媒介复制业	0.8187	0.8554	0.8143
文教、工美、体育和娱乐用品制造业	1.1218	1.0209	0.9327
石油、煤炭及其他燃料加工业	1.0068	0.4438	0.6661
化学原料和化学制品制造业	0.9525	0.9570	0.9842
医药制造业	1.1388	0.9358	0.9543
化学纤维制造业	0.4010	0.5503	0.7439
橡胶和塑料制品业	0.6589	0.6924	0.6421
非金属矿物制品业	1.8292	1.5690	1.5730
黑色金属冶炼和压延加工业	0.8516	0.7704	0.8440
有色金属冶炼和压延加工业	1.4465	1.8794	1.9612
金属制品业	0.8027	0.8411	0.7683
通用设备制造业	0.9032	1.0948	0.9535
专用设备制造业	1.0857	1.3334	1.0938
汽车制造业	0.7761	0.6137	0.5822
铁路、船舶、航空航天和其他运输设备制造业	0.8253	0.7988	0.9312

续表

行业	规模以上工业企业单位数区位熵	规模以上工业企业营业收入区位熵	规模以上工业企业平均用工人数区位熵
电气机械和器材制造业	0.6510	0.8308	0.6586
计算机、通信和其他电子设备制造业	0.3131	0.7556	0.7482
仪器仪表制造业	0.7911	1.0871	0.8573
其他制造业	0.6796	0.9762	0.9919
废弃资源综合利用业	0.7408	0.6845	0.8561
金属制品、机械和设备修理业	0.8758	0.6203	0.5803
电力、热力生产和供应业	0.6942	0.8336	0.8440
燃气生产和供应业	1.1363	1.1104	1.2133
水的生产和供应业	0.9508	0.8373	0.9978

（三）集群现代化发展水平较低

从集群规模来看，河南省除了2个万亿级集群外，其余产业集群特别是新兴产业集群规模普遍较小，与建设世界级先进制造业集群的标准有较大差距。从集群层次来看，主要集中在劳动密集的加工制造等环节，容易陷入价值链的低端锁定，郑州、漯河、周口、驻马店、信阳、鹤壁均提出打造千亿级食品产业集群的目标。与此同时，集群创新能力较弱，拥有较高技术水平和研发能力的企业数量较少，技术和知识密集的高附加值产品较少，相互模仿、低水平重复与同质化竞争现象普遍。从集群化发展水平来看，集而不群的问题较为突出，部分产业集群链条较短，企业间的关联度较小，上下游配套和专业化分工、知识扩散和技术外溢、协同创新生态系统等集群优势不能有效发挥。从集群龙头企业来看，集群龙头企业数量较少，全省百亿级企业仅有45家，与广东（130家）、江苏（145家）、山东（107家）差距很大，部分龙头企业头雁作用较弱，带动中小企业融通发展不够。

（四）集群发展的生态不优

金融支持力度不够。河南省早在2015年就设立了先进制造业集群培育基金，但截至目前，累计完成投资项目 38 个，划款金额仅为 40.52 亿元，有限的金融产品供给与集群发展的多元融资需求不相匹配。土地供给日趋紧张。作为河南省产业集群发展的重要载体，多数产业集聚区和专业园区土地利用方式比较粗放，80% 以上的园区年亩均税收不足 10 万元，在河南省 1.2 亿亩的耕地红线已接近极限背景下，增加集群项目用地指标、调整优化集群空间布局的难度较大。创新资源严重不足。长期以来，河南省创新平台不足、创新人才不够、创新能力不强的问题较为突出，国家级技术创新示范企业仅占全国的 2.7%，国家重点实验室、国家工程研究中心分别占全国总数的 2.91%、2.89%，对于集群创新的支撑较为薄弱。此外，虽然在全省推广了链长制，但在省级层面统筹力度不够，工信部门与发改、自然资源、商务、环保等部门的衔接还不够紧密，多数地市建立了"链长制"，但受行政区划等因素影响，产业集群省域内协同发展不够，集群产业创新联盟较少，协同创新程度较低。全省还未出台统一的产业集群发展规划，在推进产业集群发展方面，相关部门职能定位不清晰，部分重点产业集群发展缺乏统一的规划布局。产业集群发展的统计监测机制不完善，集群发展的相关数据指标不全，难以精准地监测服务，集群发展的奖惩机制还不健全，特别是缺乏有效的评价机制和激励机制。

四　河南加快打造先进制造业集群的对策建议

（一）建立组织推进机制，成立省先进制造业集群培育工作办公室

河南省制造强省建设领导小组成立省先进制造业集群培育工作办公室，与制造强省建设领导小组办公室合署办公，每半年召开一次集群培育工作推进会，切实加强对先进制造业集群培育工作的指导和协调。对全省产业集群按照产业基础、现有优势、与国际国内先进差距、产业链龙头与核心配套企业、下一步主攻方向等进行全面梳理，出台《河南省先进制造业集群培育行动方案（2021—2025 年）》。探索实行省级领导、地市负责人为链长、副

链长的重点制造业集群"链长制"。到 2025 年，培育现代装备、电子信息、绿色食品和节能环保 4 个万亿级，汽车及零部件、生物医药、先进金属材料、高端石化、绿色建材和现代纺织 6 个 5000 亿级，5G、新型显示、新一代人工智能、智能装备、智能传感器等 10 个千亿级新兴产业集群，为全省制造业高质量发展提供更加坚实的产业支撑。

（二）强化创新驱动，加快集群转型升级

围绕国家战略布局和河南省创新需求，抓住国家级创新平台优化整合契机，争取在河南省布局一批国家大科学中心、国家技术创新中心、国家制造业创新中心等高端创新平台，加快洛阳农机装备国家制造业创新中心建设，争创郑州综合性国家科学中心。强化企业创新主体培育，实施创新企业树标引领行动、高新技术企业倍增和科技型中小企业"春笋"计划，着力培育一批创新龙头企业、高新技术企业、科技小巨人企业。梳理集群产业链的关键技术需求和"卡脖子"技术短板，依托龙头企业牵头建设一批高水平研发机构、产业技术协同创新研究院和工业技术研究院，支持创新龙头企业承担国家科技创新 2030—重大项目、国家和省级科技重大专项、重点研发计划等项目，"揭榜挂帅"国家重大创新专项，突破一批前沿引领技术和"卡脖子"关键核心技术。引导集群企业实施新技术改造工程，运用新一代信息技术为转型升级赋能，创建智能制造、绿色制造、服务型制造等示范标杆，实施"十百千"转型升级创新专项。发挥郑洛新国家自主创新示范区带动作用，持续实施郑洛新国家自主创新示范区创新引领型产业集群专项，加快推动沿黄科创走廊和中原科技城建设。

（三）坚持项目为王，强化产业链招商和集群引进

围绕"556"先进制造业体系，绘制先进制造业集群产业链招商图谱和路线图，发布集群引进指导目录，开展稳链补链延链强链行动。把定向招商作为补链延链强链的关键与核心，做好产业链招商、填空招商。强化承接国际国内产业转移，加强与大型风投、创投公司和招商平台的深度合作，积极

引进头部企业和细分行业领军企业、隐形冠军企业，主攻龙头型、基地型、关联度大、带动性强的重大项目。加大力度吸引跨国公司在河南省设立总部、区域总部、研发中心、技术中心、结算中心等功能性机构。

（四）加强企业配套协作，提升集群化发展水平

贯彻落实《河南省制造业头雁企业培育行动方案（2021—2025年）》，推动具有一定基础的创新型龙头企业晋级为行业创新领导者。充分发挥头雁企业对重点产业链的引领带动作用，推动产业链上下游企业协同发展，增强头雁企业的配套集成能力、共生发展能力，带动培育一批专精特新中小企业、科技小巨人企业。加快构建重点集群链条"121"企业协同发展模式（每个重点集群和链条，推动10家左右龙头企业和20家左右核心配套企业、100家左右关联中小企业协同发展），提高产业链本土配套率。支持头雁企业延伸生产服务链条，加快向产品、服务和整体解决方案并重转变，发展科技服务、创意设计等生产性服务业。

（五）高效推进"万人助万企"，优化集群培育生态

深入推进"万人助万企"活动，为企业提供高效、廉洁、诚信、法治化的服务，打造一流的营商环境。建立企业直通车服务制度，定期举行省领导与跨国公司、国内外500强、行业龙头企业CEO圆桌会议。强化金融服务，建立集群重点企业和项目白名单制度，鼓励金融机构对入单企业优先给予融资支持，积极完善股权、债券、融资租赁、资产证券化、融资担保、信用保险等金融工具，推动项目与市场对接，提高省先进制造业等基金使用效率。强化用地保障，贯彻落实《河南省工业用地"标准地"出让管理办法》《河南省人民政府关于推进产业集聚区用地提质增效促进县域经济高质量发展的意见》《全省产业集聚区"百园增效"行动方案》等，建立工业土地收储制度，大力推广混合用地、标准地出让等供用地新模式。加快推行"亩均论英雄"改革，转变粗放的土地利用方式，不断优化集群空间布局。强化人才支撑，结合实施制造业"智鼎中原"工程，引进具有国际先进技术

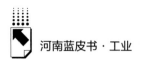
水平及拥有前沿科技转化成果的创新型领军人才（团队），持续举办河南省招才引智创新发展大会。实施"新工科"建设计划、全民技能振兴工程、职业技能提升行动，推进产教融合、校企合作，推行新型学徒制、现代学徒制。在中国（河南）自由贸易试验区建设人才管理改革试验区，在人事管理制度、评价激励、服务保障等方面开展制度创新。

参考文献

习近平：《决胜全面建成小康社会　夺取新时代中国特色社会主义伟大胜利——在中国共产党第十九次全国代表大会上的报告》，人民出版社，2017。

国家发展和改革委员会编《〈中华人民共和国国民经济和社会发展第十四个五年规划和 2035 年远景目标纲要〉辅导读本》，人民出版社，2021。

中共中央国务院：《中共中央国务院关于新时代推动中部地区高质量发展的意见》，人民出版社，2021。

王缉慈等：《创新的空间——产业集群与区域发展》（修订版），科学出版社，2019。

舒丽芳、欧阳婉桦：《基于区位熵理论的重庆市第三产业发展分析》，《经济研究导刊》2013 年第 24 期。

B.13
河南中小企业发展态势分析

周春巧 李延飞*

摘 要： 面对复杂多变的发展环境，2021 年以来，全省中小企业主要经济指标基本稳定、平稳增长，运行呈现"稳定恢复、稳中向好"的发展局面。当前河南省中小企业生产经营过程中面临转型升级难、享受政策难、资金周转难、控制成本难、招人留人难等"五难"问题，要从政策支持、金融服务、创新平台建设、数字化、企业家培养等方面加大力度，引导中小企业抢抓发展机遇，迈向高质量发展新轨道。

关键词： 中小企业 专精特新 高质量发展 河南

2021 年以来，面对复杂多变的国内外环境，在省委、省政府的正确领导下，各级、各部门扎实巩固拓展疫情防控和经济社会发展成果，精准实施宏观政策，全省中小企业运行呈现"稳定恢复、稳中向好"的发展局面。与此同时，外部不稳定不确定因素较多，经济恢复不均衡，巩固稳定恢复发展的基础仍需努力。本报告中的中小企业不仅包括工业，还包括农业和服务业，具体按照工业和信息化部、国家统计局、国家发展和改革委员会、财政部发布的《关于印发中小企业划型标准规定的通知》（工信部联企业〔2011〕300 号）中的标准。

---

* 周春巧，郑州轻工业大学高级会计师，研究方向为管理学；李延飞，河南省工业和信息化厅中小企业服务局主任科员，研究方向为工业经济。

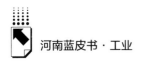

一　全省中小企业运行分析

（一）企业数量与就业保持基本稳定

截至 2021 年 6 月底，全省中小企业单位数为 55.87 万家，同比增长 4.90%，比 2019 年同期增长 6.50%；从业人数为 1350.48 万人，同比增长 2.11%，比 2019 年同期增长 1.20%。企业主体保持基本稳定，与 2019 年、2020 年相比均有小幅增长，说明在"六稳""六保"等各类政策支持下，河南省创业活力被激发出来，拓宽了就业渠道，为全省经济平稳增长提供了重要支撑。

（二）增加值与营业收入实现平稳增长

1～6 月，中小企业实现增加值 11941.13 亿元，同比增长 7.16%，比 2019 年同期下降 2.50%；总产出 40682.44 亿元，同比增长 6.78%，比 2019 年同期下降 0.53%；营业收入 39610.62 亿元，同比增长 7.10%，比 2019 年同期下降 3.60%。尽管与 2020 年相比有较快增长，但与 2019 年相比仍没有恢复到原有水平。

（三）利税贡献总体稳定

1～6 月，中小企业实现利润总额 3867.56 亿元，同比增长 4.82%，比 2019 年同期下降 4.85%；实交税金 918.05 亿元，同比增长 10.18%，比 2019 年同期增长 1.66%。利润仍未恢复到疫情前的同期值，但是税收相比 2019 年有所增长，表明中小企业税收贡献已经恢复。

（四）出口实现较快增长

1～6 月，出口交货值达 725.74 亿元，同比增长 8.66%，比 2019 年同期增长 5.79%。2021 年以来，全球疫情蔓延，国外订单更多向中国大陆转移，河南省中小企业抓住机遇，积极拓展多元化国际市场，成效明显。

（五）投资整体平稳

1～6月，资产总额达35296.37亿元，同比增长3.34%，比2019年同期增长2.76%；全省中小企业500万元以上固定资产投资新开工项目达7280个，同比增长1.22%，其中投产项目数为3191个，同比增长5.07%，完成投资2202.61亿元，同比增长4.11%。新增固定资产投资3281.82亿元，同比下降3.15%。

总的来看，全省的中小微企业运行保持稳定恢复态势，但恢复情况明显低于全国平均水平，固定资产投资明显放缓，增加值、总产出、营收和利润尚未恢复到疫情前的同期值。

二　中小企业发展面临的问题

根据从近期全省工业经济运行情况、中小微企业融资情况、非公有制企业员工社保情况等专项调研活动中了解到的情况，当前河南省中小微企业生产经营过程中面临的突出问题主要有"五难"，具体表现在以下几方面。

（一）转型升级难

河南省民营企业主要集中在传统制造业和服务业领域，近年来受市场竞争、成本上升和环保管控等因素影响，更重要的是中小企业对高端人才吸引力弱，整合能力不强，河南省多数中小企业面临巨大的转型升级压力。一是"不想转"。多数中小企业是家族式民营企业，面对高质量发展新要求，许多中小企业难以适应，总想"再看一看、再等一等、再熬一熬"，认为"不转型迟早要死，但转型会死得更快"，从而错失转型机遇。二是"不敢转"。一些中小企业虽然认识到转型升级的重要性，也看到了转型发展的机遇，但对当前产业发展的新技术、新业态、新模式有一定的"恐慌"，对看不透、拿不准的市场无所适从。三是"不会转"。一些中小民营企业经过多年的发展，拥有了转型的"资本"，但高

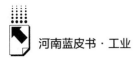

端人才缺乏，对"怎么转型、转向哪里"研判不够，选错方向从而付出了高昂的代价。

（二）享受政策难

一方面，政策的针对性不强。当前出台的大部分政策过于笼统，原则性的话居多，有针对性、可操作性的政策不多。与大中型企业相比，小微企业本小利薄，对各种税费负担的实际承受能力较差，对出台更加精准的减免政策的愿望更强烈。另一方面，政策落实不到位。国家及省级部门出台的涉及财政资金支持的政策，更多面向的是龙头企业，门槛比较高，缺乏执行细则或配套措施，大部分中小微企业"看得见，摸不着"。好政策带来的"阳光雨露"还未真正全面惠及中小企业。

（三）资金周转难

一是融资困难突出。中小企业深受身份、门槛、融资歧视，再加上经营风险、生存周期、抗冲击抗风险能力问题，企业融资贷款受到极大影响。二是融资成本较高。金融机构对中小企业贷款存在诸多顾虑，对其发展前景缺乏信心，认可的企业担保物和抵押物相对较少，融资贷款率低，借贷手续烦琐，存在隐形费用，中小企业贷款综合成本高，走进了企业为银行"打工"的怪圈。三是融资渠道单一。目前，银行信贷的间接融资为主要方式，股权融资等直接融资较少，金融产品品种缺乏，商标权、专利权等无形资产抵押质押贷款进展缓慢，财政资金主要通过参与担保机构建设、中小企业发展基金设立等方式支持中小企业融资，融资渠道单一、模式僵化。四是企业流动资金紧张。疫情对中小企业资金链造成较大影响，应收款项周期延长，回拢速度放缓，防疫成本等刚性支出成本较高，中小企业的经营较为困难。

（四）控制成本难

一方面，大宗商品等原材料价格持续上涨，不断压缩企业的利润空间。

PPI 冲高对 CPI 传导有限，企业一边扩大生产，一边进行技术改造，同时还要应对原材料价格不断上涨的压力。另一方面，部分企业营改增后企业税负不减反增，再加上最低工资持续上调，企业用工成本随之上涨，社保基数也水涨船高，企业不堪重负。如河南省社保缴费工资基数下限从 2021 年 7 月起由 2745 元/月提升至 3179 元/月，增长 15.8%。按照社会保险缴纳比例核算，除职工个人需要承担的 10% 外，企业需要承担 26% 的社保缴费，即至少支出 826.54 元/（人·月）。迫于无奈，一些企业的产品只能涨价，但产品价格提高之后，产品竞争力也减弱。

（五）招人留人难

相比发达城市，内地中小企业普遍存在人才短缺问题。主要表现在普工流动性大、技工结构性短缺、高技术人才难招难留。纺织、服装、食品加工等劳动密集型行业，用工需求比较大，随着租房购房压力增大，河南省劳动力资源纷纷外流至经济发达地区，而外来人员难以享受医保社保等城市居民待遇等因素又阻碍了熟练技术工人来豫留豫工作；装备制造、食品加工等行业技术工人跳槽率高。河南省高级技术工人缺乏现状，难以适应产业结构升级的需要，随着产业升级、机器人的普及，河南省低端劳动力充足的优势或将逐步丧失，发展后劲堪忧；高端人才配套政策不到位，吸引省外高端人才面临人才认定、医保社保办理、子女入学等非经济因素制约。如河南省提供高于上海 1 倍的薪资待遇，仍然难以吸引软件等高端技术人才来豫工作。

三　推进中小企业高质量发展的对策建议

（一）完善政策扶持体系，营造良好发展环境

深入贯彻落实"一法、一条例、两意见"，在现有政策框架下，以推动政策创新和优化营商环境为重点，进一步强化政策研究，融会贯通各项政策。统筹推动"万人助万企"活动纵深开展，收集汇总更多企业的问题和

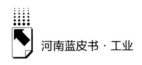

诉求，与各地市"万人助万企"工业专班密切协作，推动各类问题解决，确保惠企政策落实到位、企业问题解决到位。

（二）深化金融服务，缓解融资难题

一是积极搭建政银担企对接平台。紧紧围绕中小微企业融资痛点、难点问题，开展常态化、精准化政银担企对接活动，积极缓解中小微企业融资难题。推动中小微企业应收账款融资，鼓励核心企业发展供应链金融，帮助上下游中小微企业提高融资效率、降低融资成本。二是充分发挥财政奖励资金作用。做好中小微企业应急周转资金池激励资金评审发放及绩效评价工作，引导各地资金池提高运行效率，带动银行扩大支持小微企业信贷规模。三是提高中小微企业融资能力。引导中小微企业加强诚信体系建设，提高投融资规划能力，创新融资方式，科学规划融资比例和融资结构。

（三）支持中小企业打造创新平台，提升创新能力

支持中小企业联合高校、科研机构等建设各类技术创新中心、产学合作等创新平台，支持龙头企业整合上下游创新资源建设制造业创新中心，鼓励企业兼并收购境外拥有核心技术的企业和研发机构，支持民营企业培养和引进创新创业人才。支持中小企业共享使用重大科研基础设施和大型科研仪器，对纳入省共享服务平台且对外提供开放共享服务的单位，按其开放共享服务收入的一定比例进行奖补。加快中试基地建设，为中小微企业研发提供公共技术和成果转化平台。

（四）推广适合中小企业的数字化方案，分行业推进智能化转型

结合中小企业特点，推广轻量化、低成本、易部署的数字化方案，围绕"一行一策、一群一策"形成特色化、系统化的数字化方案，降低中小企业智能化转型成本。重点从关键岗位、生产线、车间、工厂、园区五个层面全方位推进智能化改造，支持龙头企业、互联网企业、系统解决方案供应商等各类机构合作，建设跨行业跨领域的综合性工业互联网平台，以及面向细分

领域的行业工业互联网平台，为广大中小企业提供研发、管理、交易、营销等服务。持续推进"企业上云"专项行动，采取"政府出一点、平台让一点、企业拿一点"的模式，引导民营企业将基础设施、业务系统、设备产品向云端迁移，省统一协调平台服务商降低河南省企业按需使用云资源及云化软件费用。

（五）弘扬企业家精神，壮大民营企业人才队伍

深入实施企业家素质提升行动计划。制定企业家培训中长期规划，发挥省、市、县三级贯通企业家培训体系作用，围绕"十四五"规划、中央和省委经济工作会议精神等方面组织企业家接受系统化、专题化培训，不断提升企业家的经营管理水平，激发中小微企业发展的内生动力。在提高经济待遇的基础上，重点解决高端技术人才（包括外籍人才）的非经济待遇问题，在社会尊重、享受当地居民待遇、提供工作便利、优化居住环境等方面开辟绿色通道，在人才认定、职称评审、待遇评定等方面与沿海经济发达地区接轨，在出入境、户籍迁移、子女入学、社会保障等方面建立"特事特办""一事一办"等制度。突出培养新生代企业家，把握企业家代际交接的阶段性特征，实施千名青年企业家接力计划，分批确定新生代企业家培养对象，每年选拔一批优秀青年企业家，联合知名高校分期举办"企业家成长班"，搭建青年企业家交流平台，每年组织青年企业家到世界500强、中国500强企业总部参观学习。

（六）促进转型升级，引导"专精特新"发展

企业壮大升级才能提高职工的社会保障待遇水平，要大力支持民营企业发展，引导河南省中小企业走专业化、精细化、特色化、新颖化发展道路。一是融入新发展格局。引导中小企业主动参与国内大循环、国内国际双循环，依托我国超大规模市场的优势，瞄准内需潜力，加快市场转型，推进生产技术持续创新，加强产品品牌塑造，积极培育发展新优势。二是促进大中小企业融通发展。鼓励龙头企业围绕产业链，以资源共享、合作运营等方式

扶持带动中小企业发展，支持中小企业对接配套行业龙头企业，走"以小补大""以专配套"的发展道路。三是加大专精特新企业培育力度。落实国家支持重点专精特新"小巨人"企业发展优惠政策，集中优质服务资源，为企业提供技术创新、融资、上云用云及工业设计等服务，帮助企业提升研发水平，突破关键技术，补齐产业链短板。

（七）加强社保业务培训，提高职工参保意识

加强宣讲入企，通过发放资料、座谈交流、政策宣讲等，定期针对企业开展关于社保惠企政策适用范围和实施、业务系统的使用规范和实际操作以及社会保险的参保登记、缴费申报、关系转移接续、工伤待遇领取等常见问题的全面、系统解读活动，增强企业经办人员的业务能力，保障企业及参保人员的合法权益。加强从业培训，不断提高社保从业人员，特别是社保窗口服务人员的服务水平，既要提升对政策的把握度，统一政策解读口径，又要做好惠企政策的传播者、践行者。定期研究社保缴费费率和缴费基数等问题，探索将工伤保险和养老保险、失业保险分开，让企业可以单独购买工伤保险，一方面可以减轻企业用工风险，另一方面可以解决企业用工困难。

参考文献

张宝文：《加快中小企业和民营经济发展的对策建议浅谈》，《现代商业》2018年第4期。

王婷婷：《现阶段我国民营经济发展的主要问题和相关对策》，《现代营销》（下旬刊）2018年第4期。

王霄龙：《民营经济发展中存在的问题与对策》，《营销界》2019年第13期。

刘元雪芝：《浅谈关于壮大民营经济的几点方略》，《财经界》2019年第11期。

国内国际双循环背景下
河南制造业转型发展研究

张志超*

摘　要： 着眼"十四五"，河南省产业结构的支柱和外贸发展的主体仍然是制造业，面对新形势、新发展格局的变化，河南省要加快推进制造业质量、效率和动力变革，实现国内国际双循环、产业链双嵌入，打造经济发展新优势，加快制造业转型发展。

关键词： 制造业　国内国际双循环　转型发展　河南

一　双循环新发展格局对河南制造业
转型发展的影响

推动构建以国内大循环为主体、国内国际双循环相互促进的新发展格局，是党中央根据我国发展阶段、环境、条件变化做出的新战略抉择，是解决新时期面临的各种中长期问题的重要战略举措，这关系到我国深层次系统性改革和经济高质量发展。《河南省国民经济和社会发展第十四个五年规划和二○三五年远景目标纲要》指出，要坚持把制造业高质量发展作为主攻方向，推进产业基础高级化、产业链现代化，加快建设先进制造业强省。我们要深刻认识到，通过繁荣国内经济、继续深化对外开放、畅通国内大循环为我国经济发展增添动力，实现制造业国内市场和国际市场更好地联通。

---

* 张志超，河南省社会科学院工业经济研究所助理研究员，研究方向为产业经济。

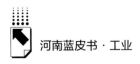

　　河南作为经济大省、人口大省，在区位交通、市场规模、产业基础等方面具有独特优势。一是构建新发展格局是实现河南经济高质量发展的内在要求。随着人民对美好生活要求的不断提高，人民日益增长的美好生活需要和不平衡不充分的发展之间的矛盾已经转化为社会主要矛盾，新发展格局强调扭住扩大内需这个战略基点，适应社会主要矛盾发展变化带来的新特征新要求，调整经济结构，依靠科技创新，转变发展方式，培育经济增长新动能，形成更多新的增长极，提升发展的质量和效益，疏通国内经济大循环的堵点、断点，使生产、分配、流通、消费更多依托国内市场，有助于更好地满足人民的美好生活需要，实现河南经济高质量发展。二是构建新发展格局是提升产业链体系质量、维护经济安全的客观需要。经济安全突出反映在产业链、供应链体系的安全上。长期以来，河南产业链处于中低端，产品的附加值不够高，品牌效应不够强。因此，构建新发展格局，必须构建自主、安全、可控的产业链、供应链。三是推进更高水平开放是构建新发展格局的重要方面。随着外部环境和国内要素禀赋的变化，关起门来搞"内循环"，发展空间受限，强调畅通内外循环、内外并重、内外相互促进，使国内大循环的主体地位更加稳固，更好地保持内循环机体的活力和竞争力。四是构建新发展格局是有效应对全球经济不确定性的战略选择。面对中美贸易摩擦、新冠肺炎疫情等全球经济不确定性问题，全球化分工带来的价值链、供应链和产业链布局面临严峻挑战。构建以国内大循环为主体、国内国际双循环相互促进的新发展格局，关键是要用改革开放的确定性应对外部的不确定性，通过释放内需潜能，在做好自己的事，实现经济高质量发展的同时，为经济全球化注入新动能、注入确定性，引领经济全球化朝着更加开放、包容、普惠、平衡、共赢的方向发展，为构建人类命运共同体、实现合作共赢做出重要贡献。

二　新发展格局下河南制造业高质量发展面临新形势

　　经过改革开放40多年的快速发展，河南制造业在某些领域已形成比较优势，基础雄厚，拥有行业门类比较齐全的产业体系，形成了一批竞争力较强的产业和产业集群。但当前世界正处于百年未有之大变局,新发展格局的形成为河南制造业高质量发展、在新一轮区域竞争中抢占先机带来了难得的发展机遇和挑战。

(一)双循环为河南制造业高质量发展带来的重大机遇

(1)加大新基建的投资力度,为提升制造业产业链现代化水平提供了必要的支撑。制造业高质量发展与新基建紧密相连,新一代信息技术、高端装备、人才和知识等高级要素投入的新基建,是数字化、信息化、智能化的重要平台,为创新驱动的经济转型提供了动力。当前围绕工业人工智能、5G基站、互联网、数据中心、特高压、新能源车、高速铁路及城市轨道交通等重点新型基础设施建设领域投资加大,为战略性新兴产业和现代服务业的发展提供了需求载体,为制造业数字化转型创造了更广阔的发展空间。

(2)培育新型消费市场,构建完整的国内需求体系,为制造业产业链供应链各环节主体带来新的发展活力和创造力。在以内循环为主的经济模式下,内陆省份能够有较好表现,在制造业领域构建新发展格局下,重点区域主要是武汉、郑州、成都、重庆、西安等国家中心城市,是重要的节点,发展势头都比较好。要解决关键核心技术"卡脖子"问题,畅通国民经济循环,促进河南制造业高质量发展,要充分利用国内、国际两个市场、两种资源,积极促进引进外资和对外投资、进口和出口、内需和外需的协调发展。另外,随着新的市场机遇逐渐显现,新型消费的不断升级,也必将给河南制造业产业链供应链创新带来新的发展活力和创造力。

(3)产业转型升级进程中科技创新催生新发展动能。河南把创新摆在发展全局的突出位置,把制造业高质量发展作为主攻方向,抓住促进中部地区崛起战略机遇,已经形成装备制造、食品两大万亿级产业和以洛阳动力谷、中原电气谷等为代表的19个千亿级制造业产业集群,实体经济发展生机勃勃。随着5G和区块链技术的成熟应用,制造业与新一代信息技术的深度融合,将极大地促进创新设计、智能制造等新的制造模式;工业互联网的应用,特别是"5G+工业互联网"加快建设与部署,将有力带动工业经济由数字化向智能化、网络化深度拓展；能源、材料和生物等多学科间更广泛渗透、交叉、融合，引发产业形态和发展机理深刻变革，向工业制造领域广泛渗透，引发新的技术变革和产业革命。这些都为制造业转型明确了方向，促进先进制造业与现代服务业的深度融合，同时也能够推动工业企业的转型升级。

（4）资源环境约束依然严峻，绿色发展潜力巨大。转换发展模式是打破资源环境瓶颈约束的根本，实现以质量和效益为基础的绿色转型发展。从产业体系来看，绿色发展的实质就是要实现生态经济化和经济生态化，以节能环保产品、装备和服务业为例，预计全国产业规模到2025年可突破10万亿元，依靠在市场、技术、产品、工艺、管理等多维度上的创新探索。保护生态环境、发展循环经济、推动资源能源节约发展等所涉及的新能源、节能环保、生态技术、循环利用等领域将迎来快速发展机遇，成为带动经济绿色转型的重要力量。

（5）改革开放持续深入推进，有助于更好利用国内、国际两个市场、两种资源，在更大程度上调动和激发投资活力。在投资领域，全面提高对外开放水平，以土地、金融、国资、生态等基础性要素配置市场化的推进，将建设更高水平开放型经济新体制。通过深化改革，充分运用平等的市场竞争，可激发和保护各类投资主体勇于创新、追求卓越的热情。推动完善更加公平合理的国际经济治理体系，积极参与全球经济治理体系改革，推动与周边地区及"一带一路"共建国家开放合作，为产业高质量发展拓展新的空间。

（二）双循环为河南制造业高质量发展带来的挑战

（1）制造业产业链供应链现代化水平较低，产业链创新链协同能力不足。河南制造业产业链主要集中在下游的加工组装环节和中低端制造领域，千亿级以上主导产业集群数量依然较少，还未真正形成"龙头＋配套""原材料＋制成品"集群发展模式；新兴产业领域比重较低，战略性新兴产业增长点少，传统产业占比大，万亿级和千亿级产业集群主要集在传统行业；产业上游的核心技术、核心零部件、核心装备、关键材料和主要软件等方面受制于人的局面没有发生根本改变，产业链协同水平相对较低，产业链的某些关键环节还被省外企业掌控。需求侧消费意愿低，尤其聚集性消费还没有恢复到正常状态。供给侧方面，产业链供应链梗阻、循环不畅加剧企业经营困难。缺乏"产学研用"联合创新协同机制，创新链对产业链升级支持不足，基础研究和产业化应用脱节等，导致新技术产业化、规模化应用程度不高，未形成彼此联动、相互协同、互利共生的制造业创新生态体系。

（2）市场主体活力不强，企业投资能力有待提升。河南除了中铁装备、郑煤机，还有宇通、许继、平高、中信重工、南阳防爆等企业，它们通过自主创新，打出了品牌，成为促进河南高质量发展的支撑力量。但长期以来，经济高速增长在一定程度上掩盖了企业投资能力的不足，营收超百亿元的企业，河南只有 50 家左右，与 GDP 超过河南的 4 个省份相比差距较大。特别是受疫情影响收入低，消费少，社会零售品销售额下降，实体经济面临困难较多。

（3）企业技术创新能力普遍不足，难以适应工业企业转型升级的需要。创新能力相对不足，中小企业集中的行业，技术改造异常艰难，自主创新能力匮乏。据科技部发布的《中国区域创新能力评价报告 2019》和《中国区域科技创新评价报告 2019》，河南省规模以上工业中，传统产业占规模以上工业的比重为 46.2%，高技术产业占规模以上工业的比重为 9.9%，规模以上制造业中研发经费内部支出占主营业务收入比重不及全国平均水平的一半。河南省综合科技创新水平指数居全国第 19 位、中部第 5 位。

（4）高端技术人才对制造业发展的支撑能力不足，高素质人才短缺，人才缺乏明显制约了企业的转型升级。传统产业中的多数企业不在一、二线城市，所在区域对于高素质人才的吸引力较弱，随着传统产业改造升级和创新发展速度加快，河南省制造业发展面临劳动力数量优势和成本优势逐步减弱、高端技术人才缺口较大等突出问题，管理型和技能型人才短缺对企业转型升级已经构成明显制约。

（5）制造业产业结构有待优化。2020年，河南省第二产业增加值为22875.33亿元，在规模以上工业中，战略性新兴产业占规模以上工业的比重为22.4%，高耗能产业占规模以上工业的比重为35.8%。在制造业产业结构方面，技术密集型制造业的占比较低，而资源密集型制造业的占比较高，由此造成河南省制造业存在突出的低端行业产能过剩，高端行业产能不足等供需结构失衡问题，制造业产业结构需要进一步转型升级。

三 融入新发展格局，加快河南制造业转型发展

河南是制造业大省，全国41个工业行业大类中，河南拥有40个，工业总量稳居全国第5位。河南参与构建新发展格局，要抓好建链补链延链，把推进转型升级作为融入新发展格局的关键抓手，把扩大内需作为融入新发展格局的战略基点，把畅通要素资源循环作为融入新发展格局的有力支撑，着力提升产业链和产业基础水平。要抓好"放管服"改革，以高水平开放倒逼深层次改革，营造更优营商环境，提升服务保障水平和社会治理能力，把激发市场活力作为融入新发展格局的动力源泉，着力解决影响对外开放的突出环境问题，让一流营商环境成为河南开放发展的新标识。

（一）完善产业链，补齐先进制造业中的短板

中美博弈的重心正从贸易战转向科技战，填补产业链短板已经成为中国未来产业政策的重点，要通过招商引资引技构建较为完善的产业链，加大强链补链延链的力度，这也是我们实现先进制造业路程中必须完成的目标。一是实施区域产业链建构战略。要围绕装备制造、食品、新材料等万亿级、五千亿级产业集群，鼓励行业龙头企业转变为产业链"链主"，围绕"链主"开展稳链补链延链强链行动，通过分工合作和协同创新，带动配套企业、服务和研发机构集聚，建设区域性产业链。二是抓住用好新基建的机遇，加快先进制造业的发展。结合智能产业、智能交通、智能城

市建设，研发与新基建密切相关的技术储备和优势产品，加速谋划一批人工智能、5G、大数据中心、云计算中心、高速铁路、城市轨道交通、新能源汽车、特高压等新型基础设施项目，支持河南优势制造企业参与新基建建设。三是引导河南企业不断提升智能化水平。通过完善培育机制、服务机制与示范推广，构建创新企业体系，不断提升河南企业的技术实力和综合竞争力，抢占研发设计环节，在此过程中，加快构建由河南企业主导和治理的国内价值链。

（二）要加强传统产业改造，支持传统优势产业发展

河南省要以高新技术为依托，推动信息技术和制造业深度融合，以智能制造为主攻方向，大力推进新型基础设施建设，有效嫁接新技术、新业态、新模式，改造提升传统产业，加快5G网络部署和工业互联网创新发展，加快推动钢铁、有色、化工、建材、轻纺等传统产业"绿色、减量、提质、增效"转型升级。推进传统制造业转型升级，做优传统产业，在加工制造环节，在细分领域培育专精特新的"隐形冠军"。要重视县域产业集群和特色外贸基地发展，以河南装备、食品、建材、轻纺等优势传统制造产业为基础，开展河南品牌"走进'一带一路'共建国家"系列贸易活动，推进海外市场多元化，以"一带一路"为重点拓展河南产业和产品国际市场空间。

（三）积极扩大国内市场，鼓励外贸企业积极开展出口产品转内销

国内市场是河南制造业高质量发展的最大依靠。支持电商平台搭建帮助外贸企业出口转内销的专用通道，鼓励省内大型商贸流通企业开展外贸产品内销专项活动，优化出口转内销促进平台，依托国内大市场，对接国内价值链、创新链，通过促进内外贸有效贯通、实现国内国际双循环，提升国内市场竞争力。要进一步完善促进外贸综合服务企业发展政策，帮助外贸企业尽快熟悉国内营商环境，以重点产业链、供应链外贸企业和中小微企业为重点，进一步简化出口转内销产品认证和办税程序，破解外贸交易难题。要加

大信贷保险和资金支持力度，采取培训、宣讲等多种形式，推动跨境电商、市场采购贸易、外贸综合服务企业等外贸新业态快速发展。

（四）以新发展格局加快产业结构调整，推动河南制造业高质量发展

按照未来科技前沿和区域竞争需要，鼓励装备、食品、轻纺等优势行业进一步提高规模实力和国际化经营水平，加快产业结构调整的步伐。一是进一步优化现代制造产业体系，围绕5G、大数据、云计算、物联网、新一代人工智能、北斗、区块链、量子通信、智能传感器等技术大力培育数字经济新业态和新模式，加快数字经济与实体经济深度融合程度，加快实现产业结构优化升级。二是促进大中小企业融通发展，强化产业链上下游联动，优化产业链、供应链、价值链，鼓励每个链条培养核心竞争优势，增强河南产业组织体系的韧性和抗压能力，引导每个企业发展特色尖端产品，助推河南制造业向价值链高端迈进。三是构建内循环产业体系，依托郑洛新国家自主创新示范区等，瞄准具有市场优势的产业链，培育一批"百千万"亿级优势产业集群，培育一批瞪羚企业和"独角兽"企业，重点打造优势产业供应链，打造万亿级装备制造、食品、电子信息产业基地和新型材料产业基地。四是要深入践行"绿水青山就是金山银山"理念，发展新型环保基础设施，大力推动传统产业绿色低碳转型，有序淘汰高耗能高污染产业，推动产业高端化、绿色化、集约化，鼓励重点行业、园区企业率先实现碳达峰，加快能源结构、产业结构调整，构建绿色低碳循环发展的产业体系。

（五）强化科技创新助推制造业高质量发展

对科学技术重复研发、进口替代，不符合经济学效率原则，要深入实施创新驱动发展战略，加快形成以创新为主要引领和支撑的经济体系和发展模式。一是健全科技成果的产权激励机制，强化企业的创新主体地位，支撑原始创新成果，强化原始创新和集成创新能力，推动科技创新、管理创新、市

场创新、产业创新、企业创新、产品创新等。二是要加快政策的制定和实施，强化政策支持，增强部门协调，提升相关科技成果转化的成功率。要创新人才供给政策，继续落实专项资金、风险投资基金等各项财政扶持措施，优化资源配置，打造一支高能力、高素质科技人才队伍。三是要优化科技成果转化环境，创新正向激励机制，调动科研人员积极性。要围绕产业链部署创新链，围绕创新链布局产业链，基础研究要更有为、技术攻关要更有力、成果转化要更有效，推动河南制造向河南智造迭代升级。四是提升创新能力和水平。完善产业技术创新体系，推动更高水平开放，打造开放动能，大力推动科技创新，建设高标准市场体系，完善公平竞争制度，加强产权和知识产权保护，激发各类市场主体活力。

（六）构建良好的营商环境，推动河南制造业高质量发展

要通过进一步深化改革，不断破除深层次体制机制障碍，推进治理体系和治理能力现代化。要对照国际一流标准，对应制造业发展所需，全力推进营商环境创新建设，不断提升市场化、法治化、国际化水平，充分激发制造业发展活力。企业家是制造业高质量发展的主体力量，要切实增强企业家对制造业的信心和恒心，耐得住寂寞、稳得住心神、挡得住诱惑，实实在在、心无旁骛做实业，在产品研发、制造、服务、市场拓展等方面苦练内功，把基业做实做强，把企业做成"百年老店"。广大企业家特别是制造业企业家要坚守初心、砥砺前行，主动服务和融入新发展格局，在建设具有全球影响力的先进制造业中再创辉煌、再立新功。

参考文献

刘勇：《"十四五"时期我国工业发展面临的形势与任务》，《国家治理》2020年第43期。

秦海林、封殿胜：《制造业高质量发展面临的挑战和机遇》，《中国国情国力》2021年第1期。

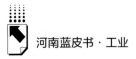

田学斌、李海飞：《积极融入新发展格局 推动制造业转型升级》，《河北日报》2020年8月26日，第7版。

聂冬晗：《"双循环"新发展格局的河南作为》，《河南日报》2020年10月24日，第6版。

李晓红：《"十四五"开新局 引领经济实现高质量发展》，《中国经济时报》2020年12月17日。

B.15
推动河南县域制造业
高质量发展的思路与建议*

韩树宇**

摘　要： 制造业是县域经济高质量发展的核心支撑，近年来，河南县域制造业发展总体态势良好，部分县域制造业转型升级取得积极成效。但是，面对当前复杂形势和新的高质量发展要求，河南县域制造业需要转变传统的发展方式，探索合适的转型方向和升级路径，重点在节俭式混合创新、特色化差异发展、集群化链式延伸、轻量化智能提升等方面探索新路径。同时，围绕主导产业、龙头企业、产业集群、产业平台以及营商环境等，探索县域制造业高质量发展的具体对策。

关键词： 县域经济　制造业　高质量发展　河南

县域稳则大盘稳，县域活则大盘活，县域强则省域强。对河南大多数县域来说，制造业都是支柱产业，更是县域经济高质量发展、乡村产业振兴的核心支撑。回顾河南县域发展，从"十八罗汉闹中原"到百强县占据中部地区"半壁江山"，从高新区龙头带动到产业集聚区遍地开花，县域制造业实现了从平稳起步到驶入快车道。《河南统计年鉴（2020）》显示，全省县域工业增加值合计占全省比重超过70%，县域仍是河南经济发展的主力，

*　本报告系河南省软科学项目（212400410491）的阶段性成果。
**　韩树宇，河南省社会科学院工业经济研究所研究实习员，研究方向为产业经济。

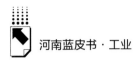

工业则是县域经济的核心力量。总的来说，河南县域制造业发展总体态势良好，部分县域制造业转型升级取得积极成效，形成了一批特色突出的制造业集群，涌现了一批转型升级成效明显的优势企业，对县域经济社会发展的支撑作用凸显。但是，受经济下行压力及全球疫情蔓延的影响，市场需求变化加剧，企业经营压力明显增加，制造业转型升级和高质量发展面临的形势更加复杂，需要探索合适的发展方向和发展路径。

一　县域制造业高质量发展面临的主要问题

河南县域制造业正处在迈向高质量发展的关键期和攻关期，制造业发展对于高端要素资源、产业发展环境、企业家素质等提出了更高的要求。面对新形势和新要求，河南县域制造业发展面临的创新能力不足、产业综合竞争力不强、高层次人才短缺、融资难、企业家素质亟待提升、县域营商环境亟须优化等问题愈发凸显。

（一）产品创新能力不足

创新能力不足是限制河南县域制造业高质量发展的关键因素。河南大多数县域产业在优势资源如农副产品资源、矿产资源等基础上形成了一些优势产业，受发展基础及发展环境等条件的限制，大多数企业集中在产业链中上游，产品类型以资源型产品、初级产品、粗加工产品为主。产品创新能力不足，技术水平有限，导致产业延伸度不够，产品缺乏相应的技术含量，高端产品和终端产品较少，产品附加值不高，缺乏市场竞争力，只能把低价值初级产品卖给沿海地区，再买进制成品，产业链整体竞争优势没有显现出来。

（二）产业综合竞争力不强

一是产业层次有待提升。河南县域制造业以加工制造、代工贴牌等中小规模、劳动密集型企业为主，处于产业价值链低端，规模以上工业企业不多，缺乏带动型的龙头企业；高端制造业和高新技术产业发展不足，战略性新兴产业尚未成形。二是产业链不完善。河南县域大多数产业仍处于产业链中低端，先进工艺、产业技术基础能力薄弱，部分产品和技术标准不完善，低端产能过剩、高端产能不足。三是产业聚集发展不足。部分产业园区缺乏清晰明确的产业定位，普遍存在产业同质化问题，高附加值产业不强，同时在招商引资上，片面追求企业"扎堆"，对产业链条的延伸重视不够，产业协同效应和集群效应不高，生产优势未得到有效发挥。

（三）高端要素配置不足

一是融资难融资贵问题没有明显缓解。融资难融资贵问题是企业尤其是县域企业面临的老问题，由于产业层次低、利润率不高、抵押资产少等原因，县域制造业企业普遍面临发展资金短缺问题，融资渠道单一，融资成本偏高。近年来，由于经济下行压力下民营企业盈利能力下降，部分金融机构抽贷、压贷、断贷情况增多，尤其县域民营企业遇到此类情况更多，甚至部分企业不得已通过高利贷周转资金，造成经营更加困难甚至陷入困境。二是高层次人才短缺。一方面，市县在区位条件、基础设施、公共服务、人文环境等方面与中心城市差距明显，市县拥有省级创新平台的民营企业数量不多，在吸引、留住高端人才方面存在明显劣势；另一方面，当前数字经济加速重构传统产业，新业态新模式快速渗透，县域企业在这些方面人才储备更少，转型升级面临的人才制约更大。

（四）县域企业家整体素质亟待提升

县域企业家大多数是从乡镇企业干起来的，普遍存在知识结构老化、能力素质不适应问题，对智能制造、互联网、在线经济、新技术、新业态、新模式等理解不深，在一定程度上制约了企业转型升级步伐。加之部分企业家存在"小富则安"的心理，缺乏创新意识和开拓精神，即使企业已经做到一定规模仍不愿扩规升级，大部分民营企业家管理能力不强、超前思想不够，企业投资行为短期化，企业可持续发展能力不强。

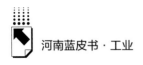
（五）县域营商环境存在较大优化空间

尽管近年来河南加大"放管服"改革力度，企业发展环境优化明显，但是县域营商环境改变非一日之功，企业办事依然存在诸多"痛点"，公共服务质量不高，"门好进，脸好看，但事难办"的现象还时有发生，慢作为、乱作为现象仍然存在，甚至在环保、消防、卫生、安全等环节仍存在不同程度的粗暴执法现象，有些市县重视招商引资来的企业，忽视本地企业转型发展的需求，造成本地企业在土地、资金上受限更大。2020 年 11 月，赛迪顾问发布的中国县域营商环境百强（2020）研究白皮书，浙江、江苏、山东三省分别有 27 个、22 个、9 个县入选，河南仅有 4 个县进入并且均排在 60 名以后（永城 65 名、汝州 78 名、新郑 80 名、巩义 80 名），表明与先进地区相比，河南县域营商环境存在较大优化空间。

二　河南县域制造业高质量发展的思路

当前外部环境不确定性增加，而县域制造业发展又有着自身的特点，大多数县域传统产业比重大，技术和产品层次不高，以民营中小企业为主，距离太远的技术跳跃和产业升级风险太大，需要探索合适的转型方向和升级路径。

（一）节俭式混合创新

创新无疑是制造业高质量发展的重点，但是，河南县域层面多以研发强度低的传统产业为主，具有引领地位的龙头企业及单项冠军企业不多，对于大多数县域制造业企业来说，不能追求过于高端的技术引领性创新，更宜采用低成本的节俭式创新模式。区别于传统技术创新的高投入、高回报模式，节俭式创新以恰到好处地满足客户性价比需求，对产品和商业模式进行重新思考与设计，以高性价比满足客户需求，尤其是围绕当前我国中产阶层新国货需求，设计适销对路的产品和服务，或者对现有产品服务进行积木式混合创新，然后根据客户需求变化逐步提升产品和服务质量。节俭式混合创新不依赖顶尖级研发人才，不是对现有技术和产品方案的重大突破，侧重于满足当下需求，创新成本较低，市场风险较小，符合县域制造业企业实际。

（二）特色化差异发展

县域制造业发展要围绕优势明确产业定位，找准产业发展新趋势、产业转移新特点与本地综合优势的结合点，聚焦挖潜比较优势，实现特色化差异发展。沿海地区的县域特色产业是我国"世界工厂"的重要支撑，如昆山的笔记本电脑、南通的家纺、诸暨的袜业、永嘉的纽扣、嵊州的领带、永康的五金、绍兴的轻纺和化纤、海宁的皮革和服装、温岭的汽配、乐清的工业电气、瑞安的汽摩配、晋江的运动鞋服、南安的建材水暖等，这些地方标志产品占全球份额均比较高。河南很多县缺乏清晰的产业定位，或者因主管领导变化对主导产业进行调整，缺乏战略定力，导致招商引资工作成效不高，难以形成产业生态和竞争优势，既浪费了自身的资源，也耽误了企业的发展，难以形成具有较强竞争力的主导产业。河南县域制造业需要依托优势特色化差异发展，培育壮大1~2个主导产业，通过链式招商、集群式招商打造具有河南特色的县域制造业发展生态和竞争优势，提升招商引资的针对性和有效性，真正形成有竞争力的优势产业，为区域经济社会发展提供支撑。

（三）集群化链式延伸

对于一个县域经济体来说，要有明确的产业布局和规划，集中资源打造一个产业发展载体，为优势产业链的拓展留出空间。县域制造业集中布局，可以大幅度降低基础设施和公共服务成本，形成产业链和配套体系，提高企业生产经营效率。自2009年以来，河南各县均谋划了产业集聚区，尽管发展过程中存在一些问题，但是引导制造业集聚发展的思路是对的，当前河南针对产业集聚区高质量发展，提出"二次创业"战略部署，借此战略机遇，县域应谋划区中园，推动主导产业链集中布局、链式发展，延伸拉长产业链条，打造一批具有较强竞争力的特色制造业集群。

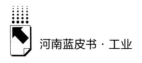
（四）轻量化智能提升

伴随着信息基础设施的完善和信息技术水平的提高，智能化改造成为制造业转型升级的重要支撑，但是对大多数县域制造业企业来说，以智能工厂、整体解决方案为主的智能化改造方式不一定合适，县域制造业企业一般来说工艺流程和管理基础薄弱，工人素质也不适应投资大、风险高的智能化改造。近年来，沿海地区逐渐探索了一些轻量化、易部署、低成本的行业级智能化改造方案，尤其是阿里云、三一根云、海尔 COSMO 以及各类工业云平台、工业互联网平台、智能化服务商，都推出了一些成熟行业模型，针对性强而且改造门槛低。河南县域制造业企业要积极对接智能化服务商和平台商，利用现有成熟行业模型和轻量化解决方案，针对降成本、降能耗、提效率等核心环节，对企业进行智能化提升。同时，抓住疫情冲击下在线经济发展机遇，积极对接消费互联网平台，拓展在线市场，利用在线数据加快新品开发，倒逼智能化改造。

三　河南县域制造业高质量发展的对策建议

面对高质量发展新要求，河南县域制造业发展更要突出优势和特色，在全省一盘棋与区域大合作中对产业定位进行再梳理、再提升、再聚焦，将本地经济发展特点与高质量发展要求有机融合，厘清发展优势，找准发展方向，着力探索县域制造业高质量发展的特色途径。

（一）梳理聚焦主导产业

引导县域聚焦优势延伸拓展特色产业链，增强产业链根植性，探索实施产业链长制，实现县域制造业差异化、特色化发展。一是强化功能定位与产业定位衔接。全省要坚持城市经济与县域经济一同谋划，跳出县域谋划县域，站位省域市域、对接周边明确县域功能定位，破解产业定位不清楚、不准确问题，厘清自身的区位、资源、产业等优势，依托优势厘清产业定位，培育壮大特色主导产业。二是强化比较优势与特色产业对接。在"特色"上下功夫,聚焦比较优势发展产业、谋划项目、招商引资,变区位、资源、要素优势为竞争优势,不能什么项目都引进,围绕特色产业延链补链,以培育特色品牌提升产业附加值,以产业链集聚提升综合竞争优势,形成比较优势与特色产业相互强化的发展格局,提升特色产业链整体竞争力,以特色产业带动县域经济整体发展。三是强化特色产业与人力资源匹配。河南县域人口多,特色产业要与人力资源结构相匹配,推动传统产业改造升级,鼓励企业把劳动密集型环节下沉吸纳农村富余劳动力,引导本地传统农业、工业、服务业等依托互联网创新发展模式,提高品牌影响力和市场竞争力,提高产业就业吸纳力,带动更多的劳动力进入产业链实现脱贫致富。

(二)培育壮大龙头企业

龙头企业是吸纳就业的主渠道、地方税收的主来源、区域产业的主支撑、县域经济的主引擎、强县富民的主动力。实施县域高质量发展"头雁引领"行动,围绕特色优势产业引进培育龙头企业,带动相关产业链竞争力提升。一是支持优势企业做强做优。引导本地优势企业突破区域限制,整合全球全国全省资源,支持企业在域外设立研发中心、营销中心、生产基地等,撬动域外资源为县域经济转型和产业升级服务;引导各类企业通过接入互联网平台创新发展模式做大做强,培育新品牌、新业态、新市场;增强引入企业的根植性,支持中小微企业聚焦"专精特新"融入引入企业的产业链,形成"引进一个、带动一批"的聚集效应;加大对县域企业金融支持力度,鼓励省级各类产业基金以及省外基金在县域合作设立特色产业基金;加大企业技术改造支持力度,引导传统企业通过智能化、绿色化改造做强做优。二是培育优秀企业家。实施县域企业家专项培训工程,分批组织企业家到沿海企业参观考察,与北上广等地知名高校联合举办企业家培训班,更新企业家知识和能力结构,支持企业家攻读国内外 MBA/EMBA 课程;培育壮大新生代企业家群体,深刻认识县域经济转型攻坚期与民营企业交接班高峰期重合的意义,引导新生代、"企二代"

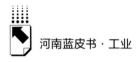
企业家成长，打造一支勇于创新、视野开阔的新生代企业家队伍，引领区域产业升级和县域制造业高质量发展。

（三）打造优势产业集群

突出产城融合，顺应产业集群化发展态势，推动县域产业园区由"企业堆积"向"产业集群"转变、由资源依赖向科技创新转变、由数量规模向质量效益转变，优化县域制造业发展载体，提高对中高端产业的承载力和吸引力。一是实施县域产业集群提升行动。产业集群是县域经济高质量的重要平台和载体，要坚定产业集聚发展的理念，河南县域产业集聚区发展已经具有一定基础，正处在转型升级的关键阶段，需要对产业集聚区进行再谋划，对主导产业和主攻方向进行再聚焦，对基础设施和公共服务进行再提升，构建大中小企业密切配合、上中下游分工协作的产业生态体系。引导龙头企业采用"两端集中、中间下沉"模式，把管理中心、接单中心、品牌运营中心、营销中心、培训中心、物流中心等布局在产业集聚区和特色商业区，把种养殖和初级加工环节布局在乡村工厂，优化县域产业链空间布局，推动产业集聚区迈入高质量发展新阶段。二是创新"园中园"发展模式。实施"一区多园"战略，引导本地特色产业链环节集群发展，积极承接省外、郑州及中心城市"飞地经济"落地，支持龙头企业牵头联合打造专业园区。三是实施集群品牌培育工程。依托优势产业培育集群品牌，打造一批如民权制冷、长垣起重、巩义铝精深加工等集群品牌，提升在全国、全省的影响力，吸引相关产业链、价值链、供应链集聚。四是创新考评机制。突出分类考核，完善差异化考核机制，减少无谓观摩活动，淡化投资、产出等规模排名，引导地方政府、企业把精力真正放在优化服务和创新创业上。

（四）集聚链接外部要素

实施县域经济开放与创新双驱动战略，引导县域依托优势积极对接"五区""四路"战略平台，实现更高水平开放和更高层次创新，为县域制造业高质量发展提供新动力。一是打造产业开放平台。抢抓新一轮区域产业转移战略机遇，拓展高水平开放通道。支持县域立足自身区位、产业优势创办开放合作平台，如中国·长垣国际起重装备博览交易会、河南·民权制冷装备博览会等，打造一批在全国、全球具有一定影响力的特色名片；主动对接域外开放平台，支持企业参加国际行业展会以及国内知名展会，如德国的汉诺威工博会、上海的工博会、深圳的高博会、重庆的智博会等，以及省内郑州、洛阳等城市举办的各类展会，聚焦优势产业、优势资源扩大"朋友圈"。二是打造创新平台。围绕优势产业、龙头企业打造创新平台，支持企业与域外高等院校、科研机构等联合在县域设立产学研合作机构、博士生实践基地、中试基地及新型研发机构等；引导有实力的龙头企业在郑州、沿海地区以及国外设立域外创新中心，尤其是郑州应发挥创新资源集聚链接作用，培育创新集聚区，引导县域制造业企业在郑州设立研发中心。三是加强招才引智。坚持招商引资与招才引智并重，依托龙头企业和创新平台引进科技人才、管理人才以及农业实用人才，更加重视柔性引才，依托在外设立研发中心集聚高端人才。四是发展壮大回归经济，吸引豫籍企业家、技术骨干、高管、大学生以及务工人员返乡创新创业，培育县域新的产业增长点。

（五）优化提升发展环境

坚持硬环境与软环境并重、建设与管理并重，对标国家营商环境评价指标体系，对标全国百强县，聚焦企业和群众需求，聚焦城乡面貌高颜值、政务服务高效能、生态环境高品质，优化县域发展环境，提升县域对高层次产业和高级生产要素的吸引力、承载力，支撑制造业高质量发展。一是提升县域基础能力。突出"百城建设"提质工程与乡村振兴战略主抓手，瞄准县域经济发展的"短板"和瓶颈，着眼于互联互通，重点在交通、农田水利、城镇、信息、生态环保、园区等基础设施领域以及教育、医疗、文化等公共服务领域谋划一批项目，提高县域基础设施和公共服务的支撑能力，加快推动县域基础设施和公共服务数字化改造升级，提升城乡精细化管理水平，吸

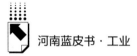

引人才回归。二是提升县域营商环境。持续深化"放管服"改革,尽快开展县域营商环境评价,依托"互联网＋服务",加快推进"一网通办""一码通",持续完善"多证合一、多规合一、多评合一"机制以及多图联审、多审并联、容缺办理等配套措施,推动服务体系平台化、智能化,依托大数据、云计算等技术加快服务方式、方法、手段迭代创新,精准激活微观主体,提升县域发展活力、动力。

参考文献

王宏科、樊新生、孟德友:《河南县域经济格局及其产业机理》,《郑州航空工业管理学院学报》2014 年第 6 期。

谷建全、王玲杰、赵西三、陈明星、袁金星、王元亮:《新起点上推进县域经济高质量发展的路径选择》,《河南日报》2020 年 5 月 6 日,第 4 版。

《河南县域经济"换挡提质"——全省县域经济高质量发展工作会议扫描》,《河南日报》2020 年 4 月 30 日。

范毅、王笛旭、张晓旭:《推动县域经济高质量发展的思路与建议》,《宏观经济管理》2020 年第 9 期。

赵西三:《培育河南制造业高质量发展新优势》,《河南日报》2021 年 1 月 3 日,第 4 版。

赵西三:《以智能制造引领河南制造业高质量发展》,《河南日报》2019 年 11 月 20 日,第 10 版。

B.16
基于多源异构的河南产业
协同发展体系构建[*]

王中亚　袁博[**]

摘　要： 近年来，新兴产业和服务业快速发展，与原有的传统产业产生
了越来越多的关联和交集，产业边界日渐模糊，产业协同发展
趋势明显，这种态势在积极促进产业发展的同时也产生了如产
业间的互动发展机制不完善、程度不平衡等新的问题，河南相
关部门和企业需要制定更加科学合理的产业协同发展模型和机
制，进一步促进产业间的协同发展。

关键词： 多源异构　协同发展　河南

多源异构是指一个整体由多个不同来源的成分构成，既有混合型数据
（包括结构化和非结构化）又有离散型数据（数据分布在不同的系统或平
台），互联网就是一个典型的异构网络，融合传播矩阵就是一个典型的多源
异构数据网络。

当今产业发展不再是以往单独发展的模式，产业间的互动和协同愈
加频繁，产业链的进一步打通使产业间的边界愈加模糊，产业发展数据
不再只是产值这一单一数据，增长曲线、发展指数、协同系数等其他量

* 本报告系河南省社会科学院基本科研费重点项目（21E16）的阶段性成果。
** 王中亚，河南省社会科学院工业经济研究所副研究员，研究方向为产业经济；袁博，河南省
社会科学院工业经济研究所助理研究员，研究方向为产业经济。执笔人：袁博。

化数据开始出现，产业发展趋势评估和预测成为不同体系来源数据综合考量的结果。

一 Riddle 交互经济模型

交互经济的概念最早是由 Dorothy Riddle 于 1986 年提出，他将经济活动的范围划分为三大产业，即采掘业、制造业和服务业，其中服务业又细分为 5 部分，即商业服务、贸易服务、基础性服务、社会/个人服务和公共服务，然后建立了一个反映 7 个产业之间相互交叉作用的交互经济模型，实线表示服务流，虚线表示商品流，各产业根据各自的发展现状和特点，选择最适合产业交互发展的模式，最终呈现错综复杂的网状图（见图 1）。交互经济模型第一次将产业之间互动发展的情况直观地用图形表现出来，为产业间互动发展研究提供了一个非常易用有效的工具，提高了研究的科学性和准确性，对整个研究领域的长远发展起到重要的促进作用。

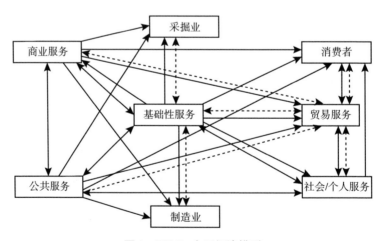

图 1　Riddle 交互经济模型

由于交互经济模型是以 20 世纪 80 年代的产业发展情况为基础建立的，已经无法完全适用于现今的产业发展状况，但其基础框架仍然具有可行性和研究价值，本报告将基于 Riddle 交互经济模型构建适合当代经济的产业协同发展模型。Riddle 交互经济模型涉及的产业众多，导致模型庞大，体系复杂，一般研究具体的产业间互动会拆分模型，视具体产业来进行使用。

二 双产业协同发展模型

两个相关产业之间的协同发展是目前产业协同发展最普遍的方式，可以在短时间内迅速提高产业发展水平，本部分就双产业的协同发展提出模型，本模型是在传统投入/产出模型和交互经济模型的基础上进行相应的改进和调整，建立一个生产性服务业与先进制造业之间的交互作用模型，以适应新兴产业交互发展的研究。

假设有 i 产业和 j 产业，分别为正在进行互动发展的生产性服务业和先进制造业，设产业 i 的总产值为 X_i，产业 j 的总产值为 X_j，产业间交互发展的直接消耗系数为 a_{ij}，表示 j 产业的单位产值与所消耗 i 产业的单位投入资金的比值，反之 a_{ji} 表示 i 产业的单位产值与所消耗 j 产业的单位投入资金的比值，直接消耗系数可以通过投入/产出法计算得出，i 产业通过 j 产业新增单位投入所产生的单位增加值与投入资金的比重为 C，CX_i 为新增投入资金所产生的增加值，反之 j 产业为 CX_j。

用以上各数据来计算产业交互作用指标。

产业的互动关联度指标 Y_{ij}，用于描述某两个产业间的交互发展影响程度，公式为：

$$Y_{ij} = \frac{X_i \cdot a_{ji} + X_j \cdot a_{ij}}{X_i + X_j} \times 100\%$$

其经济意义是，两个产业之间相互投入资金占两产业总产值的比重，Y_{ij} 越大，说明产业关联度越高，反之说明产业关联度越低。

产业间互动依存度指标 D_{ij}，用于描述两个产业间交互发展依赖程度，公式为：

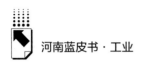

$$D_{ij} = \frac{X_i \cdot a_{ji}}{X_i - CX_i} \times 100\%$$

其经济意义是，j 产业的新增投入资金占 i 产业去除新增加值的原产值的比例，反之是 i 产业的新增投入资金占 j 产业去除新增加值的原产值的比例，D_{ij} 越大，说明 i 产业对 j 产业的依赖程度越高，反之说明依赖程度越低。上述两个指标是反映产业间交互发展水平的重要指标，在实际应用中发挥着重要作用，但在现实中投入资金、单位产值等数据获取难度大，导致数据缺失，使交互作用模型的使用受到一定限制。

三 河南产业协同发展存在问题

河南拥有较为完备的工业体系，特别是钢铁、化工、纺织、建材、食品加工等产业发达，处于国内前列，近年来河南大力发展新兴产业，新材料、新能源汽车、高端装备制造等产业快速发展，已经成为河南经济发展新的增长点，但同时存在产业单独发展、各自为政的情况，产业协同发展进展缓慢，一定程度上阻碍了产业特别是新兴产业的进一步快速发展。

（一）新兴产业与传统产业间协同发展不足

新兴产业是河南目前经济发展的新动力，钢铁、化工、纺织等传统产业虽然增速放缓，但仍然占据经济发展的主导地位，是生产总值和销售利润的主要组成部分，依然是产业发展的中坚力量，同时部分传统产业在产品构成、生产工艺、发展路径等方面与新兴产业相辅相成，如电力工业与新能源汽车、纺织与新材料等，产业间协同发展前景广阔，但河南目前在新老产业协同发展方面明显不足，特别是相关的新兴产业与传统产业间的协同发展明显滞后，以河南新材料产业为例，虽然发展迅速，但基本是以自身建立的产业园区为载体发展，几乎不与传统产业协同发展，这阻碍了产业本身的进一步发展，而更为严重的是传统产业无法通过此种方式转型升级，使双方的发展都受到影响，最终造成整体经济发展速度的放缓。

（二）新兴产业间协同发展不足

不仅是新兴产业与传统产业间的协同发展存在问题，新兴产业内部同样存在协同发展不足的问题，与传统产业相比，新兴产业普遍具有节能、环保、高效等显著优势，是产业未来发展的必然趋势，在生产工艺、发展路径等方面同样具有诸多相似之处，产业间的协同发展本应更加顺畅，但河南新兴产业的协同发展明显落后于发达地区，河南的新材料、新能源汽车、生物医药和高端装备制造等新兴产业发展水平位居全国前列，诞生了宇通客车、华兰生物、许继电气等一批知名企业，发展现状极佳，发展潜力巨大，但发展方式基本以单打独斗式的独立发展为主，产业间虽然存在协同发展，但程度不高，如新材料产业与新能源汽车产业的协同发展只停留在个别企业在车身制造领域的合作，没有形成规模效应，新兴产业还需进一步加强协同发展。

（三）产业链间的协同发展不足

除了产业间的协同发展存在问题之外，单个产业内部同样存在协同发展不足的问题，以新能源汽车为例，河南是国内为数不多的拥有原材料—核心零部件—整车—配套设备的完备新能源汽车产业链的省份，其中有以多氟多为代表的电池原材料生产企业，以中航锂电为代表的动力电池生产企业，以宇通客车为代表的整车生产企业，以许继电气为代表的配套设备制造商。虽然已经形成了全产业链，但河南目前的新能源汽车产业链体系仍然存在两大问题：首先，缺乏电机和电控零部件生产企业，使河南在新能源汽车核心三电（电池、电机、电控）领域发展不完整；其次，企业的客户以省外企业为主，省内却是各自发展，合作较少，导致产业链利用效率较低，这使得河南新能源汽车产业虽全却散，大而不强，已经影响到产业的整体发展。

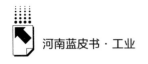
四 河南产业协同发展对策建议

河南产业协同发展目前存在诸多问题，需要相关部门和企业通过指定研究对策，以提升产业协同发展水平，促进整体经济发展。

（一）加快产业转型升级，为协同发展打下良好基础

产业转型升级是指产业结构从传统向新兴方向升级，使其高端化、环保化、高效化，提高附加值的同时带来更多的社会效益，河南工业发展常年以低端、上游、初级的重工业为主，高能耗且附加值低，近年来河南工业企业积极转型升级，其中部分企业转型效果显著，以郑州煤炭机械集团（简称郑煤机）为例，其始建于1958年，主营业务为煤炭机械生产，是国内重要的煤炭机械生产企业，是中国第一台液压支架的诞生地，其中液压支架国内市场占有率行业常年第一，液压支架研发实力和装备水平全球领先，营业收入行业第一，利润占行业企业的90%，但自20世纪90年代开始公司人浮于事、效率低下、管理混乱，导致经营不善，发展放缓，最严重时甚至濒临倒闭。面对这一困境，公司痛定思痛，开始积极向其他领域转型升级，2016年郑煤机收购亚新科（Asimco），正式进入汽车零部件领域，由于煤炭机械和汽车零部件在产品结构、技术特性和生产工艺流程方面相似，加之汽车市场日渐繁荣，汽车零部件产业快速发展，郑煤机凭借机械制造方面的优势，发展相对顺利；2018年1月，郑煤机完成收购德国博世（Bosch）集团的电机业务，此后公司的汽车零部件业务进入快速发展期；2020年郑煤机汽车零部件板块收入达150.24亿元，占公司全年总收入的比重超过50%，已成为公司新的主营业务，并进入当年中国零部件企业前20名，而取得这一成绩仅仅用了5年时间，汽车零部件业务的快速发展还同时促进了煤炭机械业务的发展，在集团内部形成协同发展的良好态势。郑煤机的成功案例表明转型升级不仅可以使企业扭亏为盈，实现新的增长，还可以为日后的产业协同发展打下良好基础，传统工业企业要积极进行转型升级。

（二）加快新兴产业间的协同发展

新兴产业代表了目前产业发展的较高水平，是产业未来发展的必然趋势，新兴产业间的协同发展能够更好地促进整体经济发展，河南新兴产业的协同发展成效一般，近两年来有明显改观，特别是以新能源汽车为首的优势产业与其他新兴产业的协同发展日趋频繁：宇通客车、郑州日产、海马汽车等本土汽车企业与相关新材料企业在车身轻量化方面展开深入合作；中航锂电、环宇电池、天力锂能、河南锂动等动力电池企业与森源电气、许继电气等装备制造企业在充电设施领域展开全面合作；新材料产业与新能源产业在发电领域进行合作。随着新兴产业未来的前景利好，产业间的协同发展会愈加频繁，将会进一步带动整体经济的发展。

（三）构建和完善全产业链体系

全产业链是指将上游原材料供应、中游加工生产和下游流通销售这三大环节整合，形成产业链闭环，一方面将分散的产业集中发展，大大提高产业链的协作运行效率，另一方面掌握产业发展的主动权，降低外部风险，食品加工业技术含量不高，上中下游产业链关联度高，较容易实现全产业链，是最先开始进行全产业链整合的产业，河南食品加工业发达，双汇集团、众品食业、三全食品、思念食品等企业已经率先实现全产业链式发展，河南新能源汽车近年来发展态势良好，上中下游产业链完备，但较为分散，而且主要是各自为政式的独立发展，相关企业应加强与省内其他企业的联系，建立产业发展联盟等组织，促进协同发展，争取早日构建和完善全产业链体系。

参考文献

Riddle, *Service-led Growth: The Role of the Service Sector in the World Development* (Praeger, New York, 1986).

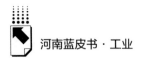
吕政、刘勇、王钦：《中国生产性服务业发展的战略选择——基于产业互动的研究视角》，《中国工业经济》2006 年第 8 期。

顾乃华、毕斗斗、任旺兵：《中国转型期生产性服务业发展与制造业竞争力关系研究——基于面板数据的实证分析》，《中国工业经济》2006 年第 9 期。

罗仲伟：《生产性服务业与先进制造业的互动与融合》，《经济与管理战略研究》2012 年第 2 期。

张洁梅：《现代制造业与生产性服务业互动融合发展研究——以河南省为例》，中国经济出版社，2013。

陶长琪、周璇：《产业融合下的产业结构优化升级效应分析——基于信息产业与制造业耦联的实证研究》，《产业经济研究》2015 年第 3 期。

"十四五"河南工业高质量发展对策研究

曹武军 *

摘　要： 以制造业为主体的实体经济的高质量发展成为"十四五"时期经济社会发展的重要驱动力。本报告从 6 个方面总结了河南"十三五"工业经济发展的特征，梳理了存在的问题。而后，提出了河南制造业"十四五"时期发展要把握的 4 个方向和要处理好的 4 个关系。最后，提出了河南省制造业"十四五"高质量发展的 8 条途径。

关键词： 制造业　高质量发展　河南

工业是区域竞争、国际竞争以及大国博弈的主战场，对经济发展起到了顶梁柱、压舱石、定盘星的作用。尤其是在当前复杂严峻的外部环境中，在双循环新发展格局加速构建的时代背景下，工业的战略地位愈发凸显。"十三五"期间，河南坚持把制造业高质量发展作为主攻方向，加快制造业"三个转变"，工业高质量发展站在了历史的新起点。"十四五"时期，河南面对"百年未有之大变局"，更应该将制造业发展放在战略支撑地位，推动制造业加速向数字化、集群化、智能化、绿色化、服务化转型。

一　"十三五"河南工业运行分析

"十三五"期间，面对国内外风险挑战明显增多的复杂局面，河南省工

＊ 曹武军，郑州大学管理科学与决策研究所所长，研究方向为产业经济。

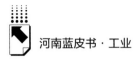
业坚持高端化、智能化、绿色化、服务化发展方向，深入实施《中国制造2025》行动纲要，纵深推进制造业供给侧结构性改革，工业经济保持总体平稳发展态势。

（一）"十三五"河南工业取得的成就

1. 产业发展规模逐步扩大

2016～2020年，全省规模以上工业增加值平均增长5.5%，工业企业利润总额平均增长11.2%，主营业务收入利润率稳定在6.5%左右，超过全国平均水平。制造业增加值占全省GDP比重平均保持在28.2%左右。

2. 产业结构调整日趋完善

一是做强做优主导产业。装备制造、新型材料、电子信息、汽车等主导产业增加值年均增长15.0%，高于全省平均水平7.3个百分点。装备制造产业年均增长14%，认定了中铁装备泥水平衡盾构机等135个河南省首台（套）重大技术产品。新型材料产业年均增长15.2%，电子信息产业年均增长12.1%，着力推动了鲲鹏计算产业生态建设，黄河鲲鹏服务器和台式电脑生产项目一期建成投产，成立智能传感器创新联盟，建成了河南信息安全产业示范基地，手机产量稳定在2.5亿部。二是大力发展战略性产业。推动智能装备、智能传感器、尼龙新材料等产业发展壮大，年均增长19.6%，高于工业年均增速近12个百分点。

3. 科技创新能力稳步提升

2016～2020年，全省规模以上高新技术产业增加值平均增长11.8%左右，高于规模以上工业增加值增速5.5个百分点，占全省规模以上工业增加值的比重从33.3%上升到43.4%。遴选了19个省级制造业创新中心培育单位，认定了省级制造业创新中心9家，河南智能农机创新中心成功创建为第12个国家级制造业创新中心。实施"十百千"技改提升工程，全省工业企业技术改造投资平均增长37.3%。郑洛新"中国制造2025"试点示范城市群正式获批，成为全国4个试点示范城市群之一。

4. 融合赋能水平不断提高

建立了省、市、县三级智能制造项目库，认定省级智能工厂和智能车间571 个，2020 年河南省两化融合发展水平指数为 52.3，居中部地区首位。加快发展工业互联网，中信重工矿山装备等 3 家工业互联网平台入选国家工业互联网试点示范项目，认定培育省级工业互联网平台 25 个。实施"企业上云"行动，全省上云企业累计达 10 万家。推动服务型制造，先后有 16 家企业入选国家服务型制造示范项目。

5. 品质制造能力逐步升级

大力开展质量品牌提升行动，创建全国质量标杆 15 个、省级质量标杆167 家，积极开展制造业单项冠军企业提升，23 家企业入选工信部单项冠军示范企业。积极推动知识产权保护运用，83 家企业被工信部评定为知识产权运用试点，大信家居、洛阳拖拉机研究所、许继集团等先后入选国家级工业设计中心。

6. 绿色发展能力日益增强

2016 ~ 2020 年，全省规模以上单位工业增加值能耗累计下降 35.75%。持续推进绿色制造体系建设，创建 115 家国家级绿色工厂，10 个国家级绿色园区。推进危化品生产企业"退城入园"，开展淘汰落后产能"清零行动"，淘汰 94 家企业的 127 条生产线，排查"地条钢"制售企业 22 家。

（二）"十三五"工业发展存在的问题

1. 产业附加值偏低，产品竞争力不强

一是发展方式仍较粗放。高端产业少、产业链条短且多处在价值链中低端。比如，材料产业"粗而不精"，河南省的铝加工、铅冶炼、建材和耐火材料等总量都排在全国前列，但大多处于产业链中低端，精深加工企业少，高附加值产品少。二是行业龙头企业少、产业集中度不高。龙头企业少，就缺乏对行业的引领力；产业集中度不高，易造成无序竞争、发展失衡。

2. 传统产业占比过重，新兴产业贡献不足

目前河南省传统产业仍然占较大比重，2019 年全省战略性新兴产业增

加值增长 13.7%，占规模以上工业增加值比重为 19%，份额和贡献率都偏小。传统产业比较集中地分布在沿黄地区，能源消耗和污染物排放总量偏大。郑州、开封、新乡、濮阳、焦作、济源示范区 6 市处于京津冀大气传输通道，洛阳、三门峡处于汾渭平原，都属于环保管控重点城市，环保治理要求逐年提升，行业转型升级任务加重。

3. 创新平台缺乏，创新能力不足

一是高科技企业少。河南省每万家法人企业中国家高新技术企业和科技型中小企业数量为 70.7 家，仅为国家平均水平的 42%，与支撑经济高质量发展的要求差距较大。二是国家级研发机构少。国家级技术创新示范企业仅占全国的 2.7%，国家重点实验室、国家工程研究中心分别占全国总数的 2.91%、2.89%，仅相当于湖北省的一半左右。三是高校研究资源匮乏。河南高等教育资源短板明显，"985"和"211"高校少，世界一流大学建设名单仅郑州大学上榜且被列为 B 类，世界一流学科建设名单仅郑州大学的 3 个学科和河南大学的 1 个学科上榜。

4. 金融支撑不够，企业融资难问题仍然突出

一是信贷规模与 GDP 总量不匹配。河南省 GDP 约为全国的 1/20，人民币贷款余额仅为全国的 1/30，信贷资源外流状况较为突出。二是融资需求与融资渠道不匹配。当前，河南省金融多层次支持实体经济的格局和体系尚未完全形成，企业过度依赖银行贷款，产业基金、融资担保、金融租赁、风险投资、股权投资、债券融资等不同领域和风险偏好的金融支持方式仍未全面发力，有限金融产品供给与企业多元融资需求不相匹配。

5. 开放程度不足

总体来看，河南省对外开放深度和广度仍然不够，招商引资层次水平有待提高，开放发展的环境亟待优化，河南省在积极融入"一带一路"建设、拓展开放通道等方面形成的优势还不够稳固。继郑州航空港经济综合实验区之后，国家又先后批复了 11 个临空经济示范区，呈现竞相发展的态势，河南面临的区域竞争日趋激烈。

6. 营商环境不优

主要表现在市场准入壁垒多、政府履约意识差、项目审批手续繁、部门办事效率低、企业融资渠道窄、制度交易成本高、权益保障手段软、公共服务功能弱、市场竞争秩序乱、扶持政策落实难等 10 个方面。在省级层面，还缺乏优化营商环境的顶层设计，政策措施不成体系，没有发挥协同效应。根据有关研究机构发布的企业经营环境指数排名，河南省在全国仅居第 20 位左右。

7. 全国有影响力的产业集群和龙头企业少

目前，河南除了食品、装备两个万亿级产业集群外，其他产业集群在全国的影响力都不够，与全国第五工业大省的地位不匹配，特别是带动力强的百亿级龙头企业较少，河南省百亿级企业现有 45 家，与广东（130 家）、江苏（145 家）、山东（107 家）等省份差距明显，从规模以上工业企业数量来看，河南省仅有 1.9 万家，而山东为 2.6 万家，江苏和浙江都在 4.5 万家以上，广东更在 5.5 万家以上。

二 "十四五"高质量发展对策研究

（一）"十四五"要把握的方向

学习新要求。要系统梳理研究党中央、国务院及国家相关部委近年来围绕制造业发展出台的文件政策精神，要深入学习习近平总书记关于制造业高质量发展的重要指示精神和关于"十四五"规划编制工作的重要讲话精神，特别是在视察河南时的重要讲话精神，坚持以习近平新时代中国特色社会主义思想指导统揽制造业"十四五"高质量发展。同时，要围绕省委、省政府的重大战略部署，把制造业高质量发展融入河南省经济社会高质量发展的大局当中。

1. 研判新形势

立足百年未有之大变局，深入分析当前制造业发展面临的国内外形势。

密切关注发达国家制造业回归战略，深入分析美国先进制造业领导战略、德国工业4.0和高技术战略2025、法国新工业计划、英国制造业高价值战略等。密切关注新一轮科技革命和产业变革，加强对新一代信息技术、生物技术、新能源技术、新材料技术、智能制造技术等领域科技创新及其产业化的分析研究，抢抓新兴产业布局的"窗口期"，积极应对疫情和疫情防控常态化时期全球经济复杂多变的严峻形势。加强对国内先进省份和中部省份制造业发展的研究，关注跟踪这些省份围绕制造业发展出台的新计划、新政策，力争在"十四五"时期新一轮发展中，抢占区域制造业高质量发展的先机。

2. 把握新方位

对比分析研究河南省制造业阶段性特征，精准评价河南制造的发展阶段，提炼河南制造"十四五"时期发展的"新方位"，像发达省份追赶发达国家和地区一样，努力让河南制造在"十四五"期间追赶上国内的发达省份和地区。加强对河南制造业布局研究，优化全省制造业空间布局。总体来看，河南省工业化总体上处于中期向后期过渡的关键阶段，"十四五"期间完成步入工业化后期还有较大的难度，目前，郑州、洛阳、许昌等接近工业化后期，鹤壁、安阳、三门峡等地市尚处工业化中期阶段，黄淮四市则处于工业化中前期阶段，省域内工业化进程不均衡，需要分类施策，统筹发展。

3. 对标新方向

广东省提出要打造10个万亿级战略性支柱产业和10个战略性新兴产业，建设5个世界级先进制造业集群。江苏省提出重点发展13个先进制造业集群，到2025年，13个先进制造业集群主营业务收入达11.5万亿元左右，形成8个万亿级产业，其中，物联网、节能环保、高端纺织3个集群规模要分别超1.5万亿元。浙江省提出构建"415"先进制造业集群建设体系，基本形成绿色石化、数字安防、汽车、现代纺织等4个世界级先进制造业集群，培育15个优势制造业集群。山东省提出打造10强现代优势产业集群，其中制造业占7个。四川省明确构建"5+1"现代产业体系，重点打造5个万亿级产业。湖北省着力推动10大重点产业高质量发展，着力形成4个万亿级产业和10个5000亿级产业。要认真分析先进省份制造业产业集群发展的策略和途径，并根据河南省发展条件加以吸收，制定河南省要重点培育打造的千亿级产业集群。

（二）"十四五"要处理好的几个关系

1. 国内与国外的关系

当前，受国际贸易保护主义和疫情的双重影响，出口贸易的形势不容乐观，必须加快构建以国内大循环为主体、国内国际双循环相互促进的新发展格局。在双循环格局下，企业竞争会更加激烈，对产品质量、品牌、成本、效率提出了更高的要求，对企业、产业发展也提出了新的命题和目标。因此，"十四五"时期河南制造业必须更加注重品质制造、创新能力和创新性产业集群的培育。

2. 大企业与小企业的关系

一流的产业生态需要大企业和中小企业融通发展，既需要"顶天立地"的头部企业和链主企业，也需要"铺天盖地"的中小企业，形成"热带雨林"式的企业生态系统。"十四五"时期河南制造业在大企业培育中，要注重大企业的带动能力和本地企业的配套能力，在中小企业培育中，要注重"专精特新"企业、隐形冠军和单项冠军的打造。

3. 制造业与服务业的关系

制造业创造社会财富，服务业更多的是分配财富，在分配过程中创造价值，有什么样的制造业就会有相对应的服务业。河南处于工业化的中后期，在一定的时间内，必须保持制造业的相对稳定，尤其在县域经济发展中，不必过分强调三产比例。"十四五"时期无论推行制造业服务化还是"两业融合"，仍然必须把制造业放在突出位置，通过制造业的高质量发展带动高水平生产性服务业和生活性服务业的发展。

4. 传统优势产业与新兴产业、未来产业的关系

目前，传统优势产业仍是河南的重要支柱产业，不可偏废，尤其是一些县域经济产业结构偏重偏传统现象比较普遍，地区税收、就业等依赖性还比较强。要修改完善河南省相关产业政策，推动产业政策从差异化、选择性向

普惠化、功能性转化，推动传统优势产业加快结构调整、优化布局和产业升级。同时，要对新兴产业加以培育壮大，未来产业加以谋篇布局，把优势传统产业、新兴产业和未来产业贯通起来。

（三）"十四五"高质量发展的途径

1. 构建技术创新体系

坚持创新在制造业高质量发展中的核心地位，强化创新对产业发展的战略支撑，构建一流创新生态，加强自主研发，加快突破新兴产业、未来产业、传统产业领域新技术，打造成为国家创新高地，形成以创新为引领的制造业发展模式。聚焦河南省重点培育的产业集群和产业链，建设专业型产业技术研究院，解决一批行业内重大共性关键技术，孵化一批科技型企业，推广一批重大科技成果，为制造业高质量发展提供有效支撑；围绕行业重大共性需求，重点建设一批制造业创新中心，强化产业共性关键技术供给，加快科技成果的转化和产业化；制定"四基"项目清单，实施产业基础再造，协同各方面资源，通过"揭榜挂帅"等方式加快突破关键核心技术，集中优势资源解决制约产业链升级的关键瓶颈。

2. 完善智能制造体系

坚持以智能制造赋能制造业高质量发展，深化新一代信息技术应用，分步开展数字化制造普及、网络化制造示范和智能化制造探索，培育新业态新模式。以生产装备数字化、网络化升级和信息系统综合集成为重点，建设智能工厂和数字化车间；建立中小企业数字化诊断服务平台，组织专家开展"入户诊断"，打造专精特成套装备企业数字化转型平台。推动工业互联网建设。建设 1 个综合性工业互联网平台，N 个细分行业、特定领域平台，形成覆盖制造业重点行业的平台体系；依托龙头企业建设工业大数据中心，推动工业数据资源采集、传输、加工、存储和共享，鼓励有条件的制造企业探索建设"企业大脑"。

3. 推行两业融合体系

加快推动先进制造业与现代服务业深度融合，培育发展服务型制造，深化业务关联、链条延伸、技术渗透、平台赋能，推动先进制造业和现代服务业相融相长、耦合共生。以"制造+服务""产品+服务"为重点，培育服务型制造企业；依托制造业龙头企业和第三方机构，整合研发设计、系统集成、检测认证、专业外包、市场开拓等服务资源，培育服务型制造平台。

4. 提升集群生态水平

坚持对标顶级、创造一流、打造卓越，完善基础设施，优化公共服务，丰富产业生态，提升集群能级，促进产业由集聚发展向集群发展全面跃升，打造一批优势产业集群和标志性产业链，推动全产业链优化升级。实行产业链链长和产业联盟会长"双长制"，成立工作专班，实行清单管理，分行业制定标志性产业链现代化提升方案并组织实施；实施河南省先进制造业集群培育行动。坚持"一群一策"，积极推动产业集群专业化、差异化发展；梳理完善规范现有开发区体系、标准及考核办法，完善开发区功能定位，明确主导产业。

5. 提高企业发展能力

发挥头雁企业引领支撑作用，提高中小企业专业化水平，培育一批单项冠军企业，提升大中小企业融通发展水平，打造支撑河南制造业高质量发展的企业"雁阵"。聚焦壮大规模、创新发展、改造升级、优化引领等关键环节，整合资源，培育头雁企业；围绕增品种、提品质、创品牌，持续提升河南制造业的品种丰富度、品质满意度、品牌认可度，提升企业品质制造能力；聚焦河南省制造业发展重点和重点产业布局，深入开展产品和服务对标达标质量提升，提升企业标准与国内外先进标准的一致性，积极培育重点行业领域的标准"领跑者"。

6. 建设开放合作体系

坚持"项目为王"，立足国内国际双循环，放大"枢纽+开放"优势，打造国内循环的关键枢纽和国际循环的重要节点，实现更高水平对外开放。聚焦河南省重点打造的产业链和产业集群，制定完善产业、企业、产品、研究机构招商图谱，推动精准招商；深化重点地区合作，建立常态化合作机

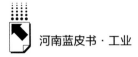

制，推动重大项目落地。

7.建设绿色制造体系

实施绿色制造提升行动，深入推进绿色制造体系建设，以传统产业绿色化改造为重点，以促进全产业链和产品全生命周期绿色发展为目的，构建高效、清洁、低碳、循环的绿色制造体系。采用先进适用的清洁生产工艺技术，使用节能设备，建立资源回用体系，开发生产绿色产品，建设绿色工厂；实施工业低碳行动，制订碳达峰行动方案和路线图，推广低碳技术工艺，完成国家工业领域二氧化碳排放下降指标；紧抓碳达峰、碳中和战略机遇，推动碳排放资源化利用，优化产业和能源结构，培育引进绿色低碳项目。

8.建设区域协同体系

顺应产业链、价值链布局优化规律，提升县域制造业水平，大力发展飞地经济，构建制造业高质量发展区域协同体系。坚持分类指导，工业基础较好的县（市）突出转型提质、壮大优势产业集群，推动农业优势明显的县（市）突出特色高效、发展特色产业集群，推动生态功能突出的县（市）强化生态环境保护、发展资源环境可承载的适宜产业；深入推进制造业高质量发展示范县（市）建设，积极探索符合本地发展实际、符合高质量发展要求的县域发展新模式，为全省乃至全国提供可推广、可借鉴的典型经验。

参考文献

中国社会科学院工业经济研究所课题组、史丹：《新工业化与"十四五"时期中国制造业发展方向选择》，《China Economist》2020 年第 4 期。

梁泳梅：《传统制造业优化升级："十三五"回顾与"十四五"展望》，《当代经济管理》2021 年第 1 期。

中国社会科学院工业经济研究所课题组、史丹：《"十四五"时期中国工业发展：新定位、新举措》，《经济研究参考》2020 年第 10 期。

中国社会科学院工业经济研究所课题组、史丹:《"十四五"时期中国工业发展战略研究》,《中国工业经济》2020 年第 2 期。

李君、柳杨、邱君降、窦克勤:《信息化和工业化融合"十三五"发展成效及"十四五"发展重点》,《经济研究参考》2020 年第 11 期。

中共中央党校(国家行政学院)"十四五"重大经济战略问题研究课题组、王小广、樊亚宾等:《"十四五"时期重大经济战略问题和总体发展思路》,《区域经济评论》2020 年第 4 期。

B.18

河南制造业民营经济发展现状分析

——基于《2021年度河南制造业民营企业100强榜单》视角

河南省社会科学院工业经济研究所课题组*

摘　要： 从《2021年度河南制造业民营企业100强榜单》数据来看，河南省民营经济呈现良好发展态势，具有入围门槛再创新高、优势与新兴产业效益提升、社会贡献有所好转、自主创新意识明显增强、农副食品加工业成绩亮眼等显著特点。同时，透过百强企业数据也可以发现全省制造业民营经济发展中也存在企业规模不够大、经营效率不够高、创新投入不够足、核心区域带动不够强等一系列突出问题。下一步，应通过加强企业梯队培育、企业家培养、产业链供应链锻造、产业资源对接、企业商业模式创新、产业地理格局优化、营商环境优化等措施，促进河南省制造业高质量发展。

关键词： 制造业　民营企业100强　河南

2020年，受新冠肺炎疫情冲击，许多制造业企业停工停产，在此背景下推动制造业恢复达产、高质量发展成为当前和今后一个时期各个区域经济发展的重大战略任务。河南地处内陆腹地，制造业规模位居全国前列，民营企业作为制造业的主力军，是推动全省制造业实现高质量发展的重点，也是难点。本报

---

* 课题组成员：赵西三，河南省社会科学院工业经济研究所副研究员，研究方向为产业经济；王中亚，河南省社会科学院工业经济研究所副研究员，研究方向为产业经济；刘晓萍，河南省社会科学院工业经济研究所副研究员，研究方向为产业经济。执笔：刘晓萍。

告选择制造业民营百强企业为研究对象，通过对《2021 年度河南制造业民营企业 100 强榜单》数据进行分析，进而梳理总结河南制造业民营经济发展存在的一些突出问题，为下一步河南制造业精准施策、实现高质量发展提供理论支撑。

一 河南制造业民营百强企业总体分析

2020 年，受全球新冠肺炎疫情及国内外多重因素影响，河南省制造业民营百强企业经营规模逆势呈现上涨态势，缴税、吸纳就业等社会贡献有所提升，总体呈现良好的发展态势。

（一）入围门槛再创新高，龙头企业规模持续扩大

入围门槛大幅提升。2020 年，河南制造业民营企业 100 强入围门槛扭转下滑态势再创新高，达到 13.77 亿元，比 2019 年提升 5.5 亿元，同比增速达到 66.50%（见图 1），这是自榜单建立以来入围门槛增幅最大的年份。

图 1　2013～2020 年制造业民营企业 100 强入围门槛及增速

伴随着入围门槛不断提高，龙头企业实力也在不断增强，其中，河南双汇投资发展股份有限公司营业收入达到 739.35 亿元，天瑞集团股份有限公司营业收入达到 502.67 亿元，500 亿元以上企业达到 2 家；营业收入在 100 亿元及以上的企业达到 16 家，比 2019 年增加了 1 家；营业收入

191

达到 50 亿～100 亿元级别与 20 亿～50 亿元级别的企业数量持续攀升，这充分凸显了河南制造业百强企业的中坚力量不断壮大（见表1）。

表1 2018～2020 年制造业民营企业 100 强营业收入结构对比

单位：家

营业收入总额	2020 年企业数量	2019 年企业数量	2018 年企业数量
≥100 亿元	16	15	17
50 亿～100 亿元(含 50 亿元)	22	14	16
20 亿～50 亿元	34	28	26
<20 亿元	28	43	41

（二）整体盈利能力仍在下滑，但优势与新兴产业效益提升

2020 年，制造业民营企业 100 强盈利能力呈现持续下滑态势（见图2），利润总额和税后净利润分别为 412.45 亿元和 333.55 亿元，较 2019 年分别降低 13.16 亿元、14.67 亿元。但从企业分布行业来看，上榜企业中盈利超亿元企业共有 65 家，涉及 18 个行业（见图3）。从行业分布来看，对比 2019 年榜单，按照河南省"556"产业体系划分，优势、新兴产业与传统产业基本上平分秋色，特别是榜首行业也由汽车制造业顶替了非金属矿物制品业，这也显示出优势与新兴产业的盈利能力在不断提升。

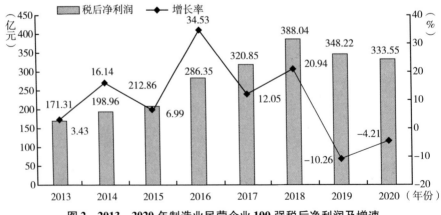

图2 2013～2020 年制造业民营企业 100 强税后净利润及增速

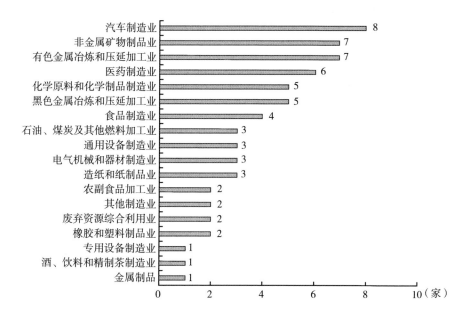

图3 2020 年制造业民营企业 100 强盈利超亿元的行业分布

（三）社会贡献有所好转，缴税就业实现双回升

从纳税情况来看，2020 年在减税降费政策支持下，制造业民营企业 100 强纳税总额为 284.94 亿元，较 2019 年小幅增加了 6.24 亿元；上榜企业缴税总额占全省税收比重回升至 10.31%，较 2019 年提升 0.5 个百分点（见表2）。其中，缴税总额超过 10 亿元的企业有 4 家，与 2019 年持平；亿元以上缴税企业有 62 家，相比 2019 年增加 3 家（见图4）。

表2 2016～2020 年制造业民营企业 100 强缴税情况

单位：亿元，%

项目指标	2020 年	2019 年	2018 年	2017 年	2016 年
100 强企业缴税总额	284.94	278.70	301.20	277.95	233.29
100 强企业缴税增长率	2.24	-7.47	8.37	19.14	10.84
100 强企业缴税占全省税收比重	10.31	9.81	11.34	11.93	10.81

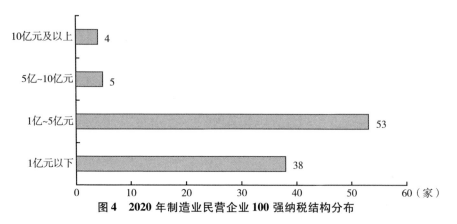

图4 2020年制造业民营企业100强纳税结构分布

从吸纳就业情况来看，2020年制造业民营企业100强吸纳就业人数为38.47万人（见图5），较上年增加2.5万人，扭转了下降趋势，拉动全省就业方面的贡献有所回升。

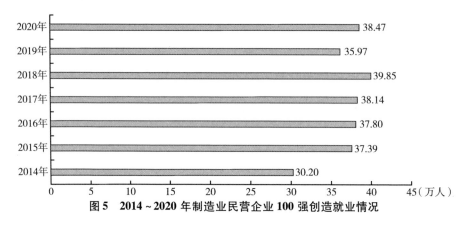

图5 2014~2020年制造业民营企业100强创造就业情况

（四）研发投入规模持续扩大，企业自主创新意识明显增强

2020年，百强上榜企业研发投入大幅增加，达到148.53亿元，比2019年增加了21.9亿元，增幅达到17.29%（见图6）。与此同时，100强企业中有90家企业列支了研发费用，比上年增加了16家，并且其中70家企业研发投入占营业收入的比重超过1%，较上年增加8家，这也充分反映出河南制造业企业的创新意识明显增强。

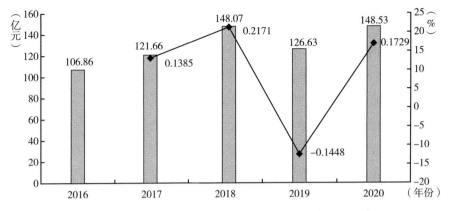

图6 2016～2020年制造业民营企业100强研发费用投入情况

（五）行业间经营状况进一步分化，农副食品加工业成绩亮眼

从行业分布来看，2020年制造业民营企业100强上榜企业分属于20个行业，与2019年相比数量和结构变化不大。但是行业间经营状况出现分化，农副食品加工业、黑色金属冶炼和压延加工业等14个行业的平均营业收入、平均资产、平均税后净利润、平均缴税总额、平均员工人数等指标均有所上涨，其中农副食品加工业指标成绩最为亮眼，平均营业收入、平均税后净利润、平均缴税总额三大指标位居榜首（见表3）；而有色金属冶炼和压延加工业、汽车制造业、其他制造业、废弃资源综合利用业、金属制品业和纺织业6个行业上述指标较上年均有所下降。

表3 2020年制造业民营企业100强行业分布

行业名称	入围企业数量（家）	平均营业收入（亿元）	平均资产（亿元）	平均税后净利润（亿元）	平均缴税总额（亿元）	平均员工人数（人）
有色金属冶炼和压延加工业	17	79.57	54.54	0.24	2.23	2024
黑色金属冶炼和压延加工业	10	122.35	83.61	2.51	2.52	4346
汽车制造业	10	64.25	129.84	4.73	3.87	6544
非金属矿物制品业	7	117.76	129.55	4.13	3.78	22362
化学原料和化学制品制造业	7	58.16	118.46	4.78	2.98	4198

续表

行业名称	入围企业数量（家）	平均营业收入（亿元）	平均资产（亿元）	平均税后净利润（亿元）	平均缴税总额（亿元）	平均员工人数（人）
食品制造业	6	35.63	30.56	3.86	2.66	3065
医药制造业	6	31.72	39.55	3.41	2.13	5071
其他制造业	6	29.15	41.32	1.23	1.16	3597
农副食品加工业	4	201.35	93.60	16.51	9.50	11591
通用设备制造业	4	65.25	38.70	3.23	1.83	3197
石油、煤炭及其他燃料加工业	4	54.63	53.13	3.37	2.25	1270
电气机械和器材制造业	4	40.38	28.29	3.02	1.90	3006
造纸和纸制品业	3	33.03	31.22	2.37	1.32	2278
酒、饮料和精制茶制造业	2	18.46	11.54	1.07	2.22	1626
橡胶和塑料制品业	3	20.90	18.31	0.96	0.91	1475
废弃资源综合利用业	2	134.77	35.62	2.41	4.07	2141
金属制品业	2	24.40	3.57	0.04	0.07	233
专用设备制造业	1	18.24	52.64	2.52	1.27	1676
皮革、毛皮、羽毛及制品和制鞋业	1	16.78	13.85	0.94	0.79	1705
纺织业	1	16.17	38.93	0.43	0.34	2795

二 河南制造业民营企业百强问题分析

从《2021年度河南制造业民营企业100强榜单》可以看出，河南省制造业民营企业发展依旧存在一些问题亟待突破。

（一）企业规模不够大

2020年，河南省制造业民营百强企业入围门槛达到13.77亿元，再创新高，但是与周边省份公布的制造业百强榜单入围企业相比，整体规模和体量还是差距明显，如江苏入围门槛高达76.09亿元，河北也达到17.53亿元。再聚焦超百亿企业队伍阵营，从纵向时间维度来看，2020

年上榜企业中营业收入超百亿的企业有 16 家，比 2019 年增加了 1 家。但从横向区域比较维度来看，在已经发布制造业民营企业 100 强榜单的省份中，江苏超百亿企业达到 90 家，河北有 41 家。从全国来看，依据全国制造业民营企业 500 强榜单统计，河南入围企业有 16 家，而浙江、江苏、山东、广东等传统工业强省分别入围 97 家、84 家、75 家、44 家，甚至河北、福建等工业实力稍弱于河南省的省份上榜企业也达到了 37 家、16 家（见图 7），比较来看河南大企业数量差距明显；与此同时，2020 年，全国制造业民营企业 500 强榜单中营业收入超过千亿元的企业共有 41 家，浙江、江苏、山东、广东等省份分别有 10 家、9 家、4 家、6 家，河北和湖南都有千亿级以上企业，而河南至今尚未实现千亿级企业突破，排位最靠前的双汇集团仅位列第 62 名，这些数据反映出河南大企业的体量、效益与发达省份，甚至与周边省份相比差距较大，"标兵渐远、追兵渐进"的发展局面更加凸显。

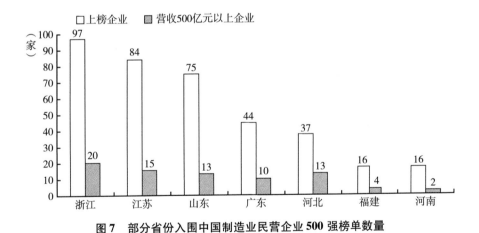

图7　部分省份入围中国制造业民营企业 500 强榜单数量

（二）经营效率不够高

从多项效率指标来看，河南制造业民营企业 100 强整体经济效率仍有较大提升空间。从资产净利率来看，入围企业总体资产净利率为 4.78%，56 家企业资产净利率不到 5%，仅有 19 家企业资产净利率超过 10%。从总资产周转率来看，制造业民营企业 100 强总资产周转率为 100.39%，具体到企业个体来看，仅 29 家企业总资产周转率超过 200%，40 家企业低于100%，其中甚至有 11 家企业低于 50%，总资产周转率是考察企业资产营运能力的一项重要指标，反映出入围企业资产的管理质量和利用效率不高。从劳动生产率（人均营业收入）来看，100 强企业人均营业收入为 182.02 万元，仅有 4 家企业超过 1000 万元，且全部为有色金属行业，50 家低于200 万元，其中 21 家低于 100 万元。从人均净利润来看，100 强企业人均净利润为 8.67 万元，仅有 5 家企业高于 50 万元，38 家企业低于 5 万元，其中甚至有 13 家低于 1 万元（见图 8）。

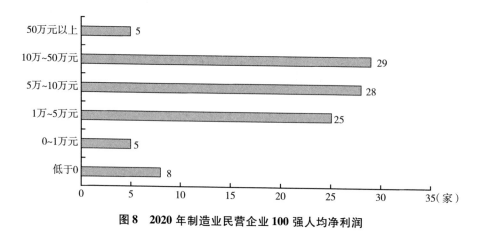

图 8　2020 年制造业民营企业 100 强人均净利润

（三）创新投入不够足

从研发投入规模来看，2020 年河南制造业民营百强企业创新意识在逐步增强，宇通集团更是一枝独秀，研发投入近 20 亿元，但从榜单整体来看，仍有 15 家企业研发投入不足 1000 万元，其中还有 10 家企业研发投入为零。从研发强度来看，超过 10% 的企业仅有 1 家，5%～10% 的企业仅有 7 家，2%～5% 的企业有 49 家，1%～2% 的企业有 13 家，30 家企业研发强度为1% 以下（见图 9）。一般来说，企业的研发投入占营业收入比重超过 2% 才能维持，超过 5% 才会具有一定竞争力，例如，在欧盟 2018 年底发布的

《全球工业研发投资排行》中，研发强度超过10%的企业就达到43家，其中我国的华为位列第五名，多年来华为研发投入占营业收入比重均在10%以上，2020年更高达15.92%，超大规模的研发投资塑造了华为的全球竞争优势，而2021年河南制造业民营企业100强中仅有8家企业研发强度超过5%，作为河南制造业的头部力量，民营百强企业的创新投入状况整体上反映出河南制造业创新能力不足。

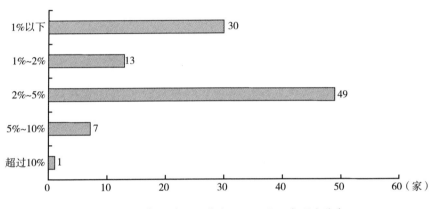

图9 2020年制造业民营企业100强研发强度分布

（四）核心区域带动不够强

近些年，郑州、洛阳作为河南制造业的两大脊梁，上榜企业数量逐年增加，但与发达省份及周边省份相比，郑州、洛阳主副中心城市在制造业发展上的集聚、引领、辐射能力仍显不足。例如，依据"2021江苏民营企业制造业100强榜单"统计，苏州上榜31家、无锡上榜24家；"2021湖北民营企业制造业100强榜单"中，武汉上榜37家、宜昌上榜17家；"2021河北省制造业民营企业100强榜单"中，邯郸入围27家、唐山入围20家、沧州入围17家。由以上数据可以看出，苏州、无锡、武汉、邯郸等地市作为各自省份第一层级的经济强市，制造业民营企业发展势头十分迅猛，相比之下，郑州、洛阳在河南省的制造业绝对优势尚未有效发挥。

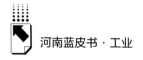
三 推动制造业民营企业高质量发展的几点建议

基于对 2021 年度河南省制造业民营百强企业的分析，以小见大、见微知著，针对数据背后显现的突出问题，就河南制造业民营企业发展提出几点建议。

（一）加强企业梯队培育

制造业民营企业的健康发展需要优秀的企业梯队，尤其是当前市场竞争加剧，新旧动能转换提速，新企业成长速度加快，更要注重企业梯队培育。下一步，应聚焦本土企业竞争力提升与潜能挖掘，深入实施"万人助万企"活动，以政府牵头帮扶纾困打通企业发展的痛点、堵点和难点。一是培育一批头雁引领型企业，提升龙头企业对产业链的整合能力，持续推进"制造业头雁企业培育行动"，大力培育和支持企业上市，支持企业跨区域、跨行业整合资源。二是培育一批"隐形冠军"，支持优势企业聚焦细分行业领域持续开发新产品，始终站在行业前沿，建议对各优势细分行业的"隐形冠军"企业进行梳理，给予重点支持。三是培育一批专精特新小巨人企业，支持中小企业专业化、精细化、特色化、新颖化发展。

（二）加强企业家培养

企业家是企业做大做强的核心力量，河南要着力培育一批具有国际视野、创新思维和产业报国精神的优秀制造业企业家群体。建议实施企业家人才培养计划，重点加大领军型企业家、新生代企业家培育力度。持续实施企业家素质提升工程，探索设立企业家培养专项资金，打造一批企业家专业化培训基地，提高培训层次，全面增强企业家的创新发展、决策管理、资本运作、市场开拓和国际竞争能力，强化对新生代企业家和"企二代"的培训，支持企业家攻读 EMBA。实施豫籍企业家回归工程,吸引豫籍在外企业家人才回乡创新创业,建设一批海归创业港、回乡创业园,搭建企业家回豫创新创业平台。

(三)加强产业链供应链锻造

围绕新兴产业重点培育、未来产业谋篇布局、传统产业转型升级,推行产业链链长和产业联盟会长"双长制",打造一批标志性产业链。重点聚焦装备制造、绿色食品、电子制造、先进金属材料、新型建材、现代轻纺等产业,强化细分领域产业链合理布局、分工协作和融合拓展,巩固提升一批战略支柱产业链。聚焦产业链关键环节,以培育引进引领型企业和高水平创新平台为突破口,围绕新型显示和智能终端、生物医药、节能环保、新能源及网联汽车等产业,全力培育一批新兴产业链。瞄准建设国内大循环重要支点,完善重点产业供应链体系,分行业精准施策,完善跨区域物流配送中心和采购分销网络,打造培育 20 个左右全国供应链领先企业和 2~3 个现代供应链体系全国领先城市。

(四)加强产业资源对接

为企业发展搭建资源对接平台,支持企业做大做强。依托"五区联动""四路协同",打造产业开放高端平台,提高中国(漯河)食品博览会、郑州数字经济峰会、世界传感器大会、洛阳国际机器人暨智能装备展览会等产业平台品牌影响力。搭建创新对接平台,深化产学研合作,支持高等院校、科研院所、龙头企业等联建研发中心,鼓励各地在沿海城市建设创新平台吸引本地企业设立域外研发中心,利用外部创新资源加快企业新产品开发。搭建高端人才对接平台,支持企业吸引高端技术和管理人才。深化产融合作,搭建银企对接平台,鼓励银行创新金融产品,更好发挥产业基金作用,引导各类省级产业基金支持优势企业发展,吸引沿海各类投资基金在河南落地,支持河南企业做大做强。

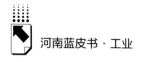

（五）加强企业商业模式创新

引导企业抓住当前需求迭代升级和新业态新模式持续涌现的机遇，大力创新发展模式，支持龙头企业围绕主业上下延伸、左右拓展、跨界整合，深化一、二、三产业融合发展，积极培育服务型制造、产业互联网平台、供应链平台等新业态。支持龙头企业发展平台经济，向中小企业延伸管理链、创新链、资金链，实现大中小企业融通发展。推进制造业数字化转型，分行业制定路线图，打造一批智能化改造标杆企业。推动新型基础设施建设，加大5G、大数据、工业互联网等投资力度，为企业依托信息技术创新发展模式赋能。

（六）加强产业地理格局优化

顺应产业转移和价值链布局规律，积极重塑河南制造产业布局，打造"主副引领、两圈带动、四轴支撑"空间格局，突出郑州国家中心城市和洛阳副中心城市引领作用，推进郑州都市圈、洛阳都市圈聚焦优势、错位发展，培育发展高端制造与战略性新兴产业集群。依托京广、陇海、京九、大湛等沿线布局特色产业集群，提升优势集群全国影响力。支持产业链跨区域协同布局，探索"总部＋基地""研发＋制造""整机＋配套""品牌＋代工"等产业合作模式，提升河南产业链整体竞争力。

（七）加强营商环境优化

对标先进、对接国际，聚焦市场化、法治化、国际化，围绕企业全生命周期深化"放管服效"改革，推广"多证集成、一照通行"改革、"双流程"审批改革、"三十五证合一"改革等经验，推进审批服务"马上办、网上办、一次办、就近办"，着力打造一流营商环境。深入推进"万人助万企"活动，实现规模以上企业、中小微企业、双创团队等各类市场主体全覆盖，建立领导包联、专班服务、督促督办、考评奖惩等机制，把各类惠企政策落实落细。

参考文献

河南省工商联、河南省社科院工业经济研究所：《2021 河南民营企业 100 强调研分析报告》，2021 年 11 月。

全国工商联经济部：《2021 中国民营企业 500 强调研分析报告》，《瞭望》2021 年第 9 期。

B.19

双循环新发展格局下中部地区实体经济
与人力资源协同发展研究*

许卫华　张力仁**

摘　要： 站在"两个大局"的历史交汇点上，习近平总书记提出中国已进入高质量发展阶段，要加快形成以国内大循环为主体、国内国际双循环相互促进的新发展格局。在此背景下，党的十九届五中全会明确提出"必须把发展经济着力点放在实体经济上"，基于人力资源对实体经济的乘数效应及中部地区在双循环新发展格局中的战略腹地地位，本报告对中部地区实体经济和人力资源协调发展状况进行了研究。通过对中部六省2015～2019年的统计数据进行分析，发现中部六省的人力资源与实体经济协调发展度在不断增长，两系统之间可以有效地形成相互促进、协调发展的态势。但是仍然存在产业结构不合理、人力资源投入不足、高层次人才短缺、劳动生产率低下、自主创新能力不强、节能降耗工作任务繁重等问题。在新时代的高质量发展背景下，为实现中部崛起，优化和稳定国内产业链供应链，全面提升我国竞争力和价值链地位，需要全方位加强人力资源建设、多渠道发力实体经济发展、深层次打造现代产业体系生态系统、宽领域加强区域间合作交流、多角度提升绿色发展水平。

---

* 本报告为国家自然科学基金青年科学基金项目"基于治理特殊性的企业基金会自主性研究"（71802072）、河南省社会科学界联合会重点调研项目"时代构建河南特色现代产业体系问题研究"（SKL20193035）阶段性研究成果。

** 许卫华，河南财经政法大学工商管理学院副教授，硕士生导师，研究方向为产业经济、创新管理；张力仁，河南财经政法大学工商管理学院硕士研究生，研究方向为产业经济。

关键词： 双循环新发展格局　实体经济　人力资源　协调发展　中部六省

一　引言

面对世界百年未有之大变局和中华民族伟大复兴的历史性交汇，习近平总书记提出了"我国已进入高质量发展阶段……加快形成以国内大循环为主体、国内国际双循环相互促进的新发展格局"和"必须把发展经济的着力点放在实体经济上"的重要论断，这一论断为我国经济行稳致远指明了努力方向，即未来一段时间我们要把发展的立足点更多地放到国内，实施扩大内需战略，不断壮大实体经济。根据罗默的内生增长模型，人力资源是知识积累和技术进步的源泉，而技术积累及其外部性引起的规模收益递增是经济长期持续增长的主要动力。相关研究也证明人力资源与实体经济的协同具有要素升级效应和同频共振效应。因此我们在实现双循环新发展格局的过程中必须把握好"实体经济"和"人力资源"这两个相辅相成的重要因素：实体经济的发展壮大离不开人力资源的支撑，而实体经济的发展壮大能够推动产业升级、增加有效供给和扩大中等收入群体，从而实现扩大内需，畅通国内大循环的目的，最终形成国内国际双循环的新发展格局。显然，在这一新发展格局中，作为有着较好区位人口资源优势的中部地区，地位可谓举足轻重，因此中部地区实体经济和人力资源的协调发展问题就成为我们需要重点研究的问题。

二　双循环新发展格局下中部地区的战略地位

（一）双循环新发展格局是时势所需

我国已经顺利实现了第一个百年奋斗目标，正式开启全面建设社会主义现代化国家新征程、向第二个百年奋斗目标进军，这标志着我国进入新发展阶段，即我国经济体量与高质量增长已经进入常态化大趋势主导的深入融进全球价值链、产业链和供应链的内生内涵型发展新时代的新阶段。然而进入新发展阶段后，各种内外环境正在发生深刻复杂的变化。

从国内来看，我国已经成为世界第二大经济体、制造业第一大国、货物贸易第一大国，人均GDP突破了1万美元，拥有14亿人口的超大规模内需市场、9亿人口的劳动力队伍、超过4亿人口的中产群体。消费已连续5年成为我国经济增长的第一动力，2019年我国社会消费品零售总额相当于美国的95.7%，中美消费规模差距在逐渐缩小。但我国最终消费占国民生产总值的比重还不到60%，远远低于美国82.38%和日本75.16%的水平，这说明未来我国消费还有巨大的增长空间。"四化"建设快速推进，城镇化率已超过60%。同时，外贸依存度也从2006年的峰值64.5%回落到2019年的35.6%。这些数字足以说明，我国已进入高质量发展阶段，人民对美好生活的要求在不断提高，国内经济体量在逐渐加大，内需对经济增长的贡献在不断提高。外循环拉动我国经济增长的动力减弱，"大进大出""两头在外"的经济增长模式已经难以为继。

从世界范围来看，当今世界正经历百年未有之大变局，不稳定性和不确定性明显增加，近年来，新一轮科技与产业革命加速拓展，保护主义、单边主义、民粹主义等逆全球化暗流涌动，叠加中美贸易战持续发酵和新冠肺炎疫情的蔓延，严重冲击了国际大循环对我国经济发展的拉动力，全球产业链供应链布局将会面临巨大调整。事实已经证明，由于各种非传统、非经济和突发事件的影响，全球产业链供应链受阻或者断裂，甚至演化为对我国经济安全乃至国家安全的重大威胁。

面对当前国内外政治、经济、社会的新变化和新环境，以习近平同志为核心的党中央准确识变、科学应变、主动求变，及时对我国未来发展做出科学论断、战略调整和部署，于2020年5月14日的中共中央政治局常务委员会会议上首次提出，"要深化供给侧结构性改革，充分发挥我国超大规模市场优势和内需潜力，构建国内国际双循环相互促进的新发展格局"，之后构建双循环新发展格局被多次提及。党的十九届五中全会审议通过的《中共中央关于制定国民经济和社会发展第十四个五年规划和二〇三五年远景目标的建议》中再次明确指出，"加快构建以国内大循环为主体、国内国际双循环相互促进的新发展格局"。这既是我们在"两个大局"历史交汇中坚持和发展中国特色社会主义的科学指南，也是实现第二个百年奋斗目标的强大思想理论武器。

（二）双循环新发展格局需把握的关键问题

在省部级主要领导干部学习贯彻党的十九届五中全会精神专题研讨班开班式上，习近平总书记指出：加快构建新发展格局，就是要在各种可以预见和难以预见的狂风暴雨、惊涛骇浪中，增强我们的生存力、竞争力、发展力、持续力。只有立足自身，把国内大循环畅通起来，才能任由国际风云变幻，始终充满朝气生存和发展下去。因此，构建双循环新发展格局的关键在于，立足自身，发挥已有的优势，办好自己的事情，首先确保国内大循环畅通无阻，在此基础上促进国内国际双循环。事实上，大国经济的重要特征就是内需为主导，内部可循环，并以此带动外循环。

不言而喻，为了确保国内大循环畅通无阻，需要更加注意经济循环和空间循环两个方面，也就是说，一方面，要打通价值链上不同产业、不同行业、不同企业、不同环节的要素流动和资源配置的堵点，预防断点，努力构筑一个融合价值链、产业链、供需链和创新链的循环网络体系，引导优质资源流向实体经济，继续深化供给侧结构性改革，增强供给体系的韧性，加快建设现代化产业体系，确保产业链、供应链安全稳定可控，为国内国际双循环夯实动力基础；另一方面，构建国内大循环，必须坚持全国一盘棋，进一步完善商品流通机制，打破区域间资源要素自由流动壁垒，根据各区域的实际情况，准确定位在国内大循环中的地位，构建分工合理、优势互补、和谐共享的区域协同发展与市场一体化的新发展格局。

（三）双循环新发展格局下中部地区的战略腹地地位

过去"两头在外"的国际大循环模式主张东部沿海地区率先发展，曾

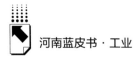
经造就了 2012 年之前的中国增长奇迹，但也带来了我国区域发展不平衡和国内价值链较短的突出问题，这与我国当前新发展阶段高质量发展的要求是不匹配的。

受当前国际上深刻复杂环境变化的影响，东部沿海地区的外向型企业和产业未来的发展都更容易受到严重影响和阻碍。在新冠肺炎疫情突至之初，统计数据显示东部地区绝大多数省份经济发展均是负增长，相比之下中部地区绝大多数省份却表现出正增长的态势。从 2020 年全国 GDP 数据来看，中部六省 GDP 总量均达到 1.7 万亿元以上，河南、湖北和湖南三省 GDP 总量居全国前 10 位，除去河南和受疫情冲击最严重的湖北两省之外，中部地区 66.67% 的省份 GDP 增速均远超全国平均水平，这一比例高于东部沿海地区。事实上，自 2004 年国家首次明确提出"促进中部地区崛起"概念后，中部地区的经济增速一直高于全国平均增速。这些数据表明，在面对重大冲击时，中部地区抵御冲击的能力要强于东部沿海地区。因此，在疫情短期内无法结束的情况下，过去东部沿海"外循环"强势的省份，经济增长依然面临很多的不确定性。而承东启西、南北对接、资源丰富、人口众多的中部地区，有着巨大的市场空间和发展潜力，理所当然地应成为双循环新发展格局中的重要战略腹地，要充分发挥中部地区需求扩大升级的空间外溢性，对接东部沿海地区的产业转移和国内供应链构建，积极承载高端产业和新兴产业，在加快中国产业提升全球价值链地位上发挥更大作用。

但是中部地区存在实体经济与人力资源不匹配问题：一是高端产业不足，导致中部地区实体经济高质量发展所需的高层次人才流失严重，同时也导致中等收入群体比例减少；二是中部地区能源原材料重工业比重较大，实体经济吸纳就业能力不强，这既导致普通劳动力的外向输出，同时也影响整体居民收入水平的提高。因此，中部地区为扩大内需，助推全国区域统筹发展，实现双循环新发展格局，需要练好基本功，大力发展实体经济，及时解决实体经济与人力资源失衡问题，提高实体经济对高端人才和普通劳动力回流的吸纳力。

三　中部地区实体经济与人力资源协同发展现状

（一）实体经济和人力资源协调机制系统

衡量中部地区实体经济和人力资源协调发展的水平，必须通过构建科学合理的指标体系来实现。因此，本报告在充分借鉴已有研究成果并结合中部地区实际情况的基础上，分别确定了人力资源和实体经济的指标体系。其中，对于人力资源的分析主要从人力资源的数量、质量、投入、创新力和发展环境五个方面进行考虑。另外，对于实体经济的分析，需要首先明确实体经济范围，到目前为止，我国学术界对于实体经济范围的界定仍然存在很大的分歧，主要在于第三产业的房地产行业是否属于虚拟经济。成思危和刘骏民较早进行了研究，他们认为不以成本和科技作为价格支撑的是虚拟经济，反之则是实体经济。在此基础上，刘志彪提出以商品和服务的价值作为增值的媒介就是实体经济，反之则是虚拟经济。黄群慧则以排除法来区分实体经济，认为由于房地产行业自身的性质以及作为实体经济的部分已经在建筑业中体现出来，所以把金融业和房地产行业作为虚拟经济，其他的都是实体经济。本报告借鉴了黄群慧教授的实体经济定义，把广义的实体经济定义为除去金融业和房地产行业的所有行业。基于创新、协调、绿色、共享和开放的发展理念，本报告从实体经济总量水平、开放水平、经济结构、绿色发展和创新水平五个方面对实体经济发展水平进行分析。

（二）中部地区实体经济和人力资源协调机制的现实特征

基于中部地区实体经济和人力资源协调机制系统，借助协调发展度模型，即可得到中部地区实体经济和人力资源两个子系统过去五年的协调程度（见图1）。结合相关国内外学者对协调发展度评价标准的研究成果，分析中部地区实体经济和人力资源的协调发展特征。

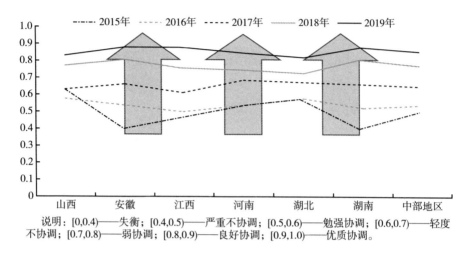

说明：[0,0.4)——失衡；[0.4,0.5)——严重不协调；[0.5,0.6)——勉强协调；[0.6,0.7)——轻度不协调；[0.7,0.8)——弱协调；[0.8,0.9)——良好协调；[0.9,1.0)——优质协调。

图1　2015～2019年中部六省实体经济和人力资源协调发展度

1. 系统协调形态稳步提升

过去五年中部地区实体经济与人力资源系统协调发展度由过去的勉强协调逐渐向良好协调动态调整，不协调区域逐渐减少，良好协调区域不断增加。从图1中可以看出，2017年之前中部地区整体上实体经济与人力资源两个子系统之间都是不协调的状态，之后才逐渐提升为协调状态，这些特征几乎同样适合于中部地区六个省份。这主要得益于2016年国家发展改革委印发的《促进中部地区崛起"十三五"规划》，其中指出"支持武汉、郑州建设国家中心城市，强化长沙、合肥、南昌、太原等省会城市地位。继续做大做强洛阳、宜昌、芜湖、赣州、岳阳等区域性中心城市"，将中部地区定位为"全国重要先进制造业中心、全国新型城镇化重点区、全国现代农业发展核心区、全国生态文明建设示范区、全方位开放重要支撑区"，并提出"发展壮大经济增长极。壮大长江中游城市群和中原城市群，形成南北呼应、共同支撑中部崛起的核心增长地带"。这些措施的制定和实施对中部地区实体经济转型发展和招才引智及劳动力回流等都起到了很大的促进作用。随着长江经济带发展战略及黄河流域生态保护和高质量发展也上升为国家战略，今后中部地区实体经济与人力资源两个系统之间会继续向优质协调发展。

2. 发展不平衡性表现明显

第一，中部地区内部六个省份之间呈现不平衡态势，实体经济和人力资源协调发展度梯队性明显，2019年，湖南、安徽和江西三个省份实体经济和人力资源协调发展度不相上下，明显处于第一梯队，接近于优质协调；而河南、山西和湖北三省的协调发展度则相对稍低，刚刚越过弱协调阶段，处于中部地区的第二梯队。第二，各省份自身发展的不平衡性，如山西在人力资源的投入和发展环境、实体经济的开放水平和经济结构方面在中部地区处于领先地位，但在人力资源的创新力，实体经济的总量水平、绿色发展和创新水平方面有待进一步提高。安徽的各项指标大多处于中部地区的平均水平以上，但人力资源的质量和实体经济的开放水平表现平平。相比人力资源的数量、实体经济的总量水平和创新水平，江西需大力推进人力资源的投入和实体经济的开放水平。目前来看，河南在人力资源投入方面做了大量工作，人力资源质量暂时领先于其他省份，但需注意人力资源的发展环境应与之匹配。得益于湖北优质的教育资源，其突出的人力资源质量和创新力对实体经济的总量水平和创新水平起到了促进作用，但同时也应避免因人力资源发展环境的不完善而可能造成的负面后果。近年来，湖南已经意识到其人力资源数量的短缺对实体经济总量水平和创新水平的影响，所以在人力资源发展环境方面做了大量努力。

3. 子系统之间相互促进调整

纵观过去五年中部地区实体经济和人力资源两个系统的协调发展情况，发现当实体经济发展水平高于人力资源发展水平时，实体经济对于人力资源有明显的促进作用，反过来同样如此，当人力资源发展水平高于实体经济的发展水平时，也会促进实体经济的快速发展。以湖南省为例，2015年其人力资源发展水平远远高于实体经济发展水平，通过人力资源的带动促进作用，2016年湖南省的实体经济发展水平增长率为106.47%，而2016～2019年，其实体经济发展水平开始高于人力资源发展水平，也促使了人力资源进行一定程度的自适应调整，实现了人力资源17.55%的年增长率。这表明实体经济和人力资源两个子系统之间存在相互适应的调整机制，促使两者之间

差距在不断缩小的同时，实现相互促进协调发展的良性循环。但需注意的是中部地区的人力资源子系统在过去五年始终滞后于实体经济子系统的发展速度和水平，也进一步证实了中部地区人力资源的流失现象较为严重。

四　中部地区实体经济与人力资源协调发展的制约因素分析

虽然中部地区实体经济和人力资源协调发展度在不断上升，但也存在产业结构不合理、人力资源投入不足、高层次人才短缺、劳动生产率低下、自主创新能力不强、节能降耗工作任务繁重等问题，成为中部地区实体经济和人力资源协调发展的瓶颈制约。

（一）产业结构不合理

第一，产业结构合理化指数不理想。从过去五年中部地区产业结构升级情况来看，产业结构合理化指数一直处于比较低的水平，2015～2019年，我国的产业结构合理化指数平均值为0.127，而中部地区只有江西省的产业结构合理化指数高于全国水平。按照赛尔奎因与钱纳里的产业结构划分标准，目前来看，除了山西、湖北和湖南，其余省份还处于工业化中期阶段。究其原因在于：大量剩余劳动力聚集于第一产业，劳动生产率低下。制造业的产品结构不合理，处于价值链分工体系的低附加值环节。2019年，中部地区的高技术企业利润只占到全国高技术企业总利润的15%左右，与东部发达地区差距较大。第三产业以传统劳动密集型服务业为主，技术和知识型服务业占比较低。第二，实体经济总量较小，没有形成规模效应，且发展速度较为缓慢。2015～2019年，中部六省的实体经济总量一直徘徊在全国的22%左右，只有安徽和湖北的实体经济年平均增长率略高于全国平均增长率，整体来说，中部地区实体经济发展速度过于缓慢。

（二）人力资源投入不足

本报告对人力资源投入和实体经济总量水平进行了相关性分析，结果证明两者之间有着强烈的正相关关系。但统计数据显示，中部六省人力资源的经费投入主要来自地方财政教育支出，其余来源如国家财政性教育经费支出、社会资本投入、社会捐赠、事业收入、学费等都占比较小，这势必影响人力资源供给的质量和创新力等，继而阻碍实体经济的快速发展。另外，中部六省的科研经费支出主要来自企业内部，政府层面的资金支持力度不足，尤其是基础研究经费投入占比更小，这与国内发达地区相比，无论在绝对数据还是相对数据上均存在很大差距，从国家统计局、科学技术部和财政部联合发布的《2019 年全国科技经费投入统计公报》中也可以看出，中部六省的 R&D 经费投入强度均在国家平均值以下，只有湖北、安徽和湖南三省份稍微接近国家均值 2.23%，江西、河南和山西与均值相差甚远。

（三）高层次人才短缺

中部地区虽有着充足的人力资源数量，但人力资源的供给质量偏弱。总体来看，截至 2019 年底，中部地区的人力资源总量已经超过 37200 万人，占全国人力资源总量的 26.6%。一方面，受人力资源投入不足等因素的影响，中部地区人力资源的受教育程度普遍较低，其中初中及以下学历的人数占比高达 64.3%，而本科及以上学历的人数仅占 6.9%。同时中部地区高等教育毕业生人数存在区域分布不均衡现象，2019 年，河南省高等教育毕业生人数占据中部地区的 27.60%，而山西省仅为 9.5%。从高层次的硕士研究生及以上学历的人力资源来看，湖北占比为 1%，而河南和江西仅为 0.4%。另一方面，受经济发展水平高、工作科研环境好、政策支持力度大等因素的影响，东南部地区对中部地区的人才"虹吸效应"现象严重，导致中部地区大量人才外流严重，这也是造成中部地区高层次人才短缺的一个重要原因。

（四）劳动生产率低下

全员劳动生产率是评价一个地区劳动力的技术水平、经营管理水平、技术的熟练程度以及劳动时间的综合指标，可以反映一个地区的经济运行质量。效率工资理论认为全员劳动生产率与工资水平存在正相关关系。纵观过去五年中部地区城镇职工平均工资的水平数据，不难解释为什么2019年全员劳动生产率除湖北省略高于全国水平115009元/人之外，其他省份都远远低于全国水平。人均GDP在一定程度上也能反映一个国家或地区劳动生产率的高低，2019年中部地区仅湖北省人均GDP高于全国平均水平，其余五省都与全国平均值相差甚远。而中部地区劳动生产率低下的因素是多重的：中部地区大量人才外流导致未能充分发挥第一波人口红利带来的优势。目前，中部地区人口老龄化逐渐加重，适龄劳动力比例不断降低，人力资源质量低下，技术改造不到位，体制机制改革滞后等问题普遍存在，这些因素综合起来势必影响中部地区实体经济的高质量发展和人才的回流。

（五）自主创新能力不强

从创新投入来看，2019年，中部地区的R&D投入强度分别是：山西1.1%、安徽2.0%、江西1.6%、河南1.5%、湖北2.1%、湖南2.0%。中部六省的R&D投入强度均低于2.2%的全国平均水平。与发达地区相比差距比较大，落后于北京（6.3%）、上海（4.0%）、天津（3.3%）、广东（2.9%）、江苏（2.8%）、浙江（2.7%）等地区。加之人力资源投入不足和人才流失，综合造成中部地区创新链缺乏竞争力，难以对研发和创新活动形成一定的支撑。从创新产出来看，2019年中部地区申请我国国内专利授权数为373134件，仅占全国申请数的15%，其中发明专利授权数为49650件，仅占全国的14%。技术市场成交合同金额为2860.2亿元，仅占全国的13%。规模以上工业企业新产品销售收入为42617.3亿元，仅占全国的20%。对于创新主体来说，面临创新动力不足和创新效益不明显的问题，这也是在近两年的中美贸易战中，一些企业在核心技术、关键零部件和软件等方面受制于人的重要原因。

（六）节能降耗工作任务繁重

过去五年中部地区实体经济发展过程中能源消费虽有下降势头，但节能减排任务依然严峻，这也是影响中部地区实体经济高质量发展的一个重要因素。2017 年中部地区一般工业固体废物产生量为 86656 万吨，综合利用量为 47887 万吨，综合利用率仅为 55%，尤其山西和江西的综合利用率更低，分别是：山西 35.7%，江西 37.2%。远远低于天津（98.9%）、上海（94%）、浙江（94.2%）、江苏（94.1%）等地区。废水排放总量为 1540621 万吨，占全国废水排放量的 22%。废气排放总量为 612.8 万吨，占全国废气排放量的 21%。相比之下，中部地区进行污染治理的投资情况却不容乐观，2017 年工业污染治理完成投资费用为 1645872 万元，仅占中部地区 GDP 的 0.09%。这显然与双循环新发展格局提倡的"两山"和"后花园"的经济发展要求有不小差距。

五　双循环新发展格局下深化中部地区实体经济与人力资源协同发展的对策建议

我国经济发展的新征程已经开启，面对前所未见的上述国内外深刻环境变化，以习近平同志为核心的党中央提出了双循环新发展格局和大力发展实体经济的新目标新任务新要求，处于国家战略腹地地位的中部地区，为应对实体经济和人力资源协调发展过程中面临的挑战，需把握好以下几点。

（一）全方位加强人力资源建设

大量研究表明，人力资源的数量、质量、结构、配置等是影响科技创新和实体经济高质量发展的主要因素。

第一，建立多元化的人力资源投入格局。鉴于中部六省的人力资源储备现状，应努力构建政府、社会、企业、高校、科研院所和个人等多主体共同参与、协同发力的人力资源投入格局，丰富人力资源投入的形式，提高教育和科研经费的占比。各地区应因地制宜地激发各主体的投入热情，在基础教育和科研配套方面国家财政经费支出依然是主要来源。进一步加大社会对人力资源的投入，减少信息不对称造成的人力资源的浪费。作为创新和增加社会财富的主体，企业要想提高自身竞争力获得更多的竞争优势，人力资源投入是必不可少的基础和支撑。高校和科研院所是提高人力资源水平的主阵地，更应在提高教育水平、科研创新水平方面发力。与北上广深及东部发达地区相比，中部六省的个人人力资源投入意识相对较为薄弱，因此，下一步要重视个人对人力资源的投入力度，包括提高自身素质来提高竞争力，从而获得更好的工作岗位或者进行岗位的变换。通过建立多元化的人力资源投入格局，积极拓宽人力资源投入渠道，合理配置投入资源，促进人力资源与实体经济的匹配和协调发展。

第二，提高人力资源质量。随着技术进步和产业结构的变化，中部地区的劳动力已经由绝对过剩转变为结构性过剩，低质量的人力资源随处可见，具有专业技能的熟练工、高级技工以及高级管理人才，尤其是熟练掌握5G、人工智能、大数据、物联网、云计算等新技术的人才严重不足。因此，建议中部地区，一方面，丰富内部人力资源质量提升方式，可以采取重点发展职业教育、技术培训、师带徒培养模式、机器人部分替代等手段；另一方面，充分借助外部机构的力量，如发挥人力资源服务机构的培训、引进作用，探索人才质量提升的PPP模式、区域合作的"飞地模式"等。

第三，促进高层次人才回流。已有的研究劳动力迁移的推拉理论认为，个体职业发展机会及经济是影响人才流动的两大主要因素。因此，为应对东南部地区对高层次人才的虹吸现象，中部地区应致力于全方位优化发展环境，尽快形成引育并重的高层次人才体系。一是结合区域经济发展需求，加强顶层设计，根据高层次人才的成长规律和职业发展要求，健全和完善外部人才引进和建设的体制机制，构建科学规范、引育并重、运行高效的人才发展治理体系。二是充分重视内部潜在人才的储备，中部地区高校众多，仅6个省会城市就有300多所高校，如中国科学技术大学、武汉大学、湖南大学、郑州大学等，充分营造尊重人才、有利于人才成长和施展才干的良好用人环境对减少人才流失至关重要。同时，充分发挥外部引进高层次人才的"鲶鱼效应"，激发内部潜在人才市场的活力。三是通过做好做强自身产业，为人才施展才智、创造价值提供平台和机会，实现中部地区对人才的吸引力和区域经济发展相互促进。

第四，完善劳动力合理配置机制，促进实体经济与人力资源之间的快速精准匹配。一方面，政府可以借助数字化技术及各种平台，帮助企业进行精准招工，促进人力资源的最优配置，减少人力资源与用工企业之间的摩擦。鉴于人力资源市场中"零工经济"市场逐渐扩大，建议中部地区加强以人工智能、区块链、云计算和大数据为代表的数字化技术与劳动力相结合，降低企业用工成本，促进实体经济高质量发展。另一方面，政府通过制定相关支持与引导政策和措施，如支持企业建设博士后科研工作站，邀请专家、博士、毕业生建立精准帮扶团等，以引导人力资源与实体经济的供需对接。

（二）多渠道发力实体经济发展

第一，以数字经济赋能实体经济高质量发展。中部地区应紧跟时代步伐，大力推进数字技术、云计算、人工智能、互联网、物联网等信息技术和实体经济的深度融合，帮助企业实现实时感应、大数据分析、科学决策、智能化制造和定制化服务，促使实体经济生产组织模式、商业经营模式等优化创新。发展数字经济、共享经济、分享经济、网络经济等，培育新增长点，形成新动能，探索新业态新模式。通过构建数字产业链和数字产业集聚区等加快对传统产业进行生产方式重塑和价值重构，继续深化供给侧结构性改革，强化龙头企业的带动效果，积极培育细分行业或市场的"小巨人"企业和"单项冠军"企业，提升实体经济的质量效益，为扩大内需提供高质量的匹配产品和服务。

第二，抓住新基建提速机遇，助力实体经济转型升级。党的十九届五中全会明确要求"系统布局新型基础设施"，尤其以5G基站、特高压、城际高速铁路和城际轨道交通、新能源汽车充电桩、大数据中心、人工智能、工业互联网为重要阵地，新基建已俨然成为我国经济发展的重要动力，有利于激发更多新需求、创造更多新业态、创新更多新技术，为双循环新发展格局提供硬件保障。因此，中部地区应在"十四五"期间抢抓新基建建设窗口期，深刻把握国家战略发展方向，结合自身产业基础和现状，系统推进新型基础设施建设，发挥好各地政府引导和支持作用，凝聚多方力量共同发力。加强中部六省之间和其他省份之间的区域合作，支持共性技术研发平台的建设和分享，避免重复建设和资源浪费。

第三，内外兼修，积极融入双循环新发展格局。未来"十四五"期间，中部地区应牢牢把握好这一经济发展的主基调，利用好国内国际两个市场、两种资源。一方面，做好整体部署规划，充分依托国内以及中部地区完整的工业体系、超大规模市场优势，培育和挖掘内需市场潜力，提高生产能力、完善配套能力、改革收入分配制度，在继续进行供给侧结构性改革的同时注重需求侧管理，构建完整的内需体系。另一方面，进一步发挥中部地区的区位优势和比较优势，继续推进更高水平对外开放，坚持走出去和引进来相结合，深度参与"一带一路"建设，对标对表国际营商环境标准，积极发挥河南自贸区、湖北自贸区等各类开放平台作用，打造内陆开放新高地，加强高精尖等短板技术的引入合作，推动中部地区优质产能和装备走向国际大市场，努力做到把品牌和技术打出去。

（三）深层次打造现代产业体系生态系统

产业体系是经济体系的子系统和双循环新发展格局经济高质量发展的基础和柱石，没有现代产业体系支撑，就难以实现高质量发展，难以构建新发展格局。因此，中部地区要尽快构建现代产业体系，必须打造基于价值链、企业链、供需链、空间链和创新链融合发展的现代产业体系生态系统，确保产业链、供应链安全稳定可控。这就需要，识别价值链上各环节的价值增值活动，提高附加值和新价值。推进企业链上大中小企业上下游分工的有序协同，激发各节点企业的活力，培育能成为核心节点的优势企业和链主企业。确保供需链的连接性效率与安全均衡，并注意知识流的动态调整和优化。做好各区域空间链布局的集聚与扩散协调，注意产业链在空间维度上形成良好的划接和分工，避免地区产业雷同现象。各地区应从全产业链角度梳理产品和技术的堵点和痛点，瞄准关键核心技术特别是"卡脖子"问题，加快技术攻关，激发各创新主体的活力，明确其在创新链不同环节的功能定位，促进创新链和产业链的高效对接融通。很显然，现代产业体系生态系统打破了传统产业链上下游线性关联，取而代之的是各节点之间的非线性网络化交互协作，这能够增强产业链应对未来各种复杂性、不确定性的韧性和柔性。

（四）宽领域加强区域间合作交流

构建新时代双循环新发展格局，基于区域协同发展的国内统一大市场是前提。为更好地发挥中部地区战略腹地的带动效应，一方面，需要加强中部地区与环珠江湾区、环长江湾区、环渤海大湾区、长江经济带等发达地区的全面对接，提高晋陕豫黄河金三角、安徽皖江、湖南湘西等产业转移示范区建设水平，在此基础上，继续谋划布局建设一批新的承接产业转移示范区，促进中部地区承接产业转移、原材料和能源供应加工等方面取得新突破，开展更深层次交流合作。另一方面，中部地区山水相连、省情相似、资源相近、使命相同、困难相近，因此也必须打破中部地区内部体制障碍和制度壁垒，加强省际合作联动。借力国家相关战略布局，尤其是国家专门针对中部地区的特殊领域、特殊项目、特殊政策等，谋划中部区域一体化发展方向和设计，结合各省份自身实际情况和资源禀赋，合理分工，优势互补，点面对接，错位发展，避免重复建设、过度竞争。除旅游、交通之外，进一步拓宽合作领域，特别是战略性新兴产业、现代服务业、生态建设等领域。充分发挥长株潭城市群、武汉城市圈、皖江城市带、环鄱阳湖城市群、中原城市群、太原城市群和郑州、武汉国家中心城市的辐射带动作用，加强产业、要素、资源、信息等在地区间的流动、关联和共享。

（五）多角度提升绿色发展水平

党的十九届五中全会再次明确提出：促进经济社会发展全面绿色转型，建设人与自然和谐共生的现代化。显然，绿色发展已成为我国新发展理念的核心，即国内国际双循环都需要绿色发展。因此，未来中部地区的战略布局要以"保护为先、适度开发"和"两山"理论为指导，打造可持续发展的空间新载体。一是积极对接和深度融入国家相关战略，如黄河流域生态保护和高质量发展，鄱阳湖、洞庭湖生态经济区和汉江、淮河生态经济带建设等，处理好经济发展和资源环境之间的关系，综合考虑自身产业结构现状和要素资源优势，因地制宜地制定本区域产业结构绿色高质量发展的对策。如中部地区是我国的粮食主产区，亟须构建政府主导、人民响应的生态环境保护体系解决现代农业因滥施化肥和农药、滥用地膜等现象导致的农业生态环境遭到破坏问题。另外，中部地区的第二产业仍以重工业为主，且处在价值链的底端，附加值低，环境污染重，应积极推进数字化转型以提高资源利用效率，夯实创新基础，加快培育新兴产业，从而实现高质量协调发展。二是进一步推动人力资源和实体经济的协调发展，通过加大人力资源的投入，丰富人力资源质量提升形式，加大精准教育培训力度，为现代产业体系结构的优化转型升级和绿色高质量发展提供人力资源储备。三是坚持绿色发展的系统观和整体观，要从产业链上的价值链、企业链、供需链、空间链、创新链及产品全生命周期各个环节的角度去判断某一产业是否绿色环保，即该产业能否提高产业链、价值链等整体的生态效率，以构建实体经济与绿色环保协调发展的指标体系为指引，从而确定区域内实体经济绿色发展的着力点和方向。四是加强环境规制，在当前"以国内大循环为主体"的双循环新发展格局的背景下，中部各省份应深刻领会中央经济工作会议提出的做好2021年经济工作的指导方针及"十四五"期间国家经济产业规划的重点方向，科学分析区域主导产业的同时，应考虑"碳达峰""碳中和""单位GDP碳排放量"等环境容量约束指标，充分发挥市场机制在促进各生产要素优化配置中的作用。

参考文献

Romer P. M，"Increasing Returns and Long-Run Growth," *Journal of Political Economy*，1986，94（5）：1002 – 1037.

农春仕：《加快人力资源与实体经济协同构建现代产业体系》，《现代经济探讨》2020 年第 8 期。

郭先登：《论"双循环"的区域经济发展新格局——兼论"十四五"及后两个规划期接续运行指向》，《经济与管理评论》2021 年第 1 期。

高培勇：《从全局高度准确把握和积极推进构建新发展格局》，《经济日报》2021 年 1 月 18 日，第 1 版。

刘志彪：《建设实体经济与要素投入协同发展的产业体系》，《天津社会科学》2018 年第 2 期。

张宽、黄凌云：《贸易开放、人力资本与自主创新能力》，《财贸经济》2019 年第 12 期。

纪雯雯、赖德胜：《人力资本配置与中国创新绩效》，《经济学动态》2018 年第 11 期。

成思危：《虚拟经济与实体经济》，《中国经济快讯》2003 年第 14 期。

刘骏民：《虚拟经济的理论框架及其命题》，《南开学报》2003 年第 2 期。

刘志彪：《扭转实体经济与虚拟经济的严重失衡》，《新华日报》2015 年 6 月 19 日。

黄群慧：《论新时期中国实体经济的发展》，《中国工业经济》2017 年第 9 期。

Solow R. M. ，"Another Possible Source of Wage Stickiness，" *Journal of Macroeconomics*，1979，1（1）：79 – 82.

李静、楠玉：《人力资本错配下的决策：优先创新驱动还是优先产业升级?》，《经济研究》2019 年第 8 期。

吴君杨：《打造数字科技与经济发展深度融合的"新实体经济"》，《中国党政干部论坛》2020 年第 12 期。

姚星、倪畅：《构建现代产业发展新体系的战略选择研究》，《中州学刊》2015 年第 5 期。

钟茂初：《从"双循环"新发展格局视角推进绿色发展》，《人民政协报》2020 年 12 月 29 日，第 3 版。

区域篇

Regional Articles

B.20

郑州市工业经济发展态势研究

吴忠阳　巫怀民　王　凯　马丹锋*

摘　要：　2021 年是"十四五"规划开局之年，也是郑州加快实施《郑州市制造业高质量发展三年行动计划（2020—2022 年）》的关键之年。一年来，郑州市深入贯彻落实习近平总书记关于河南、郑州重要讲话和批示指示精神，积极践行省委、省政府赋予郑州"国家队"、国际化、出重彩、成高峰和打造"四个高地"使命要求，锚定"两个确保""十大战略"，聚焦制造业高质量发展主攻方向，深入开展"万人助万企"活动，大力实施产业链推进机制，加快小微企业园布局建设，着力推动灾后重建和复工复产，向国家先进制造业高地建设迈出坚实步伐。

---

* 吴忠阳，郑州市工业和信息化局党组成员、调研员，研究方向为工业经济；巫怀民，郑州市工业和信息化局二级调研员，研究方向为工业经济；王凯，郑州市工业和信息化局法规处处长，研究方向为工业经济；马丹锋，郑州市工业和信息化局法规处副处长，研究方向为工业经济。

关键词： 工业经济 企业服务 高质量发展 郑州

2021 年以来，郑州市坚持以习近平新时代中国特色社会主义思想为指导，深入学习贯彻习近平总书记关于河南、郑州重要讲话和批示指示精神，认真落实楼阳生书记在郑调研指示和郑州国家中心城市建设工作汇报会要求，按照省委工作会议、市委工作会议有关部署，聚焦制造业高质量发展主攻方向，深入开展"万人助万企"活动，积极实施产业链推进机制，认真落实高质量项目招商"125 计划"，加快推进小微企业园布局建设，着力推动灾后重建和复工复产，奋力打造国家先进制造业高地。

一 郑州工业经济形势分析

（一）工业生产运行平稳

1~8 月，规模以上工业增加值同比增长 15.8%，分别高于全国、全省 2.7 个、7.2 个百分点，增速在 35 个大中城市中排名前 10，较上年同期提升 8 个位次，在全省居第 1 位。两年平均增长 8.6%，分别高于全国、全省两年平均增速 2 个、4.9 个百分点。

（二）主导产业贡献突出

1~8 月，电子信息、汽车及装备制造、新型材料、现代食品、铝加工制品、生物医药六大工业主导产业同比增长 20.1%，拉动全市规模以上工业增长 15.8 个百分点，对全市工业增长贡献率达 99.9%，较上年同期提高 16 个百分点。电子信息、生物医药、铝加工制品同比增长 42.5%、25.6%、20%，对全市规模以上工业增长起到较强支撑作用。

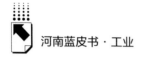

（三）产业结构持续优化

1~8月，规模以上制造业同比增长17.9%，占规模以上工业比重为88%。战略性新兴产业增加值同比增长29.9%，占规模以上工业比重达到40.3%。六大高耗能产业增加值同比增长6.4%，占规模以上工业比重为30.5%。

（四）项目投资稳步推进

1~8月，工业投资同比增长8%，占固定资产投资比重达到13.1%。两年平均增长14.6%，分别高于全国、全省两年平均增速10.8个、8.8个百分点。其中，高技术产业投资同比增长5.7%。新签约亿元以上制造业项目110个，总签约额为1138.6亿元。

（五）融合创新加速赋能

2021年以来，建成5G基站3267个（累计达到21233个），新增"上云"企业8000家（累计达到4.1万家）、"接链"企业1800家（累计达到4637家）。新培育中铁装备等16家省级工业设计中心（企业）、安图生物等6家省级质量标杆企业。1~8月，高技术产业增加值同比增长44.6%，占规模以上工业比重达到27.2%；部分新产品增长较快，新能源汽车产量增长35.8%、工业机器人增长37.9%、智能电视增长1.6倍。

（六）中小企业加快发展

小微企业园建设开局良好，遴选小微企业园重点监测项目107个，其中新建（含谋划）园区45个、在建园区34个、改造提升园区28个，已纳入工业固定资产统计库项目41个。1~8月，中小企业增加值同比增长6%，规模以上工业中小企业增加值同比增长15.5%。全市中小企业数量突破21万家，从业人员超过266万人。

二 郑州工业经济面临的机遇

（一）强化举措稳运行

一是突出重点抓好监测调度。坚持县处级干部分包联系 16 个板块工作机制和工业经济运行分析月例会制度，加强重点区域工业生产、项目投资、绿色环保、发展安全、要素保障等工作指导和帮助，召开全市工业经济运行分析会 7 次。紧盯市级 66 家龙头企业和区县（市）级 30/20 强企业，抓好重点企业运行监测和预判预警，及时发现和协调解决苗头性、倾向性问题。二是做实平台强化企业服务。推动"万人助万企"活动与"三送一强""企业家接待日""四项对接"活动融合开展，组织 5084 名助企干部走访 11789 家企业，召开各级各类座谈会、推进会、协调会 5430 场次，筛选梳理问题 7880 个，目前已解决 2289 个，建立健全企业、问题、干部 3 个数据库，制定完善惠企政策、工作任务、要素保障 3 张清单，建立并推进领导包联、专班服务、督促督办、考评奖惩 4 套机制，助推产业高质量发展。三是培育企业夯实产业基础。制定实施企业培育、企业服务年度专案，研究制定《郑州市人民政府办公厅关于支持高技术高成长高附加值企业高质量发展的实施意见》，开展产业培育专项月度督查评比，建立完善龙头、"三高"、"四转"、重点招商等四类企业培育库，在库企业达 6615 家，推动工业企业新增入库 93 家。落实《河南省制造业头雁企业培育行动方案（2021—2025 年)》，郑煤机、中铁装备、宇通客车、明泰铝业等 17 家企业（含巩义）入选，新天科技、遂成药业、正星科技、新昌铜业等 23 家企业（含巩义）入库培育。

（二）调整结构促升级

一是制定政策增强引导作用。按照楼阳生书记来郑调研指示精神和省委工作会议要求，完善提升《郑州市"十四五"先进制造业发展规划》《郑州市工业用地布局规划》。印发实施新一代人工智能、智能传感器、软件信息技术服务业、5G 及北斗等新兴产业发展规划。研究制定主导产业升级、工业结构调整、制造业数字化转型等系列配套文件。推动出台《郑州市人民政府办公厅关于建立重点产业链工作推进机制的通知》和新一代人工智能等 10 个新兴产业链、装备制造等 5 个传统优势产业链现代化提升方案，形成制造业高质量发展政策支撑体系。二是深化措施推进综合评价。推动出台《关于持续推进工业企业分类综合评价优化要素配置的若干措施》，积极打好用地、用能、用水、环保、排污、财政、信贷等政策"组合拳"。持续推进工业企业"亩均论英雄"分类综合评价，利用大数据平台完成 8858 家工业企业参与评价（规上 2170 家、规下 6688 家），加强评价结果运用，利用倒逼机制，加快企业转型升级。三是淘汰落后产能推动绿色发展。摸排全市水泥、碳素、砖瓦窑、电解铝、铸造、造纸、钢铁等行业落后产能，持续推进城乡接合部产业结构优化，推动中泰水泥 1 家重污染工业企业转型转产。组织对比克电池、三全食品等 16 家重点用能工业企业开展节能监测诊断服务，组织河南中钢再生资源有限公司申报工信部废钢铁加工规范企业、郑州方铭高温陶瓷新材料有限公司申报《国家工业资源综合利用先进适用工艺技术设备目录（2021 年版）》，完成 8 家国家绿色工厂复核验收。1～8 月，单位工业增加值能耗同比下降 17%。

（三）狠抓项目强投资

一是强化招商蓄积产业动能。印发实施制造业开放招商年度专案，组织绘制 12 个产业链招商图谱和路线图，落实高质量项目招商"125 计划"，举办"走进 500 强企业"专项招商活动，深化京津冀、长三角、粤港澳等重点区域招商活动。1～8 月，签约战略性新兴产业项目 62 个，签约额为 875.1 亿元，分别占总项目数、总签约额的 56.4% 和 77.3%，项目质量显著提升。富士康智能装备研发和生产基地、智能手机摄像头模组生产项目、中兴 5G 微基站和智慧杆塔集成项目、上汽集团云计算软件中心等重大项目顺利签约，制造业招商引资工作保持良好势头。二是抓实项目加快工业投资。认真落实全省重大工业项目调度电视电话会议精神，建立重大工业项目调度机制，统筹推进年度投资 922 亿元的 855 个重大工业和信息化项目，163 个省、市重点项目累计完成投资 232.6 亿元。河南东微半导体芯片材料等 226 个新建项目开工建设；奥克斯空调生产基地等项目顺利推进；富泰华 5G 智能手机精密机构件一期、凌达压缩机变频技术改造等 104 个项目建成投产。三是突出重点推进三大改造。加快 78 个智能化改造项目、185 个绿色化改造项目、263 个技改项目建设。1～8 月，工业技改投资占工业投资的比重达到 41.4%。

（四）创新发展促融合

一是推动企业提升创新能力。印发 2021 年工业企业科技创新工作专案，组织宇通客车和正星科技申建国家工业设计中心、奥特科技等 4 家企业申建国家制造业单项冠军、新天科技等 3 家企业申建国家质量标杆企业，组织河南省智能传感器创新中心积极创建省级制造业创新中心，组织郑煤机等 3 家企业复核国家技术创新示范企业。二是加快融合赋能企业发展。出台《郑州市加快工业互联网发展实施方案（2021—2023）》，中机六院国家工业互联网平台创新应用推广中心项目完成方案设计，省移动等 8 家省级工业互联网平台培育项目加快实施。推动郑煤机等 4 家企业、索凌电器等 10 家企业申建国家服务型制造示范企业、新一代信息技术与制造业融合发展试点示范。引入中机六院、联通等 3 家智能制造诊断服务商，围绕耐材、食品与生物医药、装备制造等行业开展工业诊断服务。实施国防科技工业"卡脖子"关键技术攻关项目 10 个。三是补齐短板发展数字产业。印发软件信息产业高质量发展年度方案，加快实施华为、APUS Group、浪潮总部、紫光、创新科、中软国际、统信软件等一批数字经济产业项目，推进软件开发、信息技术服务、信息安全等产业加快发展。1～8 月，规模以上软件和信息技术服务业营业收入预计同比增长 38% 左右。

（五）做实平台聚企业

一是健全机制强化政策支撑。推动出台和组织实施《关于加快小微企业园高质量发展的实施意见》《郑州市小微企业园认定评价办法（试行）》

和年度工作要点。抽调骨干力量组成专班，建立市直部门、区县（市）联络员和信息报送等制度，建立小微企业园重点项目库，按"五个一"机制组织推进项目实施，形成推进小微企业园建设工作合力。二是明确标准加快项目建设。聚焦新开工小微企业园20个以上的年度目标，围绕小微企业园占地面积等标准，梳理筛选一批小微企业园重点建设项目。目前，中兴产业园二期、智能传感谷启动区等17个项目已开工，临空生物医药产业园、新郑市中德产业园等一批在建项目进展顺利，新密市服装创意园、登封市智能家居小微企业园等一批改造提升项目有序推进。三是强化对接破解突出难题。积极收集园区建设中存在的问题，建立工作台账，解决一项，销号一项。召开重点工作周调度会、专项工作成员单位协调会和经验交流会，解决园区推进中各类问题200余件。组织各开发区、区县（市）工信部门及部分新开工小微企业园到温州、杭州考察学习，进一步拓宽建设推进思路。组织区县（市）及小微企业园集中观摩高新区亿达（郑州）科技园、上街区奥克斯小微企业园、新郑市中德产业园、航空港区临空生物医药产业园，分享建设经验。组织市自然资源规划局、市住房保障局研究制定《郑州市小微企业园规划管理技术规定（初稿）》。多次召开金融支持小微企业园建设座谈会，组织郑州银行、宁波银行、郑州农业担保股份有限公司等金融机构就如何为小微企业（园）提供精准金融服务进行座谈交流，组织国开行河南分行拟定《关于以机制合作模式融资支持郑州市小微企业园的方案》，探索建立"统贷统还"的长期低息贷款模式，郑州银行已与28个小微企业园开展融资合作，提供信贷支持78亿元。

（六）强化服务优环境

一是兑现政策减轻企业负担。加快落实《河南省支持企业加快灾后重建恢复生产经营十条措施》《郑州市加快市场经营主体复工复产促进经济平稳运行工作方案》，加大资金、用工、用能等要素保障力度。抓好《郑州市支持企业加快灾后重建复工复产二十条措施》等惠企政策落实，积极组织2021年市级制造业高质量发展政策专项资金申报，持续清理民营企业、中小企业拖欠账款，协调解决省清欠办交办和审计署驻郑办转办问题线索 30 余条，做到件件有着落、事事有回音。二是加强培育提升企业家素能。持续实施优秀企业家领航计划，修订《郑州市优秀企业家领航计划实施细则》，初选 73 名领军型企业家和 348 名成长型企业家。联合厦门大学、浙江大学、云南大学等国内知名高校举办全市优秀企业家领航计划专题研修班 3 期，参训企业家累计超过 500 人次，着力提升郑州市广大企业家战略管理和领导能力。落实"2021 招才引智专项行动"，联合浙江大学举办第三届郑州市优秀企业家领航计划论坛，邀请太原理工大学党委书记郑强做专题报告，郑州市 600 余名企业家参会。三是市县联动强化"四项对接"。2021 年以来，市、县两级共举办产销、银企、用工、产学研"四项对接"活动 163 场，签约产销对接协议资金 71 亿元，发布用工需求 3000 多个，收集 127 家企业融资需求 41.22 亿元。建立全市优质企业和重大项目融资"白名单"，组织 197 家企业和 59 个项目进入名单，实施重点金融支持。落实《郑州市"钜惠夏季·火热中原"促消费专项活动实施方案》，开展汽车、家电促消费活动，带动销售本地车 930 辆，兑现乘用车、家电等生产企业补助资金 3300 万元。

（七）严抓安全强提升

一是聚焦重点狠抓系统安全。印发 2021 年安全生产工作要点，严格落实"三管三必须"要求，坚持安全生产月通报制度，强化安全生产培训，常态化开展安全生产督导，盯紧汛期关键节点，抓好安全生产稳定及隐患排查整治，有效压实开发区、区县（市）属地管理责任和企业主体责任。2021 年以来，组织督导工业企业 3387 人次。二是强化举措加强煤炭监管。研究制定《郑州市煤矿智能化建设三年行动方案（2021—2023 年)》，积极推动 30 万吨/年及以下煤矿关闭退出，强化煤矿雨季"三防"，落实煤矿企业双重预防体系建设，累计实现综采煤矿 41 家、综掘煤矿 30 家，已建成智能化采面 1 个，在建智能化采面 2 个、智能化掘进面 5 个。三是搭建载体助推中小企业发展。持续实施"两个健康""一联三帮"保企稳业专项行动，组织 42 家企业申报省重点"小巨人"企业，推荐 229 家企业获评省级"专

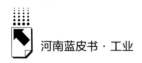

精特新"中小企业。组织 12 家企业申报国家中小企业公共服务平台、10 家机构申报国家小型微型创业创新示范基地。评审认定 42 家"市级中小企业公共服务示范平台"、25 家"市级小微企业创业创新示范基地"。

三 郑州工业经济发展的对策建议

郑州市将持续贯彻习近平总书记关于河南、郑州重要讲话和批示指示精神，按照省委书记楼阳生在郑调研讲话指示要求，率先推动"两个确保""十大战略"，努力当好"国家队"、提升国际化，加快打造国家先进制造业高地。

（一）坚持目标导向，构建现代产业体系

大力发展以高素质劳动力为支撑的高新技术企业，打造电子信息"一号"产业，力争"十四五"末期达到 8000 亿规模。抢抓新能源及智能网联汽车、氢燃料电池汽车示范城市的机遇，换道领跑，力争"十四五"末期达到 2000 亿元。大力培育新兴产业，推动传统优势产业改造嫁接，前瞻布局未来产业，提高经济发展质量。专班推进"10 + 5 + 3"重点产业链，加快高新技术产业引进培育和集群打造。围绕上下游、关键环、中高端强化、全链条培育、全流程服务，促进产业链、供应链、创新链、要素链、制度链深度耦合。"十四五"末期，全市战略性新兴产业占比达到 40% 以上。统筹制造业发展和生态保护，深化"亩均论英雄"，实施创新引领、领跑者、提升三大行动，打好政策"组合拳"，出清煤炭、耐材、水泥等低效产能，单位工业增加值能耗在"十三五"时期下降 41% 的基础上每年再下降 4%，绿色制造对"双碳"战略支撑效应更加凸显。

（二）突出"三个一批"，着力推进项目落地建设

坚持"项目为王"，突出主导产业、新兴产业定位，瞄准长三角、珠三角、京津冀头部企业、产业链核心企业开展定向招商、以商招商。围绕省、

市重点先进制造业项目、新兴产业链重点项目和新谋划的重大工业项目，专班推进、逐月调度，强化问题办理、要素保障，推动一批重大工业和信息化项目顺利完成，确保工业投资高于全国、全省平均水平。大力推进新技改行动，滚动实施500个"三大改造"项目，开工、续建、竣工项目各200个以上，技改投资占工业投资50%以上。

（三）突出主体培育，着力稳定工业经济比重

加大培育扶持力度，健全联系服务机制，加强重点监测分析，着力培育100家龙头企业，支持领办特色园区。实施"三高""四转"专项政策，推动2000家"三高"企业高速增长和高质量发展，力争规模以上工业企业实现利润翻番。增强开发区产业发展承载功能，补齐县域产业发展短板，助推县域经济"成高原"。着力打造32个核心板块、60个小微企业园等承载平台，联动推进行业指导和要素支撑，构建高质量发展空间体系。鼓励市内五区和郑东新区重点发展"都市型工业""楼宇经济"新业态，支持6县市和上街区推动传统优势产业加大研发投入，优化服务体验，打造新商业模式，引导航空港区、高新区和经济开发区引进培育新产业，加快形成新的经济增长点。狠抓以"万人助万企"为引领的系列企业服务活动。落实灾后重建、复工复产、促进消费和稳企纾困各项政策，推动政策资金直达企业。充分发挥211个工作组作用，着力解决7880个影响企业发展的瓶颈难题。依托"郑好有"线上产销对接平台、中小企业成长指数服务平台、中部就业网、产学研融合平台，举办"四项对接"200场以上，帮助企业拓市场、破瓶颈、解难题。

（四）聚力数字赋能，着力提升数字经济水平

加快构建以通信网络为基础、以数据和计算设施为核心、以融合基础设施为突破的新型数字基础设施体系，推动5G网络和产业发展，打造"5G+智能制造"、自动驾驶等10个应用场景，"十四五"末期建成5G基站4万个。围绕龙头企业建设"工业大脑"，支持企业深度上云，推动区块链在生

产制造、产品溯源、供应链金融、数字政务等领域应用，"十四五"末期实现规模以上企业全覆盖。加快智能终端、软件和信息技术服务业等数字经济核心产业发展，壮大网络安全、传感器、人工智能、北斗导航等特色优势产业，分行业推进制造业数字化转型，强化数字经济叠加倍增效应，聚势赋能制造业高质量发展，努力打造国家先进制造业高地，为国家中心城市现代化建设做出积极贡献。

参考文献

张川、许加慧、段英杰、郭泽君：《新时代背景下黑龙江省制造业高质量发展研究》，《商业经济》2021 年第 2 期。

赵爱英、牛晓霞、沈子兰：《我国制造业高质量发展的难点及其路径》，《西安财经大学学报》2020 年第 6 期。

吕铁、刘丹：《制造业高质量发展：差距、问题与举措》，《学习与探索》2019 年第 1 期。

B.21
以推动制造业高质量发展
重振洛阳工业辉煌

赵站伟　郝爽*

摘　要： 洛阳工业发展历史悠久，基础良好。近年来在中央和省级政策的引导下，充分发挥自身专长优势，促进工业发展提质增效，在强化设计、完善措施、明晰制造业发展路径、优化结构、转型升级、加快制造业动能转换、创新驱动、强化攻关、提升制造业创新能力等方面持续发力，取得了显著的成效，工业经济持续保持平稳运行态势，动能转换结构优化成效明显，重点产业运行良好，企业效益水平显著提升。未来要继续从形成集聚发展格局、强化创新引领理念、提升科技研发水平等方面重点着手，重振洛阳工业辉煌。

关键词： 高质量发展　工业　洛阳

　　洛阳，作为"一五"时期全国8个重点建设的工业城市之一，工业门类齐全、主导产业突出，近年来坚持以制造业高质量发展为主攻方向，奋力构建全国先进制造业基地，连续三年荣获国务院工业稳增长和转型升级成效明显督查激励，为全省唯一入围城市。2021年9月底召开的洛阳市第十二次党代会，提出坚持以创新引领发展，建强副中心、形成增长极，在现代化

---

* 赵站伟，洛阳市工业和信息化局局长，研究方向为工业经济；郝爽，洛阳市工业和信息化局运行监测协调科科长，研究方向为工业经济。

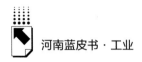

建设新征程中重振洛阳辉煌的奋斗目标，制造业作为洛阳的"当家产业"，在重振洛阳辉煌中发挥着重要的产业引领作用，必须把传统产业改造升级、新兴产业重点培育、未来产业谋篇布局贯通起来，继续以推动制造业高质量发展凝聚起重振洛阳工业辉煌的奋进力量。

一　洛阳工业发展态势

2021年以来，全市牢固树立"项目为王"和"店小二"理念，深入开展"万人助万企"活动，不断优化企业发展环境，2021年1～8月，全市规模以上工业增加值同比增长7.3%，较2019年同期增长9.2%，工业生产平稳增长，新动能加快成长，效益指标持续向好，制造业高质量发展动能强劲。

先行指标支撑有力。洛阳市积极克服疫情、汛情等不利因素，前三季度工业用电量同比增长7.7%，工业增值税同比增长42.6%，货运周转量居全省第二位，金融机构贷款余额同比增长约10%，相关先行指标反映工业经济运行平稳。

七成行业保持增长。2021年1～8月，全市39个大类行业中，29个保持增长，增长面达74.4%，23个增速高于全市平均水平，医药制造业、汽车制造业、电气机械业和器材制造业等行业增长较快。

动能转换结构优化。2021年1～8月，高技术制造业、六大高成长性制造业增加值同比分别增长27.5%、10.2%，分别高于规模以上工业增速20.2个和2.9个百分点。主导产业不断扩大存量优势，新兴产业积极拓展增量空间。

重点企业运行良好。2021年1～8月，60家重点工业企业产值同比增长31.4%，实现利润同比增长234.2%，17家产值增速超过50%，49家实现盈利。重点企业所涵盖的装备制造、新材料、高端石化、电子信息、新能源、生物医药等产业产值同比增长33.2%、23.5%、40.7%、52.2%、63.6%、14.8%，不断发挥对工业生产的带动作用。

效益水平显著提升。2021年1～8月，全市规模以上工业实现利润总额同比增长 93.2%，分别高于全国、全省 43.7 个、79.7 个百分点，利润总额居全省第一位，利润增速居全省第二位，利润率达 6.2%，高于全省 1.3 个百分点。39 个大类行业中 25 个实现盈利，规模以上工业企业经济效益持续提升，竞争力不断增强。

二 洛阳市推动制造业高质量发展的生动实践

洛阳市深入贯彻习近平总书记"把制造业高质量发展作为主攻方向"的重要指示，认真落实中部崛起、黄河流域生态保护和高质量发展等重大国家战略，统筹推动制造业转型发展、创新发展、融合发展、绿色发展、开放发展"五大攻坚行动"，助推制造业高质量发展，奋力挺起制造业脊梁。

一是强化设计、完善措施，明晰制造业发展路径。市委、市政府开展前瞻性研究部署，完善智能制造和工业互联网、大数据、电子信息、新能源等产业发展政策体系，为制造业高质量发展绘就蓝图。在顶层设计上，以建设全国重要的先进制造业基地和现代服务业基地为目标，以构建现代产业体系为牵引，研究出台《洛阳市推进制造业高质量发展行动方案》《洛阳市加快5G 发展深化应用引领行动计划（2020 年—2025 年）》《洛阳市制造业产业链"链长制"工作方案》等一揽子配套制度，分领域绘制产业链图谱，不断完善政策体系。在推进措施上，坚持传统产业改造升级与新兴产业培育壮大"双轮驱动"、高端制造业与高端服务业"双高引领"、城区经济与县域经济"双向发力"、国有经济与民营经济"双赢并进"，着力拓展制造业高质量发展路径。在产业布局上，形成专业产业园区梯次发展格局，着力推动产业集群发展。"十三五"以来，全市制造业增加值年均增长 10%。

二是优化结构、转型升级，加快制造业动能转换。把实施产业基础再造工程作为制造业高质量发展的必由之路，着力提升产业基础高级化、产业链现代化水平，加快迈向产业链和价值链中高端。在提升产业基础能力上，围绕高端化、智能化、绿色化方向，2017 年启动实施"三大改造"以来，累计改造企业 1863 家，推动全市规模以上工业企业实现"三大改造"全覆盖。累计建成国家级智能制造试点 40 个、省级智能车间（工厂）56 家、省级以上绿色工厂 33 家，全市单位工业增加值能耗较"十二五"末下降40.5%，成功创建国家工业资源综合利用基地、产业转型升级示范区。在优化产业发展结构上，坚持"双轮驱动"，建立 15 个制造业重点产业"链长制"，突出补短板锻长板，在产业上下游、左右链上精准施策，工业 CT、特种机器人补齐先进装备制造产业链发展短板，60 万吨工业三苯项目助力打造炼化一体的高端石化产业链，56Gbps 高速连接器、8 英寸硅抛光片进一步完善电子产业链条。在促进产业质效提升上，助力优势产业不断向产业链高端迈进，形成 3 个千亿级产业集群，新兴产业快速壮大，六大高成长性制造业、高技术产业增加值"十三五"期间年均增长 11.8%、15.7%。

三是创新驱动、强化攻关，提升制造业创新能力。实施创新发展攻坚行动，着力打通"四个通道"，促进"四链融合"，加强关键核心技术攻关，创新实施"河洛英才计划"，制造业创新能力稳步提升。在研发投入上，2020 年全市研发投入同比增长 20.3%；研发投入强度达 2.8%，分别高出全国、全省 0.4 个和 1.16 个百分点，连续两年超过全国水平，连续三年居全省第一位。在创新载体建设上，全市拥有创新主体 2026 家、创新平台2132 个，分别较"十二五"末增长 113%、127%。高新技术企业达 755 家，数量占全省总量的 12%，增加值占全市工业的 46%。制造业创新中心建设全省领先，国家农机装备创新中心成为全国第 12 家、河南唯一一家国家级制造业创新中心，研发出国内首台 5G + 氢燃料电动拖拉机等一批创新成果。在创新成果上，一批关键技术和产品不断取得重大突破，石化工程公司煤化工技术开发及应用项目获国家科技进步一等奖；LYC 高铁轴承、中航光电高速连接器等 9 个项目入选国家工业强基示范项目；河柴重工柴油机等 115个项目入选国家、省首台（套）重大技术装备；8 英寸单晶硅片、工业 CT、分子筛等产品打破国外垄断；平视显示器、轴承、钛合金球壳等"洛阳制造"广泛应用于大飞机、蛟龙、天宫等大国重器。

四是项目发力、园区集聚，推动制造业集群发展。深入贯彻落实省委、省政府"项目为王"理念，研究出台新一轮"三大改造"和产业集群招商培育方案，推动更大范围更高水平"三大改造"，打造优质产业集群。在项目建设上，开展工业项目建设百日攻坚行动，紧盯新建项目开工和续建项目投产两个重点，持续加强企业服务，加快建设总投资 2543.2 亿元的 586 个制造业高质量发展项目，2021 年 1～8 月，291 个项目开工建设，92 个项目竣工投产。在对外交流合作上，积极承接产业转移项目，累计到位省外资金 371.6 亿元，在建项目 211 个，竣工项目 64 个。在服务项目融资上，搭建企业与投资机构对接平台，协助洛阳制造业高质量发展基金共对接、储备项目 230 余个，预审通过项目 47 个，立项项目 29 个。在园区提质增速上，印发新型产业园区建设推进方案和考核评价办法，召开建设工作推进会，促进园区建设全面提速。2021 年 1～8 月，新型产业园区实施重点项目 64 个，完成投资 104.7 亿元。格力中央空调日产规模达 1.9 万台，冰箱洗衣机项目全面开工；新能源汽车产业园完成整车销售 264 台、全年确定订单 3749 台；高端装备制造产业园佛光发电特种电能源和高端装备制造基地一期项目满产；绿色建材产业园完成规划初稿，筑友绿色建筑科技园、六建路桥装配式建材项目开始试生产；中原节能环保产业园总体规划、启动区详细规划编制完成，产业园一期实质性开工。

五是模式创新、产业融合，增强制造业内生动力。把融合作为制造业高质量发展的"催化剂"，着力提升制造业能级。在新型基础设施建设上，建成开通 5G 基站 4238 个，省内率先实现县城及以上地区和 3A 级以上景区 5G 网络全覆盖，洛钼集团 5G＋智慧矿山、中国一拖 5G＋智能工厂等创新应用场景入选国家示范工程。在制造业与数字经济融合上，培育国家级工业互联网试点项目 2 个、省级工业互联网培育平台 5 个，全市上云企业达 8900 余家；"1＋6"工业互联网平台上线运营，建成全省首个国家工业互联网标识解析二级节点，标识注册量、解析量分别突破 160 万、300 万条。在制造业与现代服务业融合上，积极鼓励服务型制造业发展，一拖集团、中航光电等优势企业加快从产品供应商向系统解决方案服务商转型，中信重工成功创建国家级服务型制造示范企业，中钢洛耐院建成国家级产业技术基础公共服务平台，中航光电等一批行业龙头企业发展成为全球系统解决方案供应商。

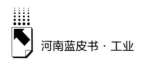
"工业设计之都"启动建设，中信重工、拖研所获评国家级工业设计中心。

六是服务企业、纾难解困，激活制造业主体活力。树牢"店小二"理念，坚持优化服务、培优育强，以优质服务激发企业活力。在服务企业上，扎实开展"万人助万企"活动，从市、县两级筛选出149家重点企业，组建帮扶专班，一企一策加强服务保障，建立走访对接、问题办理、专题调度等工作机制，帮助企业破解用工、用地、融资等难题，推动企业最大限度释放产能、提高效益，2021年前三季度，共协调解决企业反映问题2336个，开展创业创新辅导、投融资支持、法律咨询援助等服务活动535场（次），服务企业6405家（次）。在培育企业上，构建大中小企业梯次发展格局，超千亿企业实现零突破，遴选87家高成长性企业推动"十四五"期间实现规模倍增，建龙微纳等45家"隐形冠军"企业产品在全国行业细分领域市场占有率位居前列。在助力中小企业发展上，开展"中小企业管理提升"行动，以制度规范化、管理精益化、生产智能化、发展绿色化、厂区园林化、文化特色化建设为重点，选出六化建设标杆企业26家，组织对接服务1650人次，培训企业管理人员800余人；开展"河洛茶叙"活动，倡导全市企业家学习贯彻习近平总书记在企业家座谈会上的重要讲话精神，争做"五有"企业家。

三　重振洛阳工业辉煌的基础优势

洛阳工业历经七十余年发展，新中国成立后"集中力量办大事"，实现从无到有的数量之变；改革开放以来"大刀阔斧破藩篱"，实现从慢到快的效率之变；新时代"转型升级谋振兴"，实现从有到好的质量之变。重振洛阳工业辉煌的基础优势不断厚积，洛阳市有信心也有能力，完成省委、省政府赋予的"建强副中心、形成增长极"历史重任，努力成为引领全省发展的核心引擎。

一是显著提升的战略定位创造了发展空间。洛阳市"十三五"期间经济总量突破5000亿元，在全国地级以上城市排名由"十二五"末的第49位上升至第45位，与此同时，促进中部地区崛起、推动黄河流域生态保护和高质量发展等国家战略交汇叠加，自创区、自贸区等国家级平台落地建设，省委、省政府支持洛阳建设副中心、打造都市圈，洛阳在全国、全省大局中的地位更加凸显。

二是持续深化的转型升级夯实了发展基础。洛阳市连续三年被国务院表彰为工业稳增长和转型升级成效明显市，"一五""二五"时期的十大厂矿"老树发新芽"，新材料、新能源等产业"新树结硕果"，制造业占全市经济总量保持在1/3左右。

三是不断增强的创新能力提升了发展能级。全市高技术产业增加值占规模以上工业比重由"十二五"末的31.7%提高至43.3%，研发投入强度由1.79%提高至2.8%，居全省第一位，深层次改革和高水平开放取得新突破。

四是日新月异的城市面貌优化了发展氛围。"十三五"期间，洛阳市高速、快速、立交等交通基础设施建设实现历史性突破，在中西部地区非省会城市率先进入"地铁时代"，游园、乐道、城市书房等成为城市新名片，5G网络、集中供热等的覆盖面大幅提升，以老旧小区和城中村改造为抓手的城市有机更新成效明显，城市综合承载力显著增强，成为一座宜居宜业的现代化城市。

四　重振洛阳工业辉煌的实现路径

以推动制造业高质量发展重振洛阳工业辉煌，要坚持以创新引领制造业发展，把科技创新和产业升级统筹起来，抢抓国内国际分工体系重塑的机遇，在更大范围内配置优质资源，加快构建优势互补、共赢发展的制造业高质量发展新格局，为重振洛阳工业辉煌奠定坚实基础。

一是形成集聚发展格局。推动产业集聚是重振洛阳工业辉煌的必由之路。立足洛阳现有产业基础，围绕装备制造、新材料、石油化工等主导产业，着力延链补链强链，打造农机、轴承、机器人、铝钛、耐火材料、精细化工、光电子器件、光伏、节能环保等产业集群。面向未来市场前沿需求，聚焦储能与氢能、关键战略材料、生物制品与健康服务、大数据与智能机器人等领域，着力培育新的产业集群。高水平建设新型产业园区，加快建设伊滨科技产业新城，打造环都市区先进制造业产业带，为产业集聚搭建平台。扎实开展"万人助万企"活动，推动传统产业高端化、智能化、绿色化、服务化改造，推动骨干企业增资扩产，提升优质企业核心竞争力和辐射带动能力。坚持"项目为王"，常态化开展"三个一批"活动，建立健全项目直接落地机制，做好全流程服务，以源源不断的项目建设为产业集聚提供有力支撑。

二是强化创新引领理念。突出创新引领是重振洛阳工业辉煌的核心要求。在创新主体培育方面，实施高新技术企业倍增行动，推动规模以上工业企业实现创新活动全覆盖，健全科技型企业"微成长、小升高、高变强"梯次培育机制，让更多企业加快成长为高新技术企业；实施孵化育成体系建设行动，高水平建设一批科技孵化载体、研发中试基地、科技产业社区，推动科技创新成果就地就近转化，培育壮大科技型中小微企业集群。在产学研用对接方面，充分发挥自创区的龙头作用，着力激发大院大所大企业的创新活力，不断完善科技研发体系、转化体系、服务体系，建立以企业为主体的产学研用金一体化科技研发机制，把创新真正落实到产业上。

三是提升科技研发水平。提升科研水平是重振洛阳工业辉煌的动能源泉。在研发平台建设方面，实施研发平台扩量提质行动，深度嵌入国家战略科技力量体系，加快建设国家农机装备创新中心，积极创建国家轴承产业创新中心、现代制造河南实验室，引进和培育一批新型研发机构，组建体系化、任务型创新联合体，优化科研力量布局，更好服务企业创新发展。在科研能力建设方面，实施高水平大学建设行动，支持河南科技大学创建"双一流"大学，支持驻洛高校围绕洛阳产业发展设置学科专业、建设创新平台，引进和建设一批与洛阳产业契合度高的产业学院、研究生院，提升科技创新源头供给能力。在核心技术攻关方面，实行"揭榜挂帅"等制度，实施一批重大科技专项，攻克一批关键核心技术和"卡脖子"难题。在科研要素保障方面，实施科技金融深度融合行动，高效运营天使基金、创投基金、"科技贷"等科技金融产品，为科技创新提供全周期金融服务；实施创新人才队伍建设行动，引进和培养一批高层次人才和急需紧缺专业人才，健全人才激励和保障机制，实行柔性引才模式，聚天下英才而用之。

四是提高产业共建能力。开展产业共建是重振洛阳工业辉煌的重要抓手。加强洛阳都市圈产业协作，推动洛济焦、洛巩、洛涧、洛汝产业带建设。聚焦主导产业上下游、左右链，精准开展产业链招商、驻点招商、基金招商，吸引更多高成长性企业落地洛阳。加强与京津冀、长三角、珠三角地区的战略合作，在矿山机械、高端轴承等装备制造优势领域，着力集聚研发、生产等环节优质资源，确保占据中高端；在新兴前沿领域，探索实施"科技研发在沿海、生产制造在洛阳""龙头企业在沿海、配套园区在洛阳"等合作共建模式，支持洛阳企业跨区域设立研发中心、营销中心，更好实现牵手互动、借势发展。实施"洛企出海"行动，鼓励优势企业高水平"走出去"，更好利用国际国内"两个市场""两种资源"，加快形成参与国际经济合作和竞争新优势，让"洛阳制造"成为"中国制造"盛名远扬的"金质名片"。

参考文献

刘晓慧：《河南省制造业高质量发展的困境与出路》，《商业经济》2020 年第 2 期。

张纪：《提升洛阳城市向心力 构建区域协同新机制》，《洛阳日报》2020 年 5 月 22 日，第 9 版。

张纪：《基于产业视角的洛阳经济发展研究》，中国经济出版社，2017。

B.22

"十四五"时期许昌工业实现
跨越式发展分析与思考

张廷山　曹洪涛　刘梦娣*

摘　要： 回顾"十三五"时期，许昌工业发展成效明显，规模以上工业企业蓬勃发展、行业龙头骨干企业成长迅速、"633"产业结构优化提升，是拉动和支撑全市经济发展的重要力量。展望"十四五"时期，许昌将进一步解放思想，牢固树立"项目为王"理念，动真碰硬抓项目，以项目建设"加速跑"推动经济发展"撑杆跳"，在项目建设、招商引资、集群培育和产业链条打造、内外联动发展、创新和转型升级上加大力度。通过建立"五个一"工作机制、倡树"以结果论英雄"导向、争取上级层面超常规支持、持续优化发展环境等为"十四五"时期许昌工业实现跨越式发展目标提供保障。

关键词： 工业　"十四五"时期　跨越式发展　许昌

"十四五"时期是许昌市实现高质量发展、谱写新时代中原更加出彩篇章的关键时期。近期，河南省委、省政府主要领导对许昌发展做出重要指示，希望许昌拉高标杆，力争"十四五"期间实现经济社会的跨

---

* 张廷山，许昌市工业和信息化局党组成员，研究方向为工业经济；曹洪涛，许昌市工业和信息化局运行办主任，研究方向为工业经济；刘梦娣，许昌市工业和信息化局运行办副主任，研究方向为工业经济。

越式发展。工业作为拉动和支撑许昌经济发展的重要力量，应该也必将为实现"十四五"时期许昌经济跨越式发展做贡献。经过对"十三五"末期许昌工业状况的深入调研、量化分析，对存在问题的原因剖析，对"十四五"时期许昌工业跨越式发展的深入思考、认真研讨，形成以下分析与思考。

一 2021年许昌市规模以上工业发展结构量化分析

这里主要从规模以上工业企业、行业龙头骨干企业、"633"产业结构三个维度来分析许昌市规模以上工业发展现状和主要特点。

（一）从规模以上工业企业来分析

一是从规模以上工业企业的县域分布来看，前三分别是长葛市、禹州市、建安区。2021年，全市共有规模以上工业企业1569家。长葛市最多，有566家，占总数的36.07%；其次是禹州市，有471家，占总数的30.02%；第三名是建安区，有195家，占比为12.43%。其他县（市、区）依次为：襄城县101家，占比为6.44%；鄢陵县94家，占比为5.99%；魏都区53家，占比为3.38%；开发区51家，占比为3.25%；示范区24家，占比为1.53%；东城区14家，占比为0.89%。二是从规模以上工业企业的产值总量和占比来看，除了示范区因为烟厂总量较大、鄢陵县因为企业规模总体偏小，占比与其县区拥有的企业数量略有不匹配之外，其他县（市、区）规模以上工业企业的数量与其企业产值、占比在全市的位次基本吻合。2021年，全市1569家规模以上工业企业实现产值4595.69亿元，贡献最大的前三个县（市、区）分别是：长葛市1770亿元，占比为38.52%；禹州市1321亿元，占比为28.75%；建安区456.87亿元，占比为9.94%。其他依次是：襄城县394.73亿元，占比为8.59%；魏都区281.86亿元，占比为6.13%；示范区173.14亿元，占比为3.77%；开发区112.09亿元，占比为2.44%；鄢陵县67.88亿元，占比为 1.48%；东城区 17.94 亿元，占比为 0.39%。三是从规模以上工业企业规模来看，大中小梯次结构比较明显。1569 家规模以上工业企业中，超 50 亿元企业 10 家，占规模以上工业企业总数的 0.6%；超 10 亿元企业 55 家，占规模以上工业企业总数的 3.5%；超 5 亿元企业 184 家，占规模以上工业企业总数的 11.7%；超 1 亿元企业 685 家，占规模以上工业企业总数的 43.7%；2000 万元到 1 亿元之间的企业 884 家，占规模以上工业企业总数的 56.3%。可见，许昌企业大中小梯次结构的特点非常明显。

（二）从行业龙头骨干企业来分析

一是从行业龙头企业创造的产值来看，前 100 强企业的产值超过规模以上工业产值的一半。全市主营业收入前 100 强企业数量占全市规模以上工业企业总数的 6.37%，实现产值 2448.67 亿元，占全市规模以上工业产值的 53.28%。全市主营业收入前 200 强企业数量占全市规模以上工业企业总数的 12.75%，实现产值 3045.14 亿元，占全市规模以上工业产值的 66.26%。全市主营业收入前 300 强企业数量占全市规模以上工业企业总数的 19.12%，实现产值 3469.57 亿元，占全市规模以上工业产值的 75.50%。也就是说，前 300 强企业，以不到全市规模以上工业企业总数 1/5 的数量，创造的产值超过全市规模以上工业产值的 3/4。二是从行业龙头企业的县域分布情况来看，企业主营业务收入前 100 强、200 强、300 强分布最多的县（市、区）依然是长葛市、禹州市、建安区。前 100 强企业的县域分布情况是：长葛市 36 家，禹州市 33 家，建安区 14 家，示范区 5 家，襄城县 4 家，魏都区 4 家，鄢陵县 2 家，开发区 2 家，东城区 0 家。前 200 强企业的县域分布情况是：禹州市 92 家，长葛市 60 家，建安区 25 家，襄城县 6 家，示范区 5 家，魏都区 5 家，开发区 4 家，鄢陵县 2 家，东城区 1 家。前 300 强企业的县域分布情况是：禹州市 142 家，长葛市 90 家，建安区 38 家，襄城县 9 家，示范区 6 家，魏都区 5 家，开发区 6 家，鄢陵县 3 家，东城区 1 家。

（三）从"633"产业结构来分析

一是从"633"产业总体情况来看，新一代信息技术、高端装备制造、新材料、生物医药、新能源及网联汽车、节能环保六大新兴产业规模以上工业企业总数为524家，占全市规模以上工业企业总数的33%；装备制造、食品、发制品三大优势产业规模以上工业企业总数为705家，占全市规模以上工业企业总数的43%；建材、化工、轻纺三大传统产业规模以上工业企业总数为487家，占全市规模以上工业企业总数的26%（注：因同一个企业有多个产品，多个产品隶属多个产业，故在企业的产业分类和产值统计方面有交叉现象，下同）。将"633"产业的各个产业之和换算成百分比结构来分析，六大新兴产业产值为2559.87亿元，占比为44.3%；三大优势产业产值为1985.45亿元，占比为34.3%；三大传统产业产值为1239.64亿元，占比为21.4%。二是从"633"产业县域分布和产业规模的具体情况来看，体量最大的是长葛市，长葛市共有企业551家，占全市总数的35.12%，产值为1935.15亿元，占比为42.11%；其次为禹州市，禹州市共有企业591家，占比为37.67%，产值为1857.81亿元，占比为40.43%；其他依次为：襄城县共有企业112家，占比为7.14%，产值为701.03亿元，占比为15.25%；建安区共有企业209家，占比为13.32%，产值为553.65亿元，占比为12.05%；魏都区共有企业56家，占比为3.57%，产值为378.31亿元，占比为8.23%；开发区共有企业80家，占比为5.10%，产值为171.24亿元，占比为3.73%；示范区共有企业30家，占比为1.91%，产值为124.83亿元，占比为2.72%；鄢陵县共有企业62家，占比为3.95%，产值为51.14亿元，占比为1.11%；东城区共有企业13家，占比为0.83%，产值为11.86亿元，占比为0.26%。三是从六大新兴产业来看，体量最大的是长葛市，长葛市共有企业218家，占全市总数的13.89%，产值为1190.88亿元，占比为25.91%；其次为禹州市，禹州市共有企业211家，占比为13.45%，产值为712.87亿元，占比为15.51%；其他依次为：襄城县共有企业35家，占比为2.23%，产值为341.31亿元，占比为

7.43%；魏都区共有企业 7 家，占比为 0.45%，产值为 159.59 亿元，占比为 3.47%；示范区共有企业 7 家，占比为 0.45%，产值为 53.03 亿元，占比为 1.15%；开发区共有企业 18 家，占比为 1.15%，产值为 39.63 亿元，占比为 0.86%；建安区共有企业 14 家，占比为 0.89%，产值为 30.73 亿元，占比为 0.67%；鄢陵县共有企业 10 家，占比为 0.64%，产值为 29.81 亿元，占比为 0.65%；东城区共有企业 2 家，占比为 0.13%，产值为 2.07 亿元，占比为 0.05%。四是从三大优势产业来看，体量最大的是禹州市，禹州市共有企业 212 家，占比为 13.51%，产值为 631.19 亿元，占比为 13.73%；其次为长葛市，长葛市共有企业 235 家，占全市总数的 14.98%，产值为 552.9 亿元，占比为 12.03%；其他依次为：建安区共有企业 100 家，占比为 6.37%，产值为 341.83 亿元，占比为 7.44%；魏都区共有企业 30 家，占比为 1.91%，产值为 180.17 亿元，占比为 3.92%；开发区共有企业 40 家，占比为 2.55%，产值为 103.68 亿元，占比为 2.26%；襄城县共有企业 34 家，占比为 2.17%，产值为 89.89 亿元，占比为 1.96%；示范区共有企业 23 家，占比为 1.47%，产值为 71.8 亿元，占比为 1.56%；鄢陵县共有企业 23 家，占比为 1.47%，产值为 10.42 亿元，占比为 0.23%；东城区共有企业 4 家，占比为 0.25%，产值为 3.58 亿元，占比为 0.08%。五是从三大传统产业来看，体量最大的是禹州市，禹州市共有企业 168 家，占比为 10.71%，产值为 513.75 亿元，占比为 11.18%；其次为襄城县，襄城县共有企业 43 家，占比为 2.74%，产值为 269.83 亿元，占比为 5.87%；其他依次为：长葛市共有企业 98 家，占全市总数的 6.25%，产值为 191.37 亿元，占比为 4.16%；建安区共有企业 95 家，占比为 6.05%，产值为 181.09 亿元，占比为 3.94%；魏都区共有企业 19 家，占比为 1.21%，产值为 38.55 亿元，占比为 0.84%；开发区共有企业 22 家，占比为 1.4%，产值为 27.93 亿元，占比为 0.61%；鄢陵县共有企业 29 家，占比为 1.85%，产值为 10.91 亿元，占比为 0.24%；东城区共有企业 7 家，占比为 0.45%，产值为 6.21 亿元，占比为 0.14%；示范区共有企业 0 家。

二 "十四五"时期许昌工业实现跨越式目标设定

（一）比重测定

围绕许昌市"十四五"末期实现 GDP 在 2020 年底的基数上（3449 亿元）翻一番的目标，全市 GDP 总量在 2025 年底要达 6900 亿元，接近 7000 亿元关口，按照 7000 亿元核算。参考 GDP 超过 7000 亿元的徐州市、常州市、大连市、烟台市四个周边城市的产业结构现状，结合许昌市产业发展实际，到 2025 年，许昌市第二产业在三次产业结构中的占比设定为 50% 左右比较合理。（徐州市：2020 年徐州市实现 GDP 7319.77 亿元，第二产业增加值为 2931.61 亿元，三次产业结构比为 9.8∶40.1∶50.1。常州市：2020 年常州市实现 GDP 7805.3 亿元，第二产业增加值为 3616.2 亿元，三次产业结构比为 2.1∶46.3∶51.6。大连市：2020 年大连市实现 GDP 7030.4 亿元，第二产业增加值为 2815.2 亿元，三次产业结构比为 6.5∶40∶53.5。烟台市：2020 年烟台市实现 GDP 7816.42 亿元，第二产业增加值为 3192.39 亿元，三次产业结构比为 7.3∶40.8∶51.9。）

比较可见，经济越发达，生产力越先进，工业在 GDP 中的比重越低，第三产业在 GDP 中的比重越高。徐州、常州、大连、烟台四个城市，第二产业占比均小于 50%，第三产业占比均超过 50%。因此参考上述四个 GDP 超 7000 亿元的城市产业结构，许昌市"十四五"末 GDP 达 7000 亿元，第二产业占比在 50% 左右较为科学，第三产业占比应有较大提升空间，第一产业在稳定当前规模的前提下适量增长，初步测算许昌市"十四五"末期三次产业结构比为 4∶50∶46 较为科学。

（二）规模测定

根据第二产业和工业占比，测算"十四五"时期许昌工业的发展速度和"十四五"末期工业增加值的总量。按照许昌市"十四五"末期 GDP 达到 7000 亿元、三次产业结构比为 4∶50∶46 测算，许昌市第二产业增加值总量在"十四五"末期应达到 3500 亿元，工业增加值总量略低于第二产业，按照 3300 亿元测算（其中规模以上工业 3250 亿元，规模以下工业 50 亿元），许昌市工业要想实现"十四五"末跨越式发展目标，"十四五"时期规模以上工业增加值五年净增加 1634 亿元。

三 "十四五"时期许昌工业实现跨越式发展的重点任务

围绕"十四五"时期工业跨越式发展目标，下一步，应进一步解放思想，牢固树立"项目为王"理念，动真碰硬抓项目，以项目建设"加速跑"推动经济发展"撑杆跳"。重点要在以下四个方面加大工作力度。

（一）在项目建设和招商引资上加大力度

强化投资拉动、项目带动，着力抓好具有乘数效应的龙头项目、引领项目。首先，进一步做好重大项目谋划。目前许昌市已经谋划的总投资超 50 亿元的重大项目有 3 个，分别是许昌生物医药产业园项目、许昌远东传动轴股份有限公司汽车传动系智能制造产业园项目和襄城 30GW 太阳能电池片超级工厂项目，特别是 30GW 太阳能电池片超级工厂项目计划投资超过百亿元，达到 120 亿元。另外，10 亿~50 亿元的重点项目有 69 个。下一步要继续做好超 10 亿元、超 20 亿元、超 50 亿元重大项目的谋划工作，确保重大项目建设长流水、不断线，接力建设、接续发展。其次，进一步完善项目推进机制。按照"清单化管理、图表化推进、模板化跟踪、机制化落实"和市委、市政府"通知单、催办单、问责问效单""三单制"的工作要求，建立健全全市重大工业项目半月调度、会议推进、项目观摩、定期督查通报的工作机制，各县（市、区）参照省、市两级做法，建立专班推进，确保重点工业项目落地见效。做好项目审批服务，加快项目落地开工速度。做好要素保障，围绕企业用电、用气、用水、排污等各环节，主动靠前服务，做好项目融资的专项政银企对接活动。最后，进一步加大招商引资力度。创新方式方法，做好招大引优工作。认真落实全市招商引资行动计划，画好"四张图谱"，坚持大员招商，筹备好全国各地的各类集中招商活动。聚焦鲲鹏计算、新材料、生物医药、新能源等新兴产业，完善产业链招商图谱，吸引产业链核心企业和上下游配套企业落户。

（二）在集群培育和产业链条打造上加大力度

实践证明，无论是企业的竞争还是产业的竞争，最终都必须靠集群的优势、整体产业链条的优势才能胜出。"十四五"时期，许昌工业要想在全国各地都在强调集群培育和打造产业链条的竞争态势中脱颖而出，也必须重视和加大这方面的工作力度。首先，通过集群培育和产业链条打造，盘活工业存量。"十四五"时期许昌市着力打造六大千亿级产业集群（电力装备、节能环保装备及服务、再生金属及制品、新一代信息技术、硅碳先进材料、新能源及网联汽车），六大千亿级产业集群将成为许昌市工业跨越式发展的主要增长极。上述六大千亿级产业集群，"十四五"末产值规模可达6000多亿元，新增增加值可达1200亿元，为全市工业快速增长提供了可靠动力，为工业跨越式发展注入强劲新增动能。其次，通过集群培育和产业链条打造，扩大工业增量。"十四五"期间，许昌市以创新驱动为引领推动制造业高质量发展，培育、发展、壮大六大新兴产业。最后，通过集群培育和产业链条打造，激活发展变量。面向经济主战场，加快企业科技创新步伐，保持工业经济持续健康发展。坚持以科技成果转化为主线，积极引导和推动域内重点企业实施产业升级，激发企业科技创新活力，助力经济实现高质量发展。围绕国内超万亿级的行业，举全市之力突出打造全国一流的电力装备产业基地，通过创新驱动，力争"十四五"末期电力装备产业集群规模达2000亿元；力争"十四五"末期，节能环保产业集群规模达1000亿元；力争"十四五"末期，鲲鹏计算、硅碳新材料两个产业集群规模均达1000亿元。

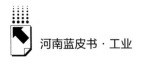

（三）在内外联动发展上加大力度

首先，对内，要大力发展县域经济。结合各县（市、区）GDP占比变化情况和近年来形成的新经济增长点，禹州市、长葛市在工业发展上积极发挥"压舱石"作用，长葛市紧紧抓住国家新型城镇化综合试点地区机遇，以全国农村一、二、三产业融合发展先导区创建为契机，大力发展第三产业，以第三产业跨越式发展带动工业翻一番跨越式发展。禹州市发挥中原云都数字港产业优势，加大对已入驻的中电科、中星技术、中南科技、中科光启、软通动力乐业空间等企业支持力度，加快推动禹州市产业转型、大力发展新一代信息技术产业，打造大数据产业总部经济，实现跨越式发展。襄城县充分发挥与平煤集团合作优势，打造千亿级产业长廊，做大做强硅碳材料和新能源产业，力争"十四五"末期工业经济实现翻一番。其他县（市、区）结合各自产业特色，强力推动主导产业"十四五"时期实现跨越式发展。其次，对外，要借力郑许一体化加快发展。充分发挥区位优势，依托郑许一体化发展契机。在空间结构上向郑州靠拢，与郑州进行呼应，顺应了省委、省政府实施中心城市带动战略决策。围绕郑许一体化发展战略，许昌市主动扮演省会产业梯度的承载者、资源的提供者和产品的制造者等角色，全面发力，实现经济社会跨越式发展。

（四）在创新和转型升级上加大力度

其一，突出创新引领，构建产业发展新格局。围绕产业链布局创新链。依托许继集团、四达电力等优势企业，建成电力装备产业创新链，推动建设新一代信息技术、节能环保、新材料等优势产业创新链。围绕电力装备、节能环保、硅碳材料、机械制造，谋划实施10个以上转型升级创新专项，推动产业向中高端发展。推进创新平台提质。"十四五"时期要谋划建设一批国家级创新平台，积极建设省级产业技术创新中心、重点实验室，加快建设一批新型研发机构、产业技术创新战略联盟，新建一批省级创新创业孵化平台。其二，突出转型升级，构建产业发展新体系。把制造业高质量发展作为主攻方向，推进产业基础高级化、产业链现代化。重点围绕基础零部件、材料、工艺等产业基础上的短板，实施产业基础再造工程，夯实产业基础高级化、产业链现代化的根基。基本建成电力装备产业创新链，完善提升新材料、节能环保、新一代信息技术等优势产业创新链。提升重点产业链现代化水平。提升以"Huanghe"品牌系列产品为主的鲲鹏计算产业规模化生产能力；建设节能环保国家级战略性新兴产业集群；争取硅碳新材料集群纳入国家战略性新兴产业集群发展工程；提升化学药、中医药、医疗器械、健康服务等产品附加值；发展以集成化、信息化、绿色化、成套化为核心的智能装备；提升与扩大新能源及网联汽车产业配套能力和规模；提升绿色食品、有机食品、功能食品占比；提升建材产品附加值，发展绿色、高端产品。其三，突出融合发展，培育产业发展新模式。融合发展是全球经济发展的大趋势，也是世界各国推动产业发展的新选择，日益成为企业提高生产能力和核心竞争力的重要方式。推动工业化和信息化融合发展。推动更多企业上云，落实省定中小企业数字化赋能行动、技术服务能力提升行动，提升企业数字化水平。推动产业集群数字化转型，依托龙头企业建设产业链协作平台，实现全产业链协同、大中小企业协同的数字化改造，争创省数字化转型试点示范。推动先进制造业和现代服务业融合发展。要积极争创省级工业设计中心，加快发展检验检测服务业，完善市科技创新服务中心工作机制，建设科技服务业集聚区，提升研发设计、咨询评估、法律服务等生产性服务业发展水平。以服务业"两区"提质升级为重点，全力推动现代物流、文化旅游、检验检测、信息服务、健康养老等重点服务业领域加快发展。其四，创新机制，加快推进生产性服务业发展。从税费优惠、用地保障、财政扶持等方面，引导生产性服务业企业集聚。搭建平台、集聚资源，完善机制、做好保障，构建各具特色的、集金融、信息、物流、研发和展示等多种服务功能于一体的生产性服务业集聚区，推进生产性服务业集聚发展。鼓励许继集团、森源电气、首山化工科技、远东传动公司等一批龙头企业主、辅业分离，鼓励工业企业由加工制造环节向研发设计和品牌营销两端拓展延伸，突出抓好现代物流业、科技服务业、信息服务业、中介服务业、检验检测服务业等扩大生产性需求的关键环节，"十四五"末期，力争新建大型物流园区 3~5 家，建成或引进信息服务企业 10 家左右，培育壮大电力装备产品检验检测、发制品检验检测、高压电力设备检验检测、汽车零部件软件服务、企业转型升级服务等一批生产性服务业企业，"十四五"末期全市生产性服务业产值力争达到 500 亿元，增加值超过 200 亿元。

四　"十四五"时期许昌工业实现跨越式发展的对策建议

（一）建立"五个一"工作机制

抓项目、促投资，在全市上下迅速形成浓厚的项目建设氛围，一是建立全市重大工业项目月调度、季通报、年评估的机制。二是围绕全面延链补链，在全市开展专班抓项目的活动。三是启动停缓建项目的复工专项工作。四是紧紧抓住改革这个关键一招。要深化放管服改革，通过深化放管服改革，营造一流的营商环境。实施"百园增效"行动。五是构建和完善产业引导基金体系。设立一定规模的产业资金，特别是政府引导资金，用好引导资金四两拨千斤的作用。

（二）倡树"以结果论英雄"导向

抓工作树立结果导向，用结果来评价干部，考核干部，识别和选拔干部。无论是项目建设、产业发展还是企业培育，都倡导树立"以结果论英雄"的导向。特别是在项目建设中，开展"四比四看"活动，"比谋划看储备、比招引看投资、比开工看进度、比服务看实效"，强化项目对经济增长的支撑率、贡献率。

（三）争取上级层面超常规支持

"十四五"期间许昌市实现经济跨越式发展这个宏伟目标，必须力争国家及省级层面超常规的政策支持。在顶层设计上，要力争省里把许昌摆在全省发展的突出位置、郑州都市圈建设的核心位置，加快推动郑许两地从交通对接向产业对接、科技创新对接纵深发展。在政策支持上，要力争省级层面出台与许昌发展需求相匹配的产业政策，比如建议省级层面出台支持鲲鹏产业等许昌市具有优势的战略性新兴产业支持政策。在项目摆布上，要力争省里在新的重大项目摆布上，优先考虑许昌，降低郑州对许昌的"虹吸效应"。在要素支撑上，要力争省里对许昌市投资项目建设土地、资金等要素的大力保障、倾斜支持。

（四）持续优化发展环境

深化"万人助万企"专项行动，用好企业首席服务官制度，坚持因行业、因企业施策，切实解决企业的难题。破解制约企业和项目建设的共性和个性问题，主要包括资金、土地、环保、技术、市场、用工以及其他要素保障等问题。加强企业家培训和队伍建设。密切关注困难企业运行情况，完善企业风险化解机制，切实做好应急协调，及时采取有效措施，帮助企业化解风险、渡过难关。持续深入开展系列对接活动。紧盯关键因素，优化企业发展环境。特别是在涉及工业的企业开办、电力获得、跨境贸易、市场监管、知识产权创造保护和运用、创新创业活跃度、市场开放度等 7 个方面，切实优化企业发展环境。

参考文献

田昕清：《"河南小温州"的致富经——新形势下许昌市民营经济发展的"苦"与"甜"》，《中国经贸导刊》2020 年第 11 期。

许昌市统计局：《2020 年许昌市国民经济和社会发展统计公报》，《许昌日报》2021 年 4 月 8 日，第 3 版。

Abstract

This book was compiled by the Henan Academy of Social Sciences with the theme of "Layout new Track, reengineering new advantages". It comprehensively analyzes the basic situation and outstanding characteristics of the industrial economic operation of Henan in 2021, evaluates the situation facing the industrial development of Henan in 2022, and predicts and looks forward to the operation trend of industrial economy. The book is divided into five parts: general report, evaluation article, industry articles, comprehensive articles and regional articles. It puts forward ideas and countermeasures to accelerate the high-quality industrial development of Henan from multiple perspectives, helps Henan manufacturing layout new track and rebuild new advantages, and strengthens the industrial support of Henan to realize the "two guarantees" and implement the "ten strategies". The general report was written by the research group of the Institute of Industrial Economics of Henan Academy of Social Sciences, and represents the basic views of this book on the operation trend and development trend of Henan industrial economy in 2021 – 2022. According to the report, since 2021, in the face of the complex and changeable external environment and under the double pressure of severe flood disaster and COVID – 19 epidemic prevention and control, Henan's industrial economic operation has been characterized by "high start, slow pressure, industry differentiation and active innovation". In 2022, Henan industrial development is still complex, opportunities and challenges are unprecedented, expected in 2021 henan industrial above designated scale added value growth is about 7% , 2022, Henan industrial value growth will continue to bear pressure, is expected to rise slightly to about 7. 5% , the overall industrial operation presents " steady growth, structural optimization, upgrading, quality improvement " development trend. The book also conducted an in-depth study on the industrial development trend of Henan in 2021, including four aspects, evaluation article, industry articles, comprehensive articles and regional articles, and provides ideas and suggestions for the future development path. The evaluation article evaluates the quality of manufacturing development in 17 provincial cities and Jiyuan demonstration areas. The industry articles mainly puts forward countermeasures and suggestions on the future industrial forward-looking layout, breakthrough development of emerging industries, the transformation and upgrading of traditional industries, and analyzes the annual operation trend of food, new energy vehicles and other industries. The comprehensive articles is carried out from the perspectives of innovation leading, digital empowerment, cluster upgrading, service value appreciation, county manufacturing, private economy and so on. The regional articles make an in-depth study of Zhengzhou, Luoyang, Xuchang in industrial development trend and transformation and upgrading trend.

Keywords: Industry; High Quality Development; New Track; New Advantages; Henan

Contents

I General Report

Abstract: Since novel coronavirus pneumonia and the new crown pneumonia epidemic prevention and catastrophic flood disaster in 2021 , facing the complex and changeable external environment, Henan's industrial economy has been characterized by " high start, slow pressure, industry differentiation and active innovation". The situation faced by Henan's industrial development in 2022 is still complex, with unprecedented opportunities and challenges. It is expected that the growth rate of industrial added value above designated scale in Henan will be about 7% in 2020. In 2022 , the growth rate of added value of industries above designated size in Henan will continue to be under pressure, which is expected to rise slightly to about 7. 5% . On the whole, the industrial operation shows the trend of " stable growth, structural optimization, accelerated upgrading and quality improvement".

Keywords: Industry; High Quality Development; Advanced Manufacturing; Henan

II Evaluation Article

B . 2 Evaluation Report on High Quality Development of Henan

Regional Manufacturing Industry

Research Group of Institute of Industrial Economy,

Henan Academy of Social Sciences / 018

Abstract: The manufacturing industry is the main body of the real economy and the lifeline of the national economy. Henan should seize the opportunity to cultivate new advantages of high-quality development of manufacturing industry, upgrade its strategic position and enhance its own level in the reshuffle brought about by the new development pattern. Fully drawing on the existing research results of the evaluation of high-quality development of manufacturing industry, this paper constructs the evaluation index system of high-quality development of manufacturing industry in Henan Province, including 5 first-level indicators of scale strength, innovation level, efficiency, green energy saving and open cooperation, and 17 second-level indicators. Zhengzhou, Luoyang, Xuchang, Xinxiang, Jiaozuo and Nanyang rank among the top six in the comprehensive development of Henan manufacturing industry with high quality. Specifically to the first-level indicators, in terms of scale and strength, Zhengzhou, Luoyang, Xuchang, Nanyang, Xinxiang and Jiaozuo rank among the top six in the province. In terms of innovation level, Zhengzhou, Luoyang, Xinxiang, Nanyang, Pingdingshan and Jiaozuo rank among the top six in the province. In terms of efficiency, Xuchang, Zhoukou, Zhengzhou, Luoyang, Shangqiu and Jiaozuo rank among the top six in the province. In terms of green energy saving, Kaifeng, Xuchang, Luohe, Zhoukou, Zhumadian and Puyang rank among the top six in the province. In terms of open cooperation, Zhengzhou, Jiyuan demonstration area, Sanmenxia, Hebi, Luohe and Jiaozuo rank among the top six in the province. In the new stage of development, we should implement the

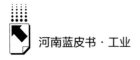

new development concept completely, accurately and comprehensively, stimulate the soul of innovation, consolidate the foundation of talents, take a good road of coordination, expand the door of opening up, adhere to the green way, implement the foundation of sharing, take practical measures to improve the high-quality development level of regional manufacturing industry, and provide solid industrial support for the construction of modern Henan.

Keywords: Manufacturing Industry; High Quality Development; Henan

III Industry Articles

B.3 Key Directions and ideas of Henan's Forward-looking Layout of Future Industries

Zhao Xisan, Liu Xiaoping / 034

Abstract: Future industries represent the development direction of a new round of scientific, technological and industrial revolution. Developed countries and regions such as the United States and the European Union have put future industrial development in a prominent position. China's 14th five year plan proposes to organize and implement future industry incubation and acceleration plans, plan and layout a number of future industries, and all localities have issued relevant plans and policies around local advantages. According to the development basis and reality of our province, it is suggested to focus on brain intelligence, quantum information, hydrogen energy and energy storage, cutting-edge new materials, gene technology and life health, prospectively layout future industries, and strengthen planning in four aspects: cultivating future sources of technological innovation, strengthening new support for high-end talents, expanding new channels of open cooperation and building a future industrial ecosystem.

Keywords: Future Industry; Future Technology; Industrial Ecosystem; Henan

B.4   Research on the Development Trend and Promotion Strategy of

Strategic Emerging Industries in Henan Province

Song Ge / 045

Abstract: During the 13th Five-Year Plan period, strategic emerging industries in Henan Province showed a sustained growth trend driven by policies, new growth points continued to emerge, the cluster effect initially appeared, the development environment was increasingly optimized, and the role of new kinetic energy engine was highlighted. However, the province's strategic emerging industries are still in the initial stage of exploration, facing a series of problems such as small industrial scale, weak independent innovation ability, small number of leading enterprises and insufficient element support. During the 14th Five-Year Plan period, efforts should be made to expand the increment, optimize the stock and promote the "quantity" and "quality" of strategic emerging industries in Henan.

Keywords: Strategic Emerging Industries; Innovation; Industrial Ecology; Henan

B.5   Research on the Countermeasures of Accelerating the Expansion

of Traditional Industry in Henan Province

Tong Baochen, Ye Weiping, Ren Jingwen,

Guo Xiaoqiang and Yang Gang / 060

Abstract: Entering the new development stage, the logic of industrial development has undergone fundamental changes, and the consensus of all sectors of society on the "racetrack" of economic and social development is gradually taking shape. As a traditional industrial province, we have a solid foundation and strong strength, and the track naturally exists and is ready to go. However, how to substantially crack the "sunset war" of traditional industries and how to quickly "cultivate innovation in excellence" in reality remain to be solved, which has

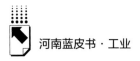

become the most important proposition for the industrial leap at this stage. Based on the analysis of the development status and existing problems of traditional industries in Henan, combined with their own thinking and enlightenment, this report puts forward countermeasures and suggestions to speed up the development of new tracks in traditional industries.

Keywords: Traditional Industry; New Track; Henan

B. 6 Analysis on the Operation of Henan Food Industry and Suggestions on the Cultivation of New Race Track

Li Jingyuan / 070

Abstract: In 2021, the production growth rate of Henan food industry was stable, the quantity and quality of products increased, a number of food industry chain supply chain enterprises grew rapidly, and the innovation of food industry model and product categories achieved remarkable results. However, there are still some problems in Henan food industry, such as low overall benefit, weakening investment willingness, small enterprise scale, weak innovation consciousness and so on. In the face of the release of domestic demand and new consumption opportunities, as well as the challenges of economic downturn and epidemic normalization, we should comply with the development trend of the food industry and put the promotion of the development of Henan food industry in a more important position while maintaining the basic advantages of the industry. Through strengthening policy support and industry guidance, actively create an external environment conducive to the development of enterprises, strengthen the cascade cultivation of food enterprises, focus on creating a batch of cutting-edge food brands, innovation of core products, so as to promote henan food industry towards a new track, leading the new track.

Keywords: Food Industry; Consumption Upgrading; The New Race Track; Henan

Contents ⌐⟩

Abstract: Carbon neutral is a major component of the United Nations Climate Change Conference and the implementation of environmental protection in various countries in recent years. It is the main means for mankind to reduce carbon dioxide emissions. As a pioneer of energy conservation and environmental protection, new energy vehicles also play an important role in reducing carbon dioxide emissions. Carbon neutral will become a long-term measure to reduce greenhouse gas emissions in the future. As a developed province of new energy vehicle industry, Henan actively performs its carbon emission responsibilities and strives to achieve the goal of carbon neutral as soon as possible.

Keywords: Carbon Neutral; New Energy Vehicles; Industry Development; Henan

Abstract: Nanyang wormwood is rich in resources, has a long history of wormwood culture, and the development of wormwood industry is in a good state. With the high attention of traditional Chinese medicine at the national level, Nanyang wormwood industry ushers in a new round of development opportunities. At the same time, Nanyang wormwood industry still has prominent shortcomings and constraints, which need to be sustained from the aspects of policy, industry, market, culture and innovation, so as to provide strong support for promoting the high-quality development of Nanyang wormwood industry.

Keywords: Wormwood Industry; High Quality Development; Nanyang

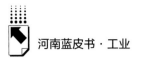
Ⅳ   Comprehensive Articles

B.9   Research on Cultivating New Industrial Track by

Constructing First-Class Innovation Ecology in Henan

Yang Mengjie / 096

Abstract: In the new development stage, the economy and society at home and abroad are facing great changes that have not been seen in a century. The digital economy and the real economy are deeply integrated, the achievements of scientific and technological innovation are constantly emerging, the global industrial chain and supply chain are accelerating adjustment, and are undergoing large-scale and deep reconstruction. New industrial tracks are emerging frequently, new industrial development patterns need to be reshaped, and opportunities and challenges coexist. All localities have promoted the construction of first-class innovation ecology as an important path to cultivate new industrial tracks. Henan attaches great importance to innovation. After years of efforts, the overall innovation strength has been improved, the construction of innovation system has been improved, the innovation system and mechanism has been continuously optimized, and the open innovation environment has been gradually formed. However, compared with developed regions, there is still a big gap in innovation policy and capital investment. In the future, Henan needs to improve from the perspectives of paying attention to innovation subjects, building the ecology of the whole industrial chain, innovating development ideas, and focusing on segmenting new category markets.

Keywords: Innovation Ecology; New Industrial Track; Henan

B. 10   Research on the Path and Countermeasures of Promoting the

Upgrading of Key Industrial Chain and Supply Chain in

Henan Under the New Development Paradigm

Research group of Henan Macroeconomic Research Institute / 108

Abstract: In recent years, Henan has adhered to the high-quality development of manufacturing industry as the main direction, coordinated the advantageous industrial chain, traditional industrial chain and emerging industrial chain, and cultivated and formed a number of landmark industrial chains. Under the new development paradigm, Henan should adhere to the development idea of point to line, line to area and point to area combination, and mainly focus on the development of key industries such as high-end equipment, green food, advanced metal materials, new chemical materials, modern textile, new energy and Internet connected vehicles, new display and intelligent terminals, biomedicine, integrated circuit and network security. By strengthening top-level design, enhancing innovation capability, promoting the diversification of industrial chain supply chain, accelerating enterprise quality and capacity expansion, improving the level of development carrier, planning and implementing major industrial chain project construction, increasing policy innovation and other policy measures, we will promote the improvement of the supply chain level of key industries.

Keywords: Key Industry; Industrial Chain; Supply Chain; Henan

B. 11   Study on the Countermeasures of Speeding up the

Development of Service-oriented Manufacturing New

Track in Henan Province

Lin Fengxia / 123

Abstract: In recent years, the development of service-oriented manufacturing in Henan Province is bright, showing the characteristics of intelligent advanced integration, but the overall development of service-oriented manufacturing still exist problems such as the proportion is not high and industrial ecology is not perfect. At present, it is the general trend for manufacturing enterprises to develop service-oriented manufacturing. Henan should take advantage of the opportunities such as the rapid development of digital economy, build ecosphere, accelerate the cultivation of service-oriented manufacturing enterprises, promote the innovation of service-oriented manufacturing, and enhance the capability of digital empowerment.

Keywords: Service-oriented Manufacturing; Manufacturing Enterprise; New Track; Henan

B.12 Research on the High Quality Development Path of Advanced Manufacturing Cluster in Henan Province

Zhao Jianji / 133

Abstract: Advanced manufacturing cluster is the important symbol of high-quality development of manufacturing industry. Building an advanced manufacturing clusters have great significance to the construction of strong manufacturing province. At present, Henan's advanced manufacturing clusters faced some problems, such as the number of advanced manufacturing clusters is small, mainly concentrated in traditional industries and resource-based industries, the lower modernization level, the poorer development ecology and so on. This paper proposed some suggesting, to establish an organization promotion mechanism and establish a provincial office for the cultivation of advanced manufacturing clusters; strengthen innovation drive and accelerate transformation and upgrading of industrial clusters; adhere to the project as the king, strengthen industrial chain investment attraction and undertaking industrial clusters, strengthen enterprise collaboration and improve the development level of industrial agglomeration; efficiently promote "ten thousand people help ten thousand enter-prises", optimize development ecology of clusters.

Keywords: Advanced Manufacturing Industry; Manufacturing Cluster; High Quality Development; Henan

B.13 Analysis on the Development Trend of Small and

Medium-sized Enterprises in Henan Province

Zhou Chunqiao, Li Yanfei / 143

Abstract: Facing the complex and changeable development environment, since 2021, the main economic indicators of small and medium-sized enterprises in the province have basically increased steadily and steadily, and the operation presents a development situation of "stable recovery and stable improvement". At present, the production and operation of small and medium-sized enterprises in our province are facing "five difficulties" in the process of transformation and upgrading, enjoying policies, capital turnover, controlling costs and recruiting and retaining people. We should strengthen our efforts from the aspects of policy support, financial services, innovation platform construction, digitization and entrepreneur training to guide small and medium-sized enterprises to seize development opportunities and move towards a new track of high-quality development.

Keywords: Small and Medium-sized Enterprises; Specialization and Innovation; High Quality Development; Henan

B.14 Research on the Transformation and Development of

Henan Manufacturing Industry under the Background of

Domestic and International Double Cycle

Zhang Zhichao / 151

Abstract: Focus on the "difference", the main body of the backbone of the

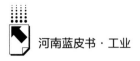

industrial structure and foreign trade development in henan province is still in manufacturing, due to the change of the new situation and new development pattern, in henan province to accelerate the manufacturing quality, efficiency and power to change, to achieve domestic and international internal and external double embedded dual cycle, industry chain, create new advantages of economic development, speed up the transformation of manufacturing industry development.

Keywords: Manufacturing Industry; Domestic and International Double Cycle; Transformation and Development; Henan

B.15　Thoughts and Suggestions on Promoting the High Quality Development of Henan County Manufacturing Industry

Han Shuyu / 161

Abstract: Manufacturing is the core support for the high-quality development of county economy. In recent years, the overall development of county manufacturing industry in Henan has is good, and the transformation and upgrading of some county manufacturing industry has achieved positive results. However, in the face of the current complex situation and new high-quality development requirements, Henan county manufacturing industry needs to change the traditional development mode, explore appropriate transformation direction and upgrading paths, focusing on exploring new ways in frugal mixed innovation, characteristic differential development, cluster chain extension, and lightweight intelligent promotion. At the same time, around the leading industries, leading enterprises, industrial clusters, industrial platforms and the business environment, to explore the specific countermeasures for the high-quality development of the county manufacturing industry.

Keywords: County Economy; Manufacturing Industry; High Quality Development; Henan

Abstract: In recent years, with the rapid development of emerging industries and service industries, there are more and more connections and intersections with the traditional industries, the industrial boundaries are increasingly blurred, and the development trend of industrial integration is obvious. While actively promoting the development of industries, this situation also makes new problems such as imperfect interactive development mechanism and unbalanced degree among industries. Henan government and enterprises need to formulate more scientific and rational industrial integration development model and mechanism which can further promote the integration and development of industries.

Keywords: Multi-source Heterogeneous; Coordinated Development; Henan

Abstract: The high quality development of the entity economy as the main body of manufacturing has become an important driving force for economic and social development during the "14th Five-Year Plan" period. This paper summarizes and combs the characteristics and existing problems of industrial economic development in Henan during the "13th Five-Year Plan" period. Then, it puts forward the direction and relationship to be handled in the development of manufacturing industry in Henan during the "14th Five-Year Plan" period. Finally, this paper proposes the specific ways of high quality development in

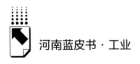
Henan Province during the "14th Five-Year Plan" period.

　　Keywords： Manufacturing Industry；High Quality Development；Henan

B.18　Analysis on the Development Status of Manufacturing Private

　　　　Economy in Henan Province

　　　　—Based on the Perspective of the List of Top 100

　　　　Manufacturing Private Enterprises in Henan in 2021

　　　　　　　　Research Group of Institute of Industrial Economy，

　　　　　　　　Henan Academy of Social Sciences / 190

　　Abstract： According to the data of the top 100 manufacturing enterprises of Henan Province in 2021，the private economy of Henan Province presents a good development trend，with significant characteristics such as a new high entry threshold，continuous improvement of benefits of advantageous new industries，steady improvement of social contribution，and obvious enhancement of the awareness of independent innovation. At the same time，through the data of the top 100 enterprises，it can also be found that there are a series of prominent problems in the development of manufacturing private economy in the province，such as insufficient enterprise scale，insufficient operation efficiency，insufficient innovation investment，insufficient driving of core regions and so on. In the next step，we should promote the high-quality development of manufacturing industry in Henan Province by strengthening the cultivation of enterprise echelons，the cultivation of entrepreneurs，promoting the docking of resources，guiding the innovation of enterprise business model，reshaping the industrial geographical pattern and optimizing the business environment.

　　Keywords： Manufacturing Industry；Top 100 Manufacturing Private Enterprises；Henan

B.19   Research on the Coordinated Development of Real Economy

and Human Resources in the Central Region under the

Dual Circulation New Development Pattern

Xu Weihua , Zhang Liren / 204

Abstract: In the historical convergence period of "Two Overall Situation", General Secretary Xi Jinping proposed that China is in the new historical stage, we should promote the formation of a new development pattern based on the domestic big cycle as well as the domestic and international dual circulation. Under this background, The Fifth Plenary Session of the 19th Central Committee of the Communist Party of China put forward "We will continue to focus economic development on the real economy", On the basis of the multiplier effect of human resources on real economy and the strategic hinterland position of central China in the dual circulation new development pattern, this paper analyzed the coordinated development of real economy and human resources in central China. Based on the analysis of the panel data of the six central provinces from 2015 to 2019, it found that the coordinated development degree of human resources and the real economy in the six central provinces is continuously increasing, and the two systems can effectively form a situation of mutual promotion and coordinated development. However, there are still problems such as irrational industrial structure, insufficient investment in human resources, shortage of high-level talents, low labor productivity, weak independent innovation ability and low level of green development. In the context of high-quality development in the new era, in order to achieve the central China's rising, optimize and stabilize the domestic industrial chain and supply chain, enhance China's competitiveness and global value chain position, it is necessary to strengthen the construction of human resources in all directions, promote the development of the real economy through multiple channels, build a modern industrial system ecosystem, strengthen inter-regional cooperation and communication in a wide range of areas, and enhance the level of green development from multiple perspectives.

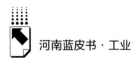
Keywords: Dual Circulation New Development Pattern; Real Economy; Human Resources; Coordinated Development; Six Provinces in Central China

V Regional Articles

B. 20 Study on the Development of Industrial Economy in Zhengzhou

Wu Zhongyang, *Wu Huaimin*, *Wang Kai and Ma Danfeng* / 222

Abstract: 2021 is the first year of the "14th Five-year plan" period and the key year for Zhengzhou to accelerate the implementation of the three-year action plan for high-quality development of manufacturing industry. Over the past year, Zhengzhou has thoroughly implemented the spirit of general secretary Xi Jinping's important speeches and instructions on Henan and Zhengzhou. Zhengzhou has actively implemented the mission requirements of the provincial Party committee and the provincial government for Zhengzhou's "national team", internationalization, brilliance and peak, creating "four highlands", and anchored the "two guarantees" and "ten strategies". Zhengzhou focuses on the main direction of high-quality development of manufacturing industry, deeply carries out the activity of "10000 people helping 10000 enterprises", vigorously implements the promotion mechanism of industrial chain, speeds up the layout and construction of small and micro enterprise park, focuses on promoting post disaster reconstruction and resumption of work and production, and takes solid steps in the construction of national advanced manufacturing highland.

Keywords: Industrial Economy; Enterprise Services; High Quality Development; Zhengzhou

B. 21　To Promote the High Quality Development of Manufacturing

Industry and Revitalize the Brilliance of Luoyang Industry

Zhao Zhanwei, Hao Shuang / 233

Abstract: Luoyang has a long history of industrial development and a good foundation. In recent years, under the guidance of the central and provincial policies, we have given full play to our own expertise and advantages, promoted industrial development, improved quality and efficiency, and achieved remarkable results in strengthening design, improving measures, clarifying the development path of manufacturing industry, optimizing structure, transformation and upgrading, accelerating the transformation of manufacturing kinetic energy, innovation driven, strengthening key research, and improving the innovation ability of manufacturing industry, The leading indicators provided strong support, industrial production continued to recover, enterprise profits maintained rapid growth, and key enterprises operated well. In the future, we should continue to focus on forming a centralized development pattern, strengthening the concept of innovation and leading, and improving the level of scientific and technological R & D, so as to revitalize the glory of Luoyang's industry.

Keywords: High Quality Development; Industry; Luoyang

B. 22　Analysis and Thinking of Xuchang Industry Realization

Leaping Development During "14th Five - Year Plan"

Period

Zhang Tingshan, Cao Hongtao and Liu Mengdi / 242

Abstract: Review the "13th Five-Year Plan" period, Xuchang industry has achieved remarkable development, and the industrial enterprises are booming, and the growth of the industry leader has grown rapidly, and the "633 industry" structure optimization is improved, which is an important force to move and

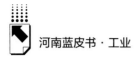
support the economic development of the city. Looking forward to the "14th Five-year plan" period, Xu Chang will further emancipate the mind of development, firmly establish the concept of "project is king", pay close attention to project construction and promote economic leapfrog develop-ment. Increase efforts in the following aspects: project construction and investment attraction, cluster cultivation and industrial chain building, internal and external linkage development, strengthening innovation, transformation and upgrading, etc. Through the implementation of measures such as establishing working mechanism, advocating result orientation, striving for superior support and optimizing development environment, we will promote the great leap forward development of industry in Xuchang.

Keywords: Industry; "14th Five-Year Plan" Period; Leaping Development; Xuchang

社会科学文献出版社

皮 书

智库成果出版与传播平台

❋ 皮书定义 ❋

皮书是对中国与世界发展状况和热点问题进行年度监测，以专业的角度、专家的视野和实证研究方法，针对某一领域或区域现状与发展态势展开分析和预测，具备前沿性、原创性、实证性、连续性、时效性等特点的公开出版物，由一系列权威研究报告组成。

❋ 皮书作者 ❋

皮书系列报告作者以国内外一流研究机构、知名高校等重点智库的研究人员为主，多为相关领域一流专家学者，他们的观点代表了当下学界对中国与世界的现实和未来最高水平的解读与分析。截至2021年底，皮书研创机构逾千家，报告作者累计超过10万人。

❋ 皮书荣誉 ❋

皮书作为中国社会科学院基础理论研究与应用对策研究融合发展的代表性成果，不仅是哲学社会科学工作者服务中国特色社会主义现代化建设的重要成果，更是助力中国特色新型智库建设、构建中国特色哲学社会科学"三大体系"的重要平台。皮书系列先后被列入"十二五""十三五"国家重点出版规划项目；2013~2022年，重点皮书列入中国社会科学院国家哲学社会科学创新工程项目。

权威报告·连续出版·独家资源

皮书数据库
ANNUAL REPORT(YEARBOOK)
DATABASE

分析解读当下中国发展变迁的高端智库平台

所获荣誉

- 2020年，入选全国新闻出版深度融合发展创新案例
- 2019年，入选国家新闻出版署数字出版精品遴选推荐计划
- 2016年，入选"十三五"国家重点电子出版物出版规划骨干工程
- 2013年，荣获"中国出版政府奖·网络出版物奖"提名奖
- 连续多年荣获中国数字出版博览会"数字出版·优秀品牌"奖

皮书数据库

"社科数托邦"
微信公众号

成为会员

登录网址www.pishu.com.cn访问皮书数据库网站或下载皮书数据库APP，通过手机号码验证或邮箱验证即可成为皮书数据库会员。

会员福利

- 已注册用户购书后可免费获赠100元皮书数据库充值卡。刮开充值卡涂层获取充值密码，登录并进入"会员中心"—"在线充值"—"充值卡充值"，充值成功即可购买和查看数据库内容。
- 会员福利最终解释权归社会科学文献出版社所有。

社会科学文献出版社 皮书系列
SOCIAL SCIENCES ACADEMIC PRESS (CHINA)

卡号：832777383381
密码：

数据库服务热线：400-008-6695
数据库服务QQ：2475522410
数据库服务邮箱：database@ssap.cn
图书销售热线：010-59367070/7028
图书服务QQ：1265056568
图书服务邮箱：duzhe@ssap.cn

基本子库
SUB DATABASE

中国社会发展数据库（下设 12 个专题子库）

紧扣人口、政治、外交、法律、教育、医疗卫生、资源环境等 12 个社会发展领域的前沿和热点，全面整合专业著作、智库报告、学术资讯、调研数据等类型资源，帮助用户追踪中国社会发展动态、研究社会发展战略与政策、了解社会热点问题、分析社会发展趋势。

中国经济发展数据库（下设 12 专题子库）

内容涵盖宏观经济、产业经济、工业经济、农业经济、财政金融、房地产经济、城市经济、商业贸易等 12 个重点经济领域，为把握经济运行态势、洞察经济发展规律、研判经济发展趋势、进行经济调控决策提供参考和依据。

中国行业发展数据库（下设 17 个专题子库）

以中国国民经济行业分类为依据，覆盖金融业、旅游业、交通运输业、能源矿产业、制造业等 100 多个行业，跟踪分析国民经济相关行业市场运行状况和政策导向，汇集行业发展前沿资讯，为投资、从业及各种经济决策提供理论支撑和实践指导。

中国区域发展数据库（下设 4 个专题子库）

对中国特定区域内的经济、社会、文化等领域现状与发展情况进行深度分析和预测，涉及省级行政区、城市群、城市、农村等不同维度，研究层级至县及县以下行政区，为学者研究地方经济社会宏观态势、经验模式、发展案例提供支撑，为地方政府决策提供参考。

中国文化传媒数据库（下设 18 个专题子库）

内容覆盖文化产业、新闻传播、电影娱乐、文学艺术、群众文化、图书情报等 18 个重点研究领域，聚焦文化传媒领域发展前沿、热点话题、行业实践，服务用户的教学科研、文化投资、企业规划等需要。

世界经济与国际关系数据库（下设 6 个专题子库）

整合世界经济、国际政治、世界文化与科技、全球性问题、国际组织与国际法、区域研究 6 大领域研究成果，对世界经济形势、国际形势进行连续性深度分析，对年度热点问题进行专题解读，为研判全球发展趋势提供事实和数据支持。

法律声明

"皮书系列"（含蓝皮书、绿皮书、黄皮书）之品牌由社会科学文献出版社最早使用并持续至今，现已被中国图书行业所熟知。"皮书系列"的相关商标已在国家商标管理部门商标局注册，包括但不限于 LOGO（▨）、皮书、Pishu、经济蓝皮书、社会蓝皮书等。"皮书系列"图书的注册商标专用权及封面设计、版式设计的著作权均为社会科学文献出版社所有。未经社会科学文献出版社书面授权许可，任何使用与"皮书系列"图书注册商标、封面设计、版式设计相同或者近似的文字、图形或其组合的行为均系侵权行为。

经作者授权，本书的专有出版权及信息网络传播权等为社会科学文献出版社享有。未经社会科学文献出版社书面授权许可，任何就本书内容的复制、发行或以数字形式进行网络传播的行为均系侵权行为。

社会科学文献出版社将通过法律途径追究上述侵权行为的法律责任，维护自身合法权益。

欢迎社会各界人士对侵犯社会科学文献出版社上述权利的侵权行为进行举报。电话：010-59367121，电子邮箱：fawubu@ssap.cn。

社会科学文献出版社